Knaur.

Knaur.

*Weitere Bücher von Annette Sabersky und Jörg Zittlau
im Knaur Taschenbuch Verlag:*

Annette Sabersky/Jörg Zittlau:
Versteckte Dickmacher. Wie die Lebensmittelindustrie uns süchtig macht

Annette Sabersky/Jörg Zittlau:
Die großen Ernährungslügen. Essen mit Nebenwirkungen

Annette Sabersky/Hans-Ulrich Grimm:
Die Wahrheit über Käpt'n Iglo und die Fruchtzwerge. Was die Industrie unseren Kindern auftischt

Über die Autoren:
Annette Sabersky ist Ernährungswissenschaftlerin und Journalistin. Als Redakteurin war sie fünf Jahre beim Magazin *Öko-Test* tätig. Ihre Themenschwerpunkte sind die Lebensmittelindustrie, der Verbraucherschutz und die Umweltproblematik. Sie lebt mit ihren beiden Kindern in Hamburg.
Dr. Jörg Zittlau ist Soziologe und Sportmediziner und als langjähriger Hochschullehrer ein Kenner der Wissenschaftsszene. Er arbeitet in Bremen als freier Journalist mit den Schwerpunkten Ernährung und alternative Heilverfahren.

Annette Sabersky • Jörg Zittlau

Die Qualitätslüge
Einkaufen mit Nebenwirkungen

Knaur Taschenbuch Verlag

Besuchen Sie uns im Internet:
www.knaur.de

Originalausgabe September 2009
Knaur Taschenbuch.
Copyright © 2009 bei Knaur Taschenbuch.
Ein Unternehmen der Droemerschen Verlagsanstalt
Th. Knaur Nachf. GmbH & Co. KG, München.
Alle Rechte vorbehalten. Das Werk darf – auch teilweise – nur
mit Genehmigung des Verlags wiedergegeben werden.
Redaktion: Ruth Gelfert
Umschlaggestaltung: ZERO Werbeagentur, München
Umschlagabbildung: FinePic®, München
Satz: Adobe InDesign im Verlag
Druck und Bindung: GGP Media GmbH, Pößneck
Printed in Germany
ISBN 978-3-426-78212-5

2 4 5 3 1

Inhalt

Vorwort: Mit der Qualität ist das so eine Sache 7

1 Bekleidung: Masse statt Klasse 15
2 Blumen: Krank durch Flower Power 41
3 Reisen: Bleiben, wo der Pfeffer nicht wächst 67
4 Elektronische Geräte: Fehler im System 93
5 Kosmetik: Der unschöne Schein 113
6 Lebensmittel: Lug und Trug 141
7 Wohnen: Dicke Luft in der guten Stube 169
8 Spielzeug: Betäubungsmittel in Kinderkugeln 193
9 Energie: Wie wir an der Steckdose betrogen
   werden 213
10 Autos: groß, schwer und stinkig 235
11 Gehirnwäsche: Wie wir täglich manipuliert
   werden 255
12 Ethischer Konsum: Lassen Sie sich nichts
   vormachen! 175

Register 299

Vorwort

Mit der Qualität ist das so eine Sache ...

Tchibo präsentiert »jede Woche eine neue Welt«. Die Mode in den Fachgeschäften wechselt mindestens sechsmal im Jahr, bei Hennes & Mauritz auch 14-tägig und bei Aldi und Lidl sogar wöchentlich. Mehr als 1000 Lebensmittel kommen im Jahr neu auf den Markt. Die Nürnberger Spielwarenmesse zeigt alle Jahre wieder rund 70 000 Neuheiten, ob nun fliegende Roboter oder 3-D-Mikado, Puppenhäuser aus Bambus mit Solarzellen auf dem Dach und Gemüsegarten davor oder Brennstoffzellen-Spielzeugautos. Auch bei den realen Pkws rollen jede Saison x neue Modelle vom Band.

Vieles davon wird als echtes Qualitätsprodukt tituliert, oftmals ist es sogar »Made in Germany«. Doch bei genauerem Hingucken ist es damit nicht weit her. Erstens bedeutet der Hinweis auf die Produktion in Deutschland noch lange nicht, dass es sich um deutsche Wertarbeit im klassischen Sinne handelt, sondern lediglich, dass einige Teile des Produkts hierzulande gebaut oder zusammengeschraubt wurden. Und zweitens entspringt die angepriesene Qualität häufig den Gehirnen der Marketingstrategen. Schließlich gilt es ständig, den Mehrwert neuer Produkte zu transportieren. Und das ist kein leichter Job. Denn unbegrenzt viel essen kann der Mensch nicht, mehr als ein Auto gleichzeitig fahren schafft er auch nicht, und mehr als ein Handy am Ohr, das geht schon gar nicht.

So wird Altbekanntes neu verpackt und mit entsprechendem Getöse an den Mann und an die Frau gebracht – und zunehmend auch ans Kind. Nun kommt da kein Werbeexperte und sagt: Kauf das, sonst kannst du nicht mitreden. Nein, es geht viel subtiler zu. Es werden Illusionen rund um ein Produkt geschaffen: der Spaß an der Freud beim Autofahren mit einer dicken Kutsche, das Nobellabel für die Jeans, das einem ein schickes Image verleiht, oder die »Premium«-Qualität des schlichten Rührkuchens, der an die gute alte Zeit erinnert.

Die Werbung hat uns also fest im Griff. So werden schon Kinder, die am Samstag einen Film auf einem Privatsender gucken, bis zu 20-mal mit Food-Werbung berieselt, ob nun für Produkte von Ferrero, Maggi oder Danone (siehe Kapitel 11, Gehirnwäsche). Kein Wunder, wenn die Kleinen Mama oder Papa beim nächsten Einkauf wegen ebendieses Produkts löchern. Doch so geht das: Die Werbung arbeitet mit unterschwelligen Botschaften, sie dockt genau an unsere Bedürfnisse an. Wir werden schwach und kaufen das Produkt.

Gönn dir was

Ein Bedürfnis aber ist besonders stark ausgeprägt, in einer Zeit, in der eine schlechte Nachricht die andere jagt, viele Menschen arbeitslos sind und es nicht zum Besten um die Finanzen steht: sich selbst etwas Gutes zu tun. Darum geht die Werbung hier in die Vollen. Sie suggeriert: »Gönn dir das volle Programm.« Das gilt nicht nur für das Potenzmittel *Viagra,* das müde Männer munter macht (ohne dass gefragt wird, wie ihre Partnerinnen das finden), sondern für Produkte in allen Lebensbereichen, sei es der Luxuswagen, mit dem ein Paar entspannt am Meer entlangfährt (statt im Stau zu stecken), oder das neue teure Notebook, das so superdünn ist, dass es durch einen Briefkastenschlitz passt (und mit dem für ihn oder sie die Arbeit zum Kinderspiel wird). Oder auch die »Nulltarif«-Brille von Fielmann, mit der man nicht nur den Durchblick behält, sondern auch noch gut aussieht. (Allerdings muss man dafür erstens vorher eine Extra-Versicherung abschließen, und zweitens wählt man dann doch oft nicht das Modell, bei dem man »nichts dazubezahlt«.)
Doch der kritische Blick auf das, was wir uns gönnen, ist wichtig. Denn der ungehemmte Verwöhn-dich-Konsum geht oftmals auf Kosten anderer. Welches Produkt (oder welcher Werbeexperte) erzählt schon die Wahrheit: dass bei der Erzeugung der roten Rosen für den Blumenstrauß zum Mutter- oder Valentinstag die Arbeiterinnen auf den Blumenfarmen Kolumbiens und Ecuadors so mit Pflanzenschutzmitteln umnebelt werden, dass sie unfruchtbar werden oder, so es doch klappt mit einer Schwangerschaft, eine Fehlgeburt erleiden (siehe Kapitel 2, Blumen). Dass für den Abbau von Kobalt,

welches in Akkus für Handys und andere Elektroartikel steckt, im Kongo und in Sambia rund 50 000 Kinder im Bergbau ihr Leben aufs Spiel setzen – ja, dass jeder dritte Bergarbeiter dort noch ein Kind ist, wie die schwedische Organisation SwedWatch in einer Studie herausfand. Die internationale Arbeitsorganisation ILO schätzt, dass weltweit rund 218 Millionen Kinder zwischen 5 und 17 Jahren unter ausbeuterischen Bedingungen arbeiten (siehe Kapitel 4, Elektronische Geräte). Dass selbst der idyllische Finca-Qualitätsurlaub auf Mallorca mit angeschlossenem Golfplatz zu Lasten von Mensch und Umwelt geht: Der Wasserbedarf eines Golfplatzes dort entspricht der Menge, die ein Ort mit ca. 8000 Bewohnern am Tag verbraucht. Dadurch hat sich der Grundwasserspiegel bereits so bedenklich gesenkt, dass salziges Meerwasser beständig ins Grundwasser sickert, wodurch das Wasser für den Verzehr aufbereitet werden muss (siehe Kapitel 3, Reisen). Last, but not least: Wer weiß beim Kauf von alltäglichen Dingen aller Art schon, dass die Container, in denen die Produkte transportiert werden, häufig mit Schädlingsmitteln begast werden, oder dass sie wegen all des Billigzeugs vor Schadstoffen nur so strotzen – zum Leidwesen der Arbeiter, die damit beim Entladen in Kontakt kommen: 71 Fälle mit Hinweisen auf Gesundheitsbeeinträchtigung nach dem Öffnen von Schiffscontainern wurden dem Berliner Institut für Risikobewertung seit dem Jahr 2000 gemeldet, »wobei von einer erheblichen Unterdeckung auszugehen ist«, so das Institut. In Einzelfällen könne es sogar durch ausgasende Produkte zu Gesundheitsbeeinträchtigungen bei Verbrauchern kommen, die in Kontakt mit Matratzen, Plüschtieren und lackiertem Holz kommen.

Nicht recht, aber billig

Dieses Buch beleuchtet die Hintergründe: Wo und wie werden sogenannte Qualitätsprodukte und solche, die nicht recht, aber billig sind, erzeugt? Und noch eins möchte dieses Buch: Es will betroffen machen. Denn Betroffenheit setzt mitunter mehr in Bewegung als 1000 Informationen. Wer weiß, dass in Südamerika Landwirte Selbstmord begehen, weil sie das teure Gen-Saatgut für die Baumwolle, das ihnen der US-Agrokonzern Monsanto aufdrängt, nicht bezahlen können, wird beim nächsten Einkauf von Billigbekleidung (vielleicht) einmal hinterfragen, was es mit dem Textil X auf sich hat. Selbst wenn es dann doch gekauft wird, ist schon viel passiert: Eine neue, nachdenkliche Konsumhaltung und ein kritischer Blick sind entstanden. Und ebendiese sind nötig, um die Spreu vom Weizen zu trennen. Damit wir uns nicht länger Atomstrom als Ökostrom verkaufen lassen, nur weil bei der Erzeugung kaum CO_2 entsteht (siehe Kapitel 9, Energie). Damit wir keine Ananas von Dole, Chiquita und Del Monte in den Einkaufswagen legen, hinter der ausbeuterische Arbeit steckt, sondern die aus Bioerzeugung unter Achtung der Menschenwürde und der Umwelt (siehe Kapitel 6, Lebensmittel).
Sicher ist es nicht immer einfach, die »guten Dinge« zu erkennen. Doch dieses Buch nennt die Alternativen: Firmen, die sich auf den Weg gemacht haben, ihre Produkte zu überdenken und zu überarbeiten und diese teils auch schon anbieten. Selbst wenn bei den Unternehmen noch nicht alles im grünen Bereich ist: Der erste Schritt ist getan. Wie man die »guten Dinge« erkennt, zeigen schließlich die am Ende jedes Kapitels beschriebenen Labels und Siegel.

Nichtsdestoweniger unterscheidet sich dieses Buch von allen trendigen »Lohas«-Websites und Ratgebern, also der Lektüre für diejenigen, die auf »lifestyle of health and sustainability« setzen, auf einen von Gesundheit und Nachhaltigkeit geprägten Lebensstil. In den USA beträgt der Anteil der Konsumenten, für die Nachhaltigkeit beim Einkauf ein wichtiges Kriterium ist, schon 20 Prozent, ergab eine Studie des Marktforschers Information Resources in amerikanischen Märkten. Doch wirklich nachhaltig ist das, was ein »Lohas« betreibt, nicht immer. »Er hat das Asketische hinter sich gelassen und verknüpft Nachhaltigkeit mit einem hedonistischen Element«, erklärt der Heidelberger Soziologe Thomas Perry. Oder anders gesagt: Der Lohas ist kauffreudig und lustbetont, also kein ausgesprochener Gegner von Kapitalismus und Konsumgesellschaft.

Gewiss ist es löblich, wenn Verbraucher beim Kauf des Teppichs darauf achten, dass Kinderarbeit außen vor bleibt, der Wollpulli von glücklichen Schafen stammt oder der Kaffee fair von Kleinbauern erzeugt wurde. Nur reicht das eben nicht aus, damit sich wirklich etwas ändert. Für den Klimaschutz und die Abschaffung sozialer Ungerechtigkeiten muss sich auch politisch etwas bewegen, muss die aktuelle Verteilung von Macht, Geld und Bildung verschoben werden.

Wer sich informiert und den Durchblick behält, sich nicht vom Werbegeschwätz in die Irre führen lässt und auch mal etwas *nicht* kauft, hat schon viel bewirkt. Für sich und auch für die Menschen, die heute bei der Herstellung von Konsumgütern aller Art Schaden nehmen. Wie es George Orwell, der Zukunftsschriftsteller, formulierte: »Echter Fortschritt kann nur durch vermehrte Aufklärung stattfinden, und das bedeutet so viel wie die Zerstörung von Mythen.« Auch dazu will dieses Buch beitragen.

Annette Sabersky und Jörg Zittlau

1
Bekleidung:

Masse statt Klasse

Es riecht nach Chemie und abgestandener Luft. Kleiderkarussell reiht sich an Kleiderkarussell. Es gibt Jeans für 9,99, Röcke für 4,99 und Socken für 1,49 Euro das Paar. Eine einsame Verkäuferin verliert sich fast in dem etwa 400 Quadratmeter großen Discounter-Verkaufsraum in einem Hamburger Vorort. Sie bedient die Kasse, hilft auch mal weiter, wenn es Fragen gibt, und füllt zwischendurch die Kleiderkarussells mit Klamotten aus dem Karton. Sie arbeitet für KiK. KiK steht für **K**unde **i**st **K**önig. Und für den gibt es hier Kleider vom Billigsten. Es sei möglich, sich bei der »Nummer 1 im Preis« für unter 30 Euro von Kopf bis Fuß einzukleiden, verspricht die Werbung. Tatsächlich ist hier eine komplette Kindergarnitur für ein Taschengeld zu haben: 1,99 Euro für die Mütze, 4,99 für den Fleecepullover. Die Weste kostet 7,99 Euro, die Unterwäsche 3,99, die Jeans ist für 4,99 zu haben und die Socken im Zweierpack für 2,49. Macht 26,44 Euro.

Niedrigpreise sind bei KiK keine Schnäppchen. Sie sind ein Dauerzustand. Dahinter steht eine knallharte Kalkulation, die Firmenchef Stefan Heinig in der Hand hat. Er gründete 1994 zusammen mit dem Food-Anbieter Tengelmann die Textilien- und Non-Food-GmbH, die heute mehr als 2500 Filialen umfasst und jährlich 300 weitere Läden eröffnen will.

750 Euro für einen Fulltimejob

Um dauerhaft Billigjeans und Preiswertmäntel anzubieten, wird an allen Ecken und Enden gespart. Die Raumausstattung in den KiK-Läden ist spärlich, es gibt keinen kuscheligen Teppich, keine anheimelnden Möbel, keine dezente Beleuchtung und auch keine Musik. Neonleuchten, pflegeleichte Böden und einfache Kleiderständer prägen das Bild jedes KiK-Marktes.

Nun wäre das ungemütliche Ambiente zu verschmerzen, wenn sonst alles im grünen Bereich wäre. Etwa für die Mitarbeiter. Doch die Niedrigpreise sind nur möglich, weil das Unternehmen auch beim Personal spart – koste es, was es wolle. Zwar werden von KiK zwei Fußballclubs gesponsert, der VfL Bochum und der F. C. Hansa Rostock. Aber: »Um Fachkräfte einzusparen, kann ein Lehrling bei KiK schon mal nach rund einem Jahr die Leitung der Filiale übernehmen – zu einem Mindestlohn von 750 Euro im Monat«, sagt Gisela Burckhardt, die eine Studie über die Arbeitsbedingungen und Einkaufspraktiken bei KiK durchgeführt hat. Unterstützung bekomme die junge Filialleitung lediglich von Aushilfen, die mit einem Stundenlohn von 4,50 Euro vorliebnehmen müssen. Zwar wurde das Unternehmen in der jüngeren Vergangenheit wegen Lohndumping mehrfach gerichtlich dazu verurteilt, festangestellten Mitarbeitern mit mehrjähriger Erfahrung den Tariflohn zu zahlen. Doch das Unternehmen hat darauf auf seine Weise reagiert. Es erhöhte einfach die Zahl der Auszubildenden – von 750 im Jahr 2006 auf 1100 im Jahr 2007. Billige Arbeitskräfte eben. Das zeigt die Studie »Wer bezahlt unsere Kleidung bei Lidl und KiK?«.

36 Euro für einen Fulltimejob

Gespart wird aber nicht nur bei den Löhnen hierzulande, sondern vor allem auch in den Ländern, in denen die Mode hergestellt wird. Denn die kommt schon lange nicht mehr aus Deutschland, sondern vor allem aus China, Bangladesch und Indien und zunehmend auch aus Vietnam und Korea. Mehr als 90 Prozent der Bekleidung – inklusive Schuhe –, die hierzulande in die Läden kommt, wird nach Angaben des Gesamtverbands Textil und Mode importiert. Fast 40 Prozent der Textilien kommen aus Asien, und hier primär aus China. Die EU steht mit fast 35 Prozent an zweiter Stelle, und in Osteuropa werden 23 Prozent der Bekleidung erzeugt.
Das gilt nicht nur für Billigmode. Selbst hochpreisige Marken wie Adidas, Nike, Puma, Timberland, Clarks oder Reebok werden in der ganzen Welt gefertigt. Denn überall ist es billiger, Mode nähen zu lassen, als in Deutschland (und Dänemark). Während eine Textilarbeiterin in Deutschland pro Stunde rund 18 Euro und in Dänemark sogar 23 Euro erhält, entspricht der komplette Monatslohn einer Arbeitskraft in China oder Bangladesch nicht selten dem, was jene in zwei bis drei Stunden verdient: rund 36 Euro.

Doch das hat seinen Preis. Die Arbeitsbedingungen sind häufig katastrophal, ergab eine 2008 veröffentlichte Befragung der Kampagne für Saubere Kleidung. Dahinter verbirgt sich ein weltweit tätiges Netzwerk, dem sich 19 Organisationen, Vereine und Verbände aus Deutschland angeschlossen haben. Es durchleuchtet seit Jahren die Arbeitsbedingungen in der Textilindustrie und versucht, sie zu verbessern. Für die Befragung machte sich ein Inspektionsteam von drei Frauen und drei Männern auf den Weg und besuchte sechs Fabriken in Bangladesch. Hier befragte es 136 Arbeiter – 107 Frauen und 29 Männer. Alle Unternehmen produzierten zum damaligen Zeitpunkt Mode für KiK und auch für Lidl. Zunächst war es für das Rechercheteam nicht einfach gewesen herauszufinden, wer überhaupt für die Discounter tätig ist. Schließlich laufen in einer Textilfabrik nicht selten Kollektionen für verschiedene Anbieter vom Band – auch die namhafter hiesiger Markenanbieter. Schließlich aber identifizierten die Inspekteure doch verschiedene für KiK tätige Fabriken – anhand der Kleideretiketten.

Unsaubere Kleidung

Das Ergebnis ist heikel: So kritisieren die Feldforscher massive Verstöße gegen international anerkannte Sozialstandards. Eine Fabrik zahlte nicht einmal den seit Oktober 2006 in Bangladesch gültigen Mindestlohn. In mindestens zwei Fabriken wird sieben Tage die Woche durchgearbeitet; wer keine Überstunden leistet, fliegt aus der Fabrik. Wer sie macht, bekommt die Mehrarbeit häufig nicht bezahlt oder kann die Abrechnung nicht überprüfen, weil sie zu kompliziert formuliert ist. Dort, wo Menschen keine Zeit für die Regeneration haben, leidet auch die Gesundheit: »Nach mehreren Jahren Arbeit in diesen Fabriken sind die Frauen ausgelaugt und erschöpft. Sie leiden an Gliederschmerzen, nachlassender Sehkraft, chronischen Kopfschmerzen und Symptomen der Unterernährung«, berichtet Khorshed Adam von der Nichtregierungsorganisation AMRF (Alternative Movement for Resources and Freedom Society), der an der Studie beteiligt war.

Doch es gibt meist keine soziale Absicherung. Arbeiter, die krank werden, verlieren ihren Job. Frauen, die ein Kind bekommen und dann wieder einsteigen, werden häufig finanziell zurückgestuft und erhalten wieder ihr Anfängergehalt. Zeit für eine vernünftige Mahlzeit gibt es während der Arbeitszeit oftmals nicht. Die Frauen essen aufgrund des enormen Arbeitsdrucks direkt neben der Nähmaschine oder in den Treppenhäusern. Und noch etwas: »Aufseher verhalten sich gegenüber Frauen diskriminierend, beschimpfen sie und schlagen sie teilweise.«

KiK bessert sich, ein bisschen

Inzwischen gab es Gespräche zwischen der Kampagne für Saubere Kleidung und KiK, die zur Klärung beitragen sollen. KiK verabschiedete daraufhin einen Code of Conduct, das ist ein Sozialstandard, in dem die Achtung der Menschenwürde und bestimmte Sozialkriterien festgeschrieben werden, und ließ ihn von den Lieferfirmen unterzeichnen.

Das Unternehmen beauftragte die Hamburger Firma Systain Consulting, bei Managern vor Ort Schulungen durchzuführen, die ihr Wissen dann an die Arbeiterinnen weitergeben sollen. Die Lieferanten werden zudem von externen Firmen auf die Einhaltung der Sozialkriterien kontrolliert. Das klinge zwar gut und schön. Doch insgesamt geht dies Gisela Burckhardt vom Institut für Ökonomie und Ökumene Südwind, die an der KiK-Studie mitgearbeitet hat, nicht weit genug. »KiK hat ein paar Schritte in Bangladesch eingeleitet, vor allem, um sein Image zu verbessern«, urteilt sie. Management-Schulungen machten andere Unternehmen wie Tchibo, Adidas oder Puma seit langem. Arbeiterinnen würden jedoch nicht auf ihre Rechte hingewiesen und dürfen sich nicht gewerkschaftlich organisieren. »Sie haben keine Verbesserung der Situation erfahren.«

Ungesunde Gesundheitstreter

Nun sollte man nicht meinen, dass nur die Discounter unter fragwürdigen Bedingungen Mode produzieren lassen. Bei den Markenanbietern sieht es nicht immer besser aus. Kurz vor Beginn der Olympischen Spiele 2008 in Peking stellte die Kampagne für Saubere Kleidung die Studie »Play Fair« vor. Sie nahm die Arbeitsbedingungen von 13 chinesischen Fabriken unter die Lupe, die alle für die Schuhfabrikanten Yue Yuen und Pou Chen tätig sind. In den Häusern der Schuhmultis wird jeder sechste weltweit angebotene Sportschuh zusammengebaut. Außerdem kommen von hier Marken-Sportartikel wie Mützen und Sportbags.

Sie sind unter den Markennamen Nike, Adidas, Reebok, Puma, Fila, ASICS, New Balance und Converse bekannt. Aus den chinesischen Schuhfabriken kommen auch Gesundheitstreter der Marken Timberland, Rockport, Clarks und Dr. Martens.

Das Ergebnis der Studie: Arbeitstage mit bis zu 12 Stunden waren in einigen Werken die Regel, Überstunden wurden nicht finanziell abgegolten, Mittagspausen gekürzt, wenn es die Auftragslage erforderte, und die Menschen wurden nicht selten beschimpft und misshandelt. »Ein Arbeiter berichtete von einem Vorfall, bei dem ein Mitarbeiter in einem Puma-Werk mit einer Stoppuhr beworfen wurde. Bei Adidas wurden Montagearbeiter, die sich weigerten, Überstunden zu machen, entweder in einen Bereich mit unangenehmer Arbeit mit Chemikalien oder Gummi versetzt oder gezwungen, stundenlang mitten in der Fertigungslinie aufrecht stehen zu bleiben«, so »Play Fair«. Arbeiterinnen und Arbeiter klagten nicht zuletzt über die Belastung durch Chemikalien, über Hautallergien und Magenverstimmung.

Gesetze werden ausgehöhlt

Die Bezahlung stimmte auch nicht. So gilt seit Januar 2008 in China zwar ein neues Arbeitsgesetz. Danach müssen den Textilarbeitern Mindestlöhne gezahlt werden. Doch das Gesetz existiert anscheinend nur auf dem Papier. Um die Kunden nicht durch höhere Preise zu verärgern, die ja Folge von Lohnerhöhungen wären, wird getrickst und gemogelt. So setzten die Unternehmen vielerorts kurzerhand die Produktionsquoten herauf – pro Stunde musste nun mehr hergestellt werden als zuvor. Gesenkt wurden hingegen die Leistungsprämien, und auch beim Essen und Wohnen gab es höhere Abzüge als zuvor. »Ich glaube nicht, dass die neue Gesetzgebung so wirkungsvoll ist«, urteilt die ehemalige chinesische Textilarbeiterin Pui-Lin Sham. Sie ist heute Gewerkschaftssekretärin und hat der Kampagne für Saubere Kleidung ihre Erfahrungen mitgeteilt. So sei es möglich, dass die lokalen Regierungen und Unternehmen Betriebsvereinbarungen erließen, die die rechtlichen Vorschriften aushöhlten.

Nun ist es kein Sadismus, der die Firmen treibt. So begründet KiK-Chef Stefan Heinig sein Billiger-als-billig-Konzept damit, dass die Masse der Bevölkerung »froh und dankbar« sei, Kleidung »sehr günstig und mit guter Qualität kaufen zu können«. Das Unternehmen sieht sich als »textiler Grundversorger für Familien mit Kindern, Sparfüchse, aber auch sozial Schwache«. Schön, wenn ein Unternehmer sich um diejenigen sorgt, die wenig Geld im Portemonnaie haben. Doch KiK will auch selbst verdienen. Und das ist umso schwieriger, je kleiner die Preise und je geringer die Margen unterm Strich sind.

Das bedeutet eins: Preise drücken. Und das geht so: Ordert ein Unternehmen, sagen wir ein Textildiscounter, die gewünschte Ware bei einem Importeur oder direkt beim Hersteller, hat er konkrete Vorstellungen davon, was er haben will. Er gibt in der Regel den Preis vor, der gezahlt wird. Auch der Zeitraum, bis wann geliefert werden soll, wird festgeschrieben. Der Discounter bestimmt auch die Materialien und den Schnitt. »Es kommt vor, dass der Einkäufer den

Lieferanten nicht mehr um ein Angebot bittet, bevor er einen Auftrag vergibt«, sagt Khorshed Alam, der Mitautor der Studie. »Er diktiert einfach den Preis und andere Bedingungen.« Die Preise aber fielen in den vergangenen Jahren immer weiter in den Keller. So ergab eine Untersuchung von 2006/2007 bei acht Fabrikbesitzern in Dhaka, dass die Preise für Kleidung, die das englische Handelshaus Tesco bezahlt hat, fünf bis zehn Prozent niedriger lagen als im Jahr 2003/2004.

0,4 Prozent vom Sockenpreis sind Lohn genug

Das Preisdiktat des Auftraggebers zwingt natürlich auch den Hersteller dazu, die Kalkulationsschraube anzuziehen. An Material und Maschinen kann er aber kaum sparen, die Fabrik selbst muss ja am Laufen gehalten werden. Bleibt der Lohn für die Arbeiterinnen und Arbeiter. Führt man sich die Preiszusammensetzung eines T-Shirts vor Augen, wird klar, dass der Preiskampf der Discounter, ob KiK, Lidl oder Aldi, auf dem Rücken der Textilarbeiter ausgetragen wird. Für Transport und Steuern fallen bei einem Shirt elf Prozent an, für Material und Maschinen 13 Prozent. Die Werbung schlägt mit rund 25 Prozent zu Buche, Gewinn und Kosten des Einzelhandels betragen mindestens 50 Prozent. Der Lohnanteil eines Textilarbeiters ist der geringste Posten: Er beträgt zwischen 0,4 und einem Prozent des Endpreises.

Fast Fashion macht krank

Auch der Anspruch der Discounter und Kleiderketten, ständig das Sortiment zu wechseln, hat Folgen. Wo es wie bei Tchibo »jede Woche eine neue Welt« gibt, Firmen wie H&M alle 14 Tage neue Kollektionen in den Läden präsentieren und auch Aldi, Penny und Lidl fast wöchentlich neue Textilangebote im Sortiment haben, muss viel und schnell produziert werden.

»Fast fashion« erzeugt einen enormen Druck, der vom Auftraggeber an den Lieferanten und hier wiederum an das Arbeitspersonal weitergegeben wird. So ist zu erklären, dass Arbeiterinnen in Stoßzeiten sieben Tage die Woche rund um die Uhr arbeiten. Ist der Auftrag in der Kürze der Zeit von dem Team nicht zu schaffen, vergibt die Firma Aufträge an Subunternehmer, die manchmal wiederum Unterunternehmer beschäftigen – auch Heimarbeiter, die nicht selten ihre Kinder mitschuften lassen.

CSR ist in Mode

Natürlich möchte keine Modefirma in den Medien lesen, sie beute Arbeiter aus und beschäftige Kinder. Darum haben sich alle Markenfirmen CSR oder Corporate Social Responsibility auf die Fahnen geschrieben. Die gesellschaftliche Verantwortung, die hinter CSR steht, gehört heute zum guten Ton eines Unternehmens. Was die Firmen in ihren dicken CSR-Berichten beschreiben, was sie tun wollen, um die Produktion in den Erzeugerländern zu verbessern, ist erst einmal positiv: Vom Verbot ausbeuterischer Kinderarbeit und Zwangsarbeit ist die Rede, von der Zusage existenzsichernder Löhne, von angemessenen Arbeitszeiten, dem Recht auf Vereinigungsfreiheit, Umweltschutz, Arbeits- und Gesundheitsschutz. Textilexpertin Gisela Burckhardt begrüßt jeden Firmenkodex, der zum Ziel hat, die Arbeitsbedingungen im Erzeugerland zu verbessern. Doch es hapere oftmals an der Umsetzung und an der Transparenz.

»Man ist in China noch weit von solchen Arbeitsbedingungen entfernt, wie man sie bei uns kennt«, sagt auch Janis Vougioukas. Insgesamt seien die Bedingungen aber besser geworden. Der Journalist mit Sitz in Shanghai hat zahlreiche Textilfirmen besucht und sich vor Ort ein Bild gemacht. »China ist so groß, dass man da alles findet.« Er habe Betriebe gesehen, die »genauso eklig« seien, wie man es immer wieder hört und liest. Firmen also, bei denen die Arbeiter nach Sklavenart rund um die Uhr schuften, knietief in der Farbe stehen oder Jeanshosen abschleifen, damit sie einen »used look« erhalten – und dabei den blauen Schleifstaub einatmen. Doch es gebe immer mehr Firmen, die aktiv in bessere Arbeits- und Umweltschutzbedingungen investieren – meist, weil es der Auftraggeber wünscht.

Ikea wird grün

Denn es ist ja so: Die Einkäufer der Modeunternehmen haben Macht. Sie können den Preis diktieren und das Tempo vorgeben. Sie haben aber auch die Macht, die Arbeitsbedingungen zu verbessern. In Indien und in Mexiko sind Textilbetriebe mit sehr hohen Umweltstandards entstanden – weil es die Auftraggeber so wollten. »Wenn europäische Firmen direkt Einfluss auf die Produktionsbedingungen nehmen, tut sich hier schnell etwas«, bestätigt Harald Schönberger, Consultant für Umweltschutz in der Textilindustrie. Als Beispiel nennt er die Möbelkette Ikea, die ihrem pakistanischen Stofflieferanten vor einigen Jahren mitteilte, dass die Ware nur noch abgenommen werde, wenn die Abwässer nach dem Stand der Technik behandelt würden. Im Gegenzug wurde den Betrieben für die gelieferten Stoffballen ein besserer Preis geboten. Der Deal funktionierte.

Auch Tchibo und das Modehaus C&A sind an dem Thema dran. Schon vor Jahren entlarvte die Kampagne für Saubere Kleidung die erschreckenden Arbeitsbedingungen in Textilfirmen, die für den Kaffeeröster in Bangladesch Textilien aller Art herstellen. Sie kritisierte Menschen- und Arbeitsrechtsverletzungen und dokumentierte den entwürdigenden Umgang mit dem Arbeitspersonal. In einem Bericht werden Aussagen von Arbeiterinnen zitiert: »Wenn wir etwas falsch machen oder wenn der Aufseher glaubt, dass wir nicht richtig arbeiten, schreit er uns an und sagt Dinge wie: ›... bist du die Tochter eines Hundes oder einer Prostituierten.‹ Oder auch: ›Wenn du dich nicht beeilst, werde ich einen Stock in dich bohren.‹«

Dialog statt Kontrolle

Inzwischen wurde bei Tchibo einiges in Bewegung gesetzt, um der sozialen Fertigung einen Schritt näher zu kommen. 2006 wurde die mehrköpfige Abteilung Unternehmensverantwortung ins Leben gerufen, die unter Leitung des ehemaligen Otto-Versand-Mannes Achim Lohrie arbeitet. Tchibo forderte alle Importeure auf, die die Hälfte ihres Einkaufs für den Konzern tätigen, eine verantwortliche Person für die Umsetzung von Sozialstandards zu benennen. Auch wurde das sogenannte Subcontracting verboten, die Vergabe von Unteraufträgen, weil damit die soziale Kontrolle erschwert wird.

In einem aktuellen Projekt wird ein ganz neuer Ansatz verfolgt. Man setzt auf den Dialog zwischen den Beteiligten statt auf Kontrolle. Bisher war es so, dass der Auftraggeber vorschrieb, was zu tun ist, und die Textilfirma sich dem beugen konnte oder nicht. Das führte nicht immer zum Erfolg, Vorgaben wurden unterwandert. Nun sollen die Mitarbeiter in den Textilbetrieben so geschult werden, dass sie die Sozialstandards des Auftraggebers wirklich umsetzen können. »Der erhobene Zeigefinger ist auch mit Blick auf die unterschiedlichen Gesellschafts- und Wertemodelle in den Beschäftigungsmärkten keine Hilfe«, beschreibt Lohrie den neuen Ansatz. Gesetzt werde nicht auf Belehrung von außen, sondern auf Dialog und die gemeinsame Entwicklung von Lösungen durch alle Beteiligten. Tchibo erhofft sich damit mehr Kooperation. Unterstützt wird das Unternehmen in seinem Vorhaben, das zunächst für drei Jahre in ausgewählten Firmen in Bangladesch, China und Thailand durchgeführt wird, von der Gesellschaft für technische Zusammenarbeit, GTZ. Es gibt auch eine Förderung vom Bundesministerium für wirtschaftliche Zusammenarbeit und Entwicklung.

Gisela Burckhardt von Südwind findet es gut, dass Tchibo in Dialog mit seinen Lieferanten tritt. Sie befürchtet aber, dass nur diejenigen in den Textilfabriken geschult werden, die dem Unternehmen ohnehin wohlgesinnt sind. Günstiger wäre es ihrer Ansicht nach, einen Betriebsrat zu gründen, der im Sinne aller Arbeiterinnen und Arbeiter agiert.

873-mal erwischt

Das Modehaus C&A setzt auf ein aufwendiges Kontrollsystem und »fährt gut damit«, wie Pressesprecher Thorsten Rolfes bestätigt. Der Preiswertanbieter, der Waren in 25 Ländern der Welt einkauft, die wiederum in über 60 Nationen gefertigt werden, arbeitet eng mit der Auditfirma SOCAM (Service Organisation für Compliance Audit Management) zusammen. Sie wurde 1996 von C&A gegründet, arbeitet aber unabhängig. Alle 900 Lieferanten und deren rund 2000 Produktionsstätten, die im Jahr 2008 für C&A tätig waren, werden von der SOCAM mit Sitz in Düsseldorf und Singapur regelmäßig inspiziert. Die Betriebe werden unangemeldet von den Inspektoren aufgesucht und auf die Einhaltung von Arbeits- und Umweltschutzvorgaben überprüft, die Ergebnisse werden im Internet veröffentlicht (http://www.socam.org).

Dennoch ist auch bei C&A nicht alles clean. So deckte SOCAM allein im Jahr 2007 genau 873 gravierende Verstöße gegen die von C&A definierten Vorgaben auf. Auf gravierende Missstände wie Kinderarbeit sei man zwar so gut wie gar nicht gestoßen. Probleme gab es aber bei Überstundenberechnungen und -regelungen und auch im Bereich Arbeitschutz, so Rolfes.

Farbige Sauerei

Oft sind aber nicht nur die Arbeitsbedingungen bei der Textilproduktion, sondern auch die Produkte selbst nicht sauber. So nahm das Öko-Test-Magazin vergangenes Jahr verschiedene C&A-Textilien unter die Lupe. Geprüft wurden ein Langarm-Shirt, ein Top, eine kurzärmelige Spitzenbluse und eine langärmelige Bluse mit Spitzenkragen. Das Urteil lautete: »befriedigend«. Die Tester hatten eine Reihe von Schadstoffen in der Bekleidung gefunden, von denen einige allergisierend wirken können.

Insgesamt fiel der Test von elf Markenklamotten, darunter Street One, Esprit, Benetton, Hennes & Mauritz, S. Oliver, Mango und Tom Tailor regelrecht unsauber aus. Einige Kleidungsstücke waren so stark mit Chemikalien belastet, dass sie nur ein »Ungenügend« erhielten. So wies die Langarm-Tunika der Marke Street One so große Mengen des verbotenen Farbstoffs Benzidin auf, dass sie gar nicht hätte verkauft werden dürfen. Eine Langarmbluse mit braunem Spitzenkragen derselben Marke hatte den als krebserregend eingestuften Farbstoff Dispers Gelb 3 in sich, ein Kleidungsstück der Marke Tom Tailor einen allergisierenden Farbstoff mit der Bezeichnung Dispers Orange 37/76. Am Preis kann es nicht gelegen haben. Günstige Kleider schnitten in diesem Test tendenziell besser ab.

Bis zu 20 Giftduschen beim Baumwollanbau

Auf Rückstände von Pflanzenschutzmitteln – Pestizide – stießen die Tester nicht. Einfach deshalb, weil sie sie nicht untersuchten. Denn die Suche kann man sich sparen. Im Zuge der Herstellung wird der Großteil durch Waschen und weitere Behandlungen eliminiert. Dennoch sind Pestizide bei Bekleidung ein Thema, und zwar vor allem bei Baumwolle, der wichtigsten Naturfaser überhaupt. Auf den Feldern wird gespritzt, was das Zeug hält. So macht die Fläche, auf der Baumwolle angebaut wird, zwar weniger als drei Prozent der weltweit genutzten landwirtschaftlichen Fläche aus. Jedoch werden hier zehn Prozent aller Pestizide versprüht. Gespritzt wird je nach Anbauform und Sachkenntnis des Landwirts bis zu 20-mal. Zum Vergleich: Beim Weizenanbau gibt es je nach Region zwischen fünf und acht Spritzungen, beim Kartoffelanbau kommt die Giftspritze bis zu 16-mal zum Einsatz.

Auch wenn die Baumwolle selbst weitgehend unbelastet ist, so leidet doch die Umwelt. Denn die Pestizide verschmutzen das Grundwasser und reduzieren die Artenvielfalt. Besonders die Menschen in der Landwirtschaft, die mit den Giften hantieren, sind die Leidtragenden. Sie schädigen ihre Gesundheit, weil sie sich ungeschützt den Giften aussetzen.

Dass überhaupt gespritzt werden muss, hat gewiss Gründe.

So ist die Baumwollpflanze anfällig gegenüber Schädlingen wie dem Baumwollkapselwurm. Doch dies ist nicht naturgegeben, sondern hausgemacht. Dort, wo Jahr für Jahr immer nur Baumwolle angebaut wird, es also keine sinnvolle Fruchtfolge gibt, laugen die Böden aus. Durch den übermäßigen Einsatz von Mineraldünger werden die Erträge immer weiter in die Höhe geschraubt. Diese Faktoren machen die Pflanzen anfällig für unerwünschte Insekten. Während die Weltanbaufläche für Baumwolle seit rund 30 Jahren bei rund 33 Millionen Hektar liegt – das entspricht etwa der Fläche Deutschlands –, kletterten die Erträge von durchschnittlich 442 Kilo pro Hektar auf 624 pro Hektar.

Saatgut mit eingebauter Giftspritze

Um das Schädlingsproblem in den Griff zu bekommen, setzt die Landwirtschaft seit 1996 auf gentechnisch manipuliertes Baumwollsaatgut. Es enthält eine sogenannte Resistenz gegen den Baumwollkapselwurm, ist also immun gegen den hauptsächlichen Fraßfeind. Das heißt: Knabbert der Wurm an der Pflanze, wird das Gift Botulinumtoxin abgegeben, das dem Schädling den Garaus macht. Saatgut mit eingebauter Giftspritze wird in den USA bereits auf 3,2 Millionen Hektar oder 86 Prozent der gesamten Baumwollanbaufläche verwendet, so die Wissenschaftsdatenbank Transgen. In China sind es 3,8 Millionen und in Indien sogar 6,2 Millionen Hektar (je 66 Prozent der Anbaufläche).
Nun wäre den Landwirten eine goldene Zukunft beschieden, würde die Rechnung Gen-Saat = mehr Ertrag durch geringe-

re Ernteausfälle aufgehen. Doch das Gegenteil scheint der Fall. »Es gibt deutliche Anzeichen dafür, dass die Einführung von Gen-Baumwolle mit hohen ökonomischen Risiken für die Bauern verbunden ist«, resümiert das Pestizid-Aktions- Netzwerk, kurz PAN. Für das Saatgut müssen die Bauern das Doppelte im Vergleich zum konventionellen zahlen. Auch verhalten sich die Gen-Pflanzen auf dem Acker vielerorts anders als im Labor: Die manipulierte Pflanze wirft plötzlich ihre Kapseln ab, worunter die Baumwollqualität leidet, oder sie wird anfällig gegenüber Pilzkrankheiten.

Wenn Kredite töten

Durch den Erwerb des Gen-Saatguts begeben sich die Landwirte in Abhängigkeit. Und zwar in die des US-Konzerns Monsanto, weltweit führend in Sachen Gentechnik, der das »Bacillus Thuringiensis Cotton« (BTC) entwickelte. Monsanto hält auch das Patent an BTC, besitzt also den Kopierschutz für die Saat. Bauern, die das patentierte Gen-Saatgut kaufen, unterschreiben langjährige Verträge, in denen sie den regelmäßigen Erwerb zusichern, und versprechen, die Ernte nicht zur Wiederaussaat zu nutzen oder zur Vermehrung zu verwenden, was gerade in Drittweltländern üblich ist. Es gibt sogar eine Art Gen-Polizei, die für Monsanto arbeitet. Sie kontrolliert, ob die Landwirte sich an die Vorgaben halten. Weil dies nicht immer der Fall ist, wurden die Bauern seitens der Firma mit Prozessen überzogen, und es gab millionenschwere Schadensersatzklagen. Ein Ausweg aus dem Dilemma ist nicht in Sicht.

In Indien hat Monsanto in den vergangenen Jahren fast alle Saatgutfirmen aufgekauft. Das bedeutet: Die Landwirte können nur noch das teure BTC-Saatgut kaufen, weil es das konventionelle nicht mehr gibt. Weil sich kleine arme Bauern das hochpreisige Saatgut aber nicht leisten können, müssen sie Kredite aufnehmen. Die können sie oftmals nicht zurückzahlen, eben weil die Ernte nicht so üppig ausfällt wie versprochen. Zahlreiche Landwirte wurden darum bereits in den Ruin getrieben. Mehr als 1000 Landwirte nahmen sich bis heute das Leben.

Bio auf dem Vormarsch

Als Antwort auf Pestizideinsatz und Gentechnik hat sich inzwischen ein Markt für Biobaumwolle entwickelt. Die Fasern aus kontrolliert biologischem Anbau werden bereits in 17 Ländern der Welt erzeugt. Die Türkei, USA, Indien und Peru gehören zu den größten Ökoproduzenten. Auch gibt es zahlreiche Bioprojekte, die im Aufbau sind, so dass die Ökoanbaufläche weiter zunehmen wird. Derzeit beträgt die Ernte 145 872 Tonnen, das entspricht 0,55 Prozent der gesamten Baumwollernte, rechnet die gemeinnützige US-Organisation Organic Exchange für das Jahr 2007 und 2008 vor.
Und die Biofasern werden nicht mehr nur von den Naturmodeanbietern wie etwa hessnatur im hessischen Butzbach verarbeitet. Auch viele konventionelle Modeanbieter haben heute Bekleidung aus Biofasern im Programm. Bei H&M heißt die Ökolinie Organic Cotton, bei C&A Bio Cotton, bei

Neckermann tragen die grünen Jeans und T-Shirts ein Umweltprädikat und bei Otto heißt die grüne Mode Pure Wear. Auch international ist Biomode ein Thema. Beim größten US-Einzelhändler Wal Mart hängen Ökotextilien ebenso an den Kleiderkarussells wie beim Food-Giganten Coop in der Schweiz. Nicht zuletzt setzen auch die Sportausrüster Patagonia und Nike seit Jahren auf Naturmode. »Es gibt Anzeichen dafür«, resümiert das Pestizid-Aktions-Netzwerk, »dass sich Biobaumwolle aus der Nische heraus in den Massenmarkt bewegt.«

SERVICE

Bessere Kleidung

Bei Modelabels denkt man erst einmal an eine Marke. Inzwischen gibt es aber auch eine Vielzahl von Labels, die für umweltgerecht, fair und sozialverträglich erzeugte Bekleidung stehen. Neben firmeneigenen Labels gibt es Ökosiegel von Organisationen. Sie werden hier vorgestellt, da sie, anders als ein Firmenlabel, für weitgehende Unabhängigkeit stehen.

Fairtrade certified Cotton (Transfair)

Wer verbirgt sich dahinter? Das von Kaffee und Kakao bekannte Fairtrade-Label gibt es auch für Bekleidung und Textilien. Zwei Handvoll Textilfirmen kennzeichnen damit ihre Hosen, Badeartikel und Handtücher.

Wofür steht es? Gefördert wird vor allem der Baumwollanbau in Burkina Faso, Peru, Indien, Kamerun, Senegal, Ägypten und Mali. Landwirte erhalten Zuschläge, wenn sie ohne Raubbau an der Natur und ohne Gentechnik zu sozial fairen Arbeitsbedingungen Baumwolle erzeugen. Wird Bioanbau betrieben, gibt es einen Aufschlag von zehn Prozent. Das Label bezieht sich nur auf den Baumwollanbau, nicht auf Verarbeitung, Fertigung und Handel.

Naturtextil BEST

Wer verbirgt sich dahinter? Der Internationale Verband der Naturtextilwirtschaft (IVN) vergibt dieses Label.
Wofür steht es? Für Bekleidung, die zu 100 Prozent aus biologisch erzeugten Fasern wie Baumwolle, Wolle, Seide oder Leinen besteht. Die Verarbeitung und Ausrüstung garantiert eine größtmögliche Umweltverträglichkeit. Die Arbeitsbedingungen, unter denen die Bekleidung genäht wird, orientieren sich an den Vorgaben der Internationalen Arbeitsorganisation ILO. In ihren Kernarbeitsnormen fordert sie die Abschaffung von Kinderarbeit, Beseitigung von Zwangsarbeit, das Verbot der Diskriminierung und das Recht auf Vereinigungsfreiheit. Das BEST-Label steht für den höchsten Gesundheits- und Umweltstandard bei Bekleidung. Ausbaufähig sind die Vorgaben für die sozialgerechte Fertigung.

GOTS

Wer verbirgt sich dahinter? Entwickelt wurde das international gültige Siegel vom Internationalen Verband der Naturtextilwirtschaft, von der britischen Agrarorganisation Soil Association (SA), der US-amerikanischen Organic Trade Association (OTA) und der Japanischen Organic Cotton Association (JOCA).
Wofür steht es? Stoffe, die den Global Organic Textile

Standard (GOTS) erfüllen und mit dem Hinweis »ökologisch« oder »ökologisch – in Umstellung« werben, müssen zu 95 Prozent aus Fasern bestehen, die aus anerkannt ökologischer Erzeugung stammen. Der Restanteil können konventionelle Fasern sein, jedoch nicht desselben Rohmaterials. Das GOTS-Label mit der Aufschrift »hergestellt mit x % ökologischen Materialien« oder »hergestellt mit x % Materialien ökologisch – in Umstellung« steht für Textilien mit einem Anteil von mindestens 70 Prozent Fasern aus kontrolliert biologischer Erzeugung. Auch für die Verarbeitung der Garne gibt es strenge Vorgaben, die weit über die gesetzlichen Vorschriften hinausgehen. Die Sozialkriterien haben die Vorgaben der ILO zur Grundlage.

Europäisches Umweltzeichen – Euroblume

Wer verbirgt sich dahinter? Die Europäische Union, die das grün-blaue Umweltzeichen 1992 ins Leben gerufen hat.

Wofür steht das Siegel? Die »Euroblume« beinhaltet vor allem Vorgaben zum Umweltschutz. Die Reduzierung der Gewässerbelastung wird durch das Verbot beziehungsweise den beschränkten Einsatz von Textilchemikalien erzielt. Es gibt Beschränkungen für Formaldehyd, die allerdings hoch sind. Die Verwendung von Biofasern ist im Gespräch.

Toxproof und Öko-Tex-Standard 100

Wer verbirgt sich dahinter? Toxproof wird vom TÜV Rheinland vergeben, Öko-Tex-Standard 100 von der Internationalen Oeko-Tex-Gemeinschaft.

Wofür steht das Siegel? Beide Labels stehen für Bekleidung, die auf Schadstoffe überprüft ist. Es gibt Grenzwerte für Rückstände von Textilchemikalien und Pestiziden, die bei Babykleidung strenger sind als bei Bekleidung für Erwachsene. Schadstofffrei sind die so gelabelten Produkte nicht, denn die erlaubten Grenzwerte für Rückstände sind teils recht hoch. Biorohstoffe sind kein Thema, so wie auch weitere Umweltaspekte und Sozialkriterien außen vor bleiben.

Demeter

Wer verbirgt sich dahinter? Der Anbauverband Demeter, der in vielen Ländern der Welt tätig ist.

Wofür steht das Siegel? Für Bekleidung aus 100 Prozent Biorohstoffen wie Wolle, Leinen und Baumwolle. Die Herstellung entspricht den Vorgaben des Internationalen Verbands der Naturtextilindustrie. Wie beim IVN-Siegel sind die Vorgaben für die sozialgerechte Fertigung ausbaufähig.

Naturland

Wer verbirgt sich dahinter? Der Anbauverband Naturland, der auch Vorschriften für die Erzeugung von Biolebensmitteln definiert hat.

Wofür steht das Siegel? Für Bekleidung, die zu 95 Prozent aus Naturfasern bestehen, die 100-prozentig biologisch erzeugt sind. Verarbeitung und Fertigung entsprechen in etwa denen des IVN beziehungsweise GOTS. Darüber hinaus muss die gesamte textile Kette vom Anbau über die Verarbeitung bis hin zum Endprodukt dokumentiert werden. Die Vorgaben für die sozialgerechte Fertigung sind ausbaufähig.

2
Blumen:

Krank durch Flower Power

Es ist Mai. Muttertag. Die Kinder haben in der Schule niedliche Herzchen aus roter Pappe gebastelt. »Du bist die beste Mama der Welt!«, steht darauf. Sie liegen auf dem Frühstückstisch. Der ist liebevoll gedeckt. Mit frischen Brötchen, Marmelade, Ei und Hefezopf. Papa hat das mit den Kindern vorbereitet. Auch die Blumen hat er nicht vergessen: 30 rote Rosen hält er in der Hand: »Für die beste Mutter der Welt«, sagt er schmunzelnd und überreicht den Blumenstrauß.

Alle Jahre wieder wird hierzulande der Muttertag begangen. Was auch immer man von dieser Art Huldigung an die Mutter halten mag: Blumen gehören zum Muttertagsritual dazu wie bunte Eier zu Ostern und Lebkuchen zu Weihnachten. Die Blumenläden quellen über mit frischen Rosen, Tulpen und Nelken. Blumenversender arbeiten rund um die Uhr. Und auch die Discounter und Tankstellen stellen Extrabehälter mit Blühendem auf.

40 Euro pro Kopf für Blühendes

In der Muttertagswoche liegt der Umsatz der Blumenanbieter rund doppelt so hoch wie in einer durchschnittlichen Woche – 120 bis 130 Millionen Euro gingen 2007 über die Verkaufstresen. Nur am Valentinstag im Februar flutscht es ähnlich gut. Überhaupt sind Blumen ein einträgliches Geschäft, wenn zurzeit auch mit stagnierender Tendenz. Gut drei Milliarden Euro wurden im Jahr 2007 hierzulande allein mit dem Verkauf von Schnittblumen erzielt. Das sind knapp 40 Euro pro Einwohner, rechnet die Zentrale Markt- und Preisberichtsstelle (ZMP) in Bonn vor. Die Lieblingsblumen unter den Schnittblumen sind laut ZMP Rosen. Sie haben einen Anteil von 37 Prozent an den Ausgaben für Blühendes, das in die Vase gestellt wird. Ihnen folgen Tulpen (10 Prozent) sowie Chrysanthemen und Gerbera (je sieben Prozent).

Was da grünt und blüht, kommt aber nur in den seltensten Fällen aus hiesigen Landen. Vier von fünf Blumen werden importiert. Knapp 90 Prozent der frischen Schnittblumen kommen aus den Niederlanden. »Das ist ja fast um die Ecke«, könnte man sagen. Doch weit gefehlt. Nur etwa die Hälfte der niederländischen Importe wird tatsächlich in den Gewächshäusern Hollands produziert. Der Rest kommt aus Lateinamerika, Afrika und Asien. Ein großer Vorteil dieser Länder ist das optimale Klima. Die Sonne scheint viele Stunden am Tag, und die Luft ist lau. Da ist es, anders als etwa in den Niederlanden, nicht nötig, Tag und Nacht Gewächshäuser zu heizen und für Beleuchtung zu sorgen. Das spart enorme Kosten.

Doch die Blumenpracht hat ihren Preis. »Stünde auf jedem

Blumenstrauß drauf, unter welchen Bedingungen die Blumen angebaut wurden, wie viele Kinder für seine Entstehung arbeiten mussten, wie viele unbezahlte Überstunden entrichtet wurden und wie viele Arbeiterinnen ungeschützt mit gefährlichen oder längst nicht mehr zugelassenen Pestiziden in Kontakt kamen und Schädigungen davontrugen – würde die Freude über die Blumen sicher sehr geschmälert.« Die das sagt, will nicht den Spaß an der Blumenpracht vermiesen. Susan Haffmans, Agrarfachfrau beim Pestizid-Aktions-Netzwerk (PAN), gibt aber zu bedenken, dass die Blumenerzeugung in vielen Ländern mit großem Leid verbunden ist. Darüber informierte PAN im Rahmen einer Aktion zum Muttertag. Das Netzwerk verteilte in der Hamburger Innenstadt rote Rosen und verwies auf die Missstände in der Blumenproduktion – und auch auf Alternativen. Verteilt wurden Rosen mit Fairtrade-Label und über 1000 Klappkarten mit Bezugsadressen für bessere Blumen (siehe Label auf Seite 60 ff.). Doch das Interesse war mäßig. Diejenigen, die schon ein wenig wussten über schlechte Arbeitsbedingungen in fernen Ländern, fragten zwar nach. Viele jedoch griffen die schöne Rose einfach ab, die ihnen gratis überreicht wurde.

Tulpen unter dem Hammer

Die Fäden des Blumenhandels laufen in Holland zusammen. Dort ist der Dreh- und Angelpunkt des globalen Geschäfts mit dem Blühenden. Mehr als die Hälfte davon wird über die sieben niederländischen Blumenauktionshäuser abgewickelt. Das bedeutet: Was weltweit an Grünzeug und Schnittblumen erzeugt wird, kommt hier unter den Hammer. Tagtäglich werden in den Auktionshäusern die Blumenpreise neu verhandelt. Per Knopfdruck stimmen die Blumenhändler aus aller Welt über den Preis ab. Wer zuerst das Knöpfchen drückt, entscheidet über den Tagespreis.

Und der ist oft gering. Zwanzig rote Rosen kosten beim Discounter nicht selten 1,99 Euro. Im Blumenfachgeschäft muss man diese Summe auch mal für eine einzige Rose zahlen. Bei einem schärferen Blick auf die weltweite Blumenproduktion wird schnell deutlich, wie solche Dumpingpreise zustande kommen. Schnittblumen werden häufig dort hergestellt, wo Kinder mitarbeiten, Löhne niedrig sind und es praktisch keine Umweltschutzauflagen gibt: in Kenia, Israel, Simbabwe, Ecuador, Kolumbien, Sambia, Uganda, Tansania, Südafrika und seit einigen Jahren auch in Äthiopien.

Siebenjährige Kinderarbeiter

»Kinderarbeit gehört insbesondere in Lateinamerika nach wie vor zum Alltag auf vielen Blumenplantagen«, heißt es in der Studie »Blühende Zukunft? Verletzung von Kinderrechten in der Blumenindustrie«, die die Menschenrechtsorganisation FIAN (FoodFirst Informations- und Aktions-Netzwerk) erstellt hat. Seit 1991 berichtet die Organisation im Rahmen der »Blumenkampagne« über Missstände bei der Blumenerzeugung in Drittweltländern. Die Studie klärt darüber auf, dass die arbeitenden Kinder zum Teil nicht älter als sieben Jahre sind. Sie müssen häufig ebenso anstrengende und die Gesundheit gefährdende Arbeiten wie die Erwachsenen verrichten. Sie arbeiten bis zu zehn Stunden am Tag an bis zu sieben Tagen die Woche. Der Lohn entspricht nicht einmal der Hälfte des Mindestlohns. Jedes zehnte arbeitende Kind auf Blumenplantagen in Ecuador erhält für seine Arbeit nur ein Mittagessen. Nach einer Schätzung der Internationalen Arbeitsorganisation ILO, die allerdings schon aus dem Jahr 2000 stammt, sind auf den Farmen bis zu 20 Prozent der Beschäftigten minderjährig. Das Durchschnittsalter liegt bei 13 Jahren.

Blumen statt Schule

Die Daten sind Schnee von gestern? Weit gefehlt. Im Jahr 2004 stellte die Regierung Ecuadors mit Unterstützung von UNICEF und ILO Arbeitsinspektoren ein, die das Tun auf den Farmen in Augenschein nehmen und überwachen sollten. Ergebnis: Sie fanden Hunderte von Kindern an gefährlichen Arbeitsplätzen. Selbst zwei Jahre später, also 2006, fanden die Inspektoren immer noch 64 arbeitende Kinder in verschiedenen Betrieben. Zehn darunter waren Blumenfarmen.
In Kolumbien sieht es nicht besser aus. Auch hier arbeiten Kinder mit, weil das Familieneinkommen andernfalls oft nicht ausreicht. Wie viele Kinder derzeit in Kolumbien genau mit Blumen, Spaten und Scheren hantieren, ist nicht bekannt. Laut einem Bericht aus dem Jahr 2001 waren dort insgesamt 2,2 Millionen Kinder berufstätig.
Die Kinderarbeit hat Folgen. Die Kleinen brechen meistens nicht nur die Schule ab, um auf der Plantage zu arbeiten.

Auch die Gesundheit und die Entwicklung leiden. FIAN berichtet von einer Studie für die Internationale Arbeitsorganisation ILO, für die der Gesundheits- und Ernährungszustand von 105 Kindern im Alter von 9 bis 18 Jahren in der Region Pinchincha untersucht wurde. Diese Region wurde ausgewählt, da sich hier 70 Prozent der Blumenplantagen Ecuadors befinden. Das erschreckende Ergebnis: Ein Drittel der Kinder litt unter Kopfschmerzen und Zittern. 42 Prozent der Kleinen zeigten Symptome nervlicher Funktionsstörungen. Physische Erschöpfung, dauerhafte Schädigungen des zentralen Nervensystems und auch Krebs können durch die Arbeit auf Blumenplantagen hervorgerufen werden. Hinzu kommt: 60 Prozent der Kinder gaben an, unter Misshandlung und Diskriminierung zu leiden. Die Hälfte empfindet die Verantwortung als zu groß, die ihnen aufgebürdet wird. Durch die Belastungen am Arbeitsplatz wird auch das Auffassungsvermögen in der Schule beeinträchtigt. »Sie kommen zum Unterricht ohne Frühstück, ohne die Hausaufgaben gemacht zu haben, und sie schlafen während des Unterrichts ein«, heißt es in einer weiteren Studie der Soziologin Norma Mena. Weil die Noten leiden, machen die Kinder oftmals keinen Schulabschluss, so dass sie – wie ihre Eltern – als ungelernte Arbeitskraft auf einer Blumenfarm enden. Ein Teufelskreis.

Gesetze sind Papiertiger

Natürlich gibt es auch in Ecuador und Kolumbien Gesetze zum Schutz von Kindern. Sie regeln das Mindestalter und die Dauer der täglichen Beschäftigung. Sie schreiben den

Schulbesuch vor und verbieten Ausbeutung. Doch sie scheinen das Papier nicht wert, auf dem sie stehen. »Die Regierungen Kolumbiens und Ecuadors kontrollieren die Einhaltung ihrer Gesetze offensichtlich nicht ausreichend. Korruption, Defizite in der staatlichen Justiz und unklare Behördenverfahren führten weiterhin dazu, dass Kinder auch heute noch unter ausbeuterischen Bedingungen arbeiten müssen«, so FIAN.

Ein Blumenstrauß als Monatslohn

Bei den Erwachsenen sieht es in der Blumenproduktion kaum besser aus. 65 Prozent der Arbeitnehmer sind Frauen. Sie arbeiten in allen Bereichen, von der Aufzucht über die Pflege und Ernte bis hin zum Sortieren der blühenden Stengel. Sie arbeiten oft im Schichtdienst rund um die Uhr, an sieben Tagen die Woche. Das Einkommen lateinamerikanischer Blumenarbeiterinnen pro Monat ist teils so gering, dass es gerade mal einem üppigen Strauß roter Rosen entspricht, also etwa 40 Euro. Die gesundheitlichen Belastungen sind zugleich enorm. Damit die Stengel makellos gedeihen, werden bei der Erzeugung Pflanzenschutz- und Düngemittel eingesetzt. Das ist zwar auch in Deutschland so. »Allerdings ist die verwendete Menge an Pestiziden in vielen Blumenfarmen Afrikas, Lateinamerikas und Asiens doppelt oder gar dreifach so hoch wie zum Beispiel in Deutschland«, schreibt PAN in der »Faktensammlung zum Blumenanbau«. Teils würden Mittel eingesetzt, die bei uns seit Jahren verboten sind.

Giftiger geht's nicht

Zum Zuge kommen vor allem Pestizide aus der Gruppe der Organophosphate und der Thiocarbamate. Zur ersten Gruppe gehören Phoxim, Dichlorvos, Fenthion, Chlorpyrifos und Parathion. »Zu den allgemeinen Eigenschaften der Organophosphorverbindungen zählen, dass sie« – wie Susan Haffmans von PAN auf Anfrage erklärt – »eine hohe Toxizität haben.« Auch die Wirksubstanz Endosulfan kommt noch zum Zuge. »Endosulfan bereitet besonders unter Armutsbedingungen erhebliche Probleme, es kommt wiederholt zu schweren Vergiftungen und Todesfällen.« Pestizide aus der Gruppe der Thiocarbamate sind zudem als sensibilisierend eingestuft, sie können also Allergien begünstigen. Darum gibt es für den Gebrauch – zumindest theoretisch – strenge Auflagen. Vorschrift ist, dass beim Sprühen Schutzkleidung getragen wird und eine bestimmte Zeitdauer eingehalten wird, bis die Gewächshäuser nach dem Spritzen wieder betreten werden dürfen. »In den Ländern des Südens ist jedoch eine sichere Anwendung oft schon alleine aufgrund fehlender Schutzkleidung nicht möglich«, weiß Haffmans.

Das hat Folgen für Frauen, Männer und Kinder, die zwar meist nicht selbst spritzen, aber mit den Giften über Pflanzen und Arbeitskleidung in Berührung kommen. Frauen berichten von gesundheitlichen Beschwerden seit ihrer Beschäftigung in Blumenbetrieben. In Mitleidenschaft gezogen werden die Atmung und die Verdauung. Rund 40 Prozent litten unter Anämie, also Blutarmut. Mehr als 60 Prozent der Frauen machen die Chemikalien dafür verantwortlich, berichtet die Österreicherin Sophie Veßel in ihrer Diplomarbeit über

»Frauen in der ecuadorianischen Blumenindustrie« von 2007. Sie hat das Land selbst bereist und dort zahlreiche Interviews mit Betroffenen geführt.

Die Blumenarbeiterin Blanca berichtete ihr: »Es ist das Problem mit der Atmung. Die Arbeiter werden lungenkrank. Es gibt Frauen, die wegen der Chemikalien gestorben sind. Man sagt, dass wir maximal sieben Jahre arbeiten könnten. Aber wenn schon zehn Jahre vergangen sind, sehen die Frauen aus, als wären sie ziemlich unterernährt und blass von der Blumenarbeit. Die Arbeit selbst schadet einem nicht, aber was einem schadet, sind die Chemikalien.«

Weniger Babys durch Blumengifte

Thema Unfruchtbarkeit: Die Gifte wirken nicht nur auf das Nervensystem, sie machen Männer und Frauen auch unfruchtbar. Bei Männern, die in Gewächshäusern arbeiten und häufig Pestiziden ausgesetzt sind, war die Qualität des Spermas – also die Morphologie und Beweglichkeit – niedriger als bei Männern, die giftfrei arbeiteten, so das Ergebnis einer Studie des niederländischen Instituts für Epidemiologie und Biostatistik der Radboud Universität in Nijmegen von 2006. Zwei Jahre zuvor hatte dasselbe Institut herausgefunden, dass Frauen, die in Gewächshäusern arbeiten, vergleichsweise länger benötigen, um schwanger zu werden. In dieser Studie wurde 484 Blumenarbeiterinnen eine Kontrollgruppe von 679 Frauen gegenübergestellt.

Hat es dann doch »geklappt«, erleiden Frauen, die im Gewächshaus arbeiten, signifikant häufiger eine Fehlgeburt.

Das bedeutet, dass der Fötus nach etwa 12 Wochen der Schwangerschaft abgeht. Das Risiko für so einen Abort sei bei ihnen doppelt so hoch wie bei Frauen, die ohne Gifte arbeiten, berichtet eine weitere niederländische Studie. In dem Film »Blumengrüße vom Äquator« erklärt eine auf einer Blumenfarm tätige Ärztin, dass es in ihrem Betrieb monatlich sechs Fehlgeburten als Folge der Arbeit gegeben habe. Das Risiko sei besonders groß, wenn beide Elternteile in einem Blumenbetrieb arbeiten.

Die holländischen Forscher machten für die erhöhte Rate an Aborten vor allem hochgiftige Pestizide wie Atrazin, Benomyl, Carbendazim und DDT verantwortlich. In Europa sind diese Mittel, mit Ausnahme von Carbendazim, nicht mehr zugelassen. Es fragt sich allerdings, warum Letzteres noch im Umlauf ist. Der Pilzkiller kann die Fortpflanzungsfähigkeit beeinträchtigen, das Kind im Mutterleib schädigen und vererbbare Schäden verursachen. Das Mittel sei »unter Verschluss und für Kinder unzugänglich« aufzubewahren, heißt es in der Chemikalienübersicht des Bundesinstituts für Verbraucherschutz und Lebensmittelsicherheit in Berlin.

Entwicklungsstörungen durch Pestizide

Da, wo der Nachwuchs das Licht der Welt erblickt, zeigt er häufig massive Gesundheitsschäden. Vor allem, wenn die Mutter in der Schwangerschaft Kontakt mit Pestiziden hatte und die Kinder in einer Gegend mit intensivem Blumenanbau aufwachsen, bleibt die alltägliche Vergiftung nicht ohne Folgen. Das ergab eine internationale Studie. Wissenschaftler um den Harvard-Professor Philippe Grandjean nahmen den Gesundheitszustand von 72 Schulkindern der ersten und zweiten Klasse in Ecuador ins Visier, die in einer Region mit intensivem Blumenanbau lebten. Ein Teil war bereits im Mutterleib erheblichen Pestizidbelastungen ausgesetzt. Von diesen »exponierten« Kindern hatten 37 eine Körpergröße, die nicht der Norm entsprach. Sie waren zu klein. Sie hatten auch einen erhöhten Blutdruck. Bei den neurologischen Untersuchungen, die aus Reaktions- und Intelligenztests bestanden, wichen 14 dieser Kinder, aber nur neun der nicht vorbelasteten Kontrollgruppe von der Norm ab. Grandjean und Kollegen schlussfolgern, dass der vorgeburtliche Kontakt mit Pestiziden zu dauerhaften neurologischen Schäden führen könne. Bei Unter- und Fehlernährung würden die Störungen durch Pflanzenschutzmittel noch verstärkt.

Bessere Blumen

Die Missstände in der Blumenindustrie sind seit langem bekannt. Bereits 1991 wurde in Deutschland die »Blumenkampagne« gegründet, mit dem Ziel, das Bewusstein der Verbraucher zu schärfen und den katastrophalen Zuständen etwas entgegenzusetzen. Initiatoren waren Terre de Hommes, Brot für die Welt, FIAN und weitere Nichtregierungsorganisationen. Gemeinsam mit anderen europäischen und internationalen Organisationen wurde als ein erstes Ergebnis der »Internationale Verhaltenskodex für die sozial- und umweltverträgliche Produktion von Schnittblumen« verabschiedet. Er entspricht im Grunde der Internationalen Konvention der

Arbeitsorganisation ILO, beinhaltet aber auch internationale Menschenrechtspakte und international akzeptierte Umweltstandards. In dem dreiseitigen Papier wird das Verbot von Kinderarbeit festgeschrieben und außerdem die Gewährleistung von existenzsichernden Löhnen, humanen Arbeitszeiten, Schutzkleidung und hygienischen Arbeitsbedingungen gefordert. Pestizide sind nicht verboten, sie dürfen aber nur in verminderter Menge zum Einsatz kommen. Sämtliche Mittel, die die Weltgesundheitsorganisation als »krebserregend« oder »hochgiftig« einstuft, sind beim Pflanzenschutz verboten.

Sinn macht so ein Kodex allerdings erst, wenn er auch umgesetzt wird. Deshalb wurde daraus ein Programm gestrickt, das für sozial- und umweltgerechte Blumenproduktion steht: das Flower Label Program, kurz FLP. Es wurde 1999 von der »Blumenkampagne«, der hiesigen Industriegewerkschaft Bauen–Agrar–Umwelt, dem deutschen Blumengroß- und Importverband, dem Fachverband der Floristen Deutschlands und verschiedenen internationalen Produzenten in Ecuador, Kenia und Simbabwe ins Leben gerufen. Die Absicht ist, dass Blumenfarmen, die eine Liste von Kriterien einhalten, ihre Blumen mit dem FLP-Siegel auszeichnen dürfen.

Der Kriterienkatalog umfasst unter anderem die Freiheit, einer Gewerkschaft beizutreten, Löhne, die die Existenz sichern, das Verbot von Zwangs- und Kinderarbeit, einen umfassenden Gesundheitsschutz und die Gesundheitsvorsorge sowie klar geregelte Arbeitszeiten. Kinder unter 15 Jahren dürfen auf FLP-Farmen nicht beschäftigt werden. Es ist jedoch erlaubt, dass Jugendliche zwischen 15 und 18 Jahren mitarbeiten, wenn es die Familiensituation erfordert. Sie dürfen allerdings nur maximal 30 Stunden pro Woche arbeiten und keine gefährlichen Tätigkeiten verrichten. Der regelmäßige Schulbesuch ist eine Grundvoraussetzung.

Jede hundertste Blume ist FLP

Damit die Vorgaben nicht zum Papiertiger werden, hilft unter anderem die Gesellschaft für technische Zusammenarbeit (GTZ) Farmen, die ihre Produktionsweise umstellen wollen. Sie unterstützt die Umstellung auf eine pestizidarme Produktion, berät in Sachen Arbeitsschutzkleidung und sorgt für die Bereitstellung von genügend Trinkwasser. Zudem gibt es regelmäßig Inspektionen der Betriebe, die am FLP-Programm teilnehmen. Einmal jährlich, teils auch öfters, klopfen unabhängige Kontrolleure auf den Farmen an und schauen nach dem Rechten.

FLP ist ein großer Schritt in die richtige Richtung. Die Österreicherin Sophie Veßel kommt in ihrer Studie über den Blumenanbau in Ecuador zu dem Schluss, dass es deutliche Unterschiede zwischen FLP- und herkömmlichen Betrieben gibt. Die Interviews mit Blumenarbeiterinnen auf beiderlei Plantagen ergaben, dass die Arbeiterinnen auf FLP-zertifizierten Farmen seltener oder gar nicht über gesundheitliche Beschwerden klagen, die als Folge der Arbeit entstanden sind.

Das ist schön. Allerdings beteiligen sich an FLP derzeit erst rund 50 Betriebe in Ecuador, Kenia, Südafrika und Portugal. Hierzulande ist heute jede hundertste Schnittblume mit dem

Blumensiegel ausgezeichnet. Dadurch besserten sich die Arbeitsbedingungen für rund 15 000 Blumenarbeiterinnen und -arbeiter. Allein in Kenia leben aber mehr als 1,2 Millionen Menschen direkt und indirekt von der Blumenerzeugung. Es gibt also noch viel zu tun.
Auch andere Labels, die für den menschengerechten Anbau von Blumen stehen, unterstützen die Entwicklung in dieser Richtung. Stengel mit dem Fairfleurs-Siegel etwa, das von der Organisation Transfair vergeben wird und auf Blumen bei Rewe, Tengelmann, Edeka Südwest, in Discountern und Blumenmärkten (Blume 2000, Blumen Risse) sowie bei Tegut zu finden sind, helfen vor Ort (siehe Siegelübersicht auf Seite 60 ff.).

Fair, aber giftig

Dennoch gibt es Verbesserungsbedarf. Als die Stiftung Warentest im Februar 2007 Rosen von 18 verschiedenen Anbietern einkaufte, fand sie in 17 Proben Rückstände von Pflanzenschutzmitteln. Bei diesen Mitteln handelte es sich um Substanzen, die als hochgiftig oder krebserregend eingestuft werden. Neben den konventionell erzeugten Blumen erhielten auch einige mit FLP-Siegel aus dem Blumenfachgeschäft sowie die mit dem Fairfleurs-Label, angeboten bei der Supermarktkette Kaiser's Tengelmann, die Supergifte. Händewaschen nach dem Einstellen in die Vase scheint also in jedem Fall ratsam zu sein – ob fair gehandelt oder nicht.

Immer mehr berufsbedingte Hautkrankheiten

Die Leidtragenden sind aber nicht so sehr hiesige Blumenfreunde, die immer nur kurze Zeit in Berührung mit den Giftstoffen kommen. Neben den Farmarbeiterinnen in fernen Ländern leiden auch diejenigen, die hierzulande tagtäglich mit Blumen zu tun haben, unter den Giften: die Floristinnen und Floristen. So nähmen die Meldungen über den Verdacht von berufsbedingten Hautkrankheiten bei Floristinnen und Floristen seit Jahren zu, meldet die Berufsgenossenschaft Handel- und Warendistribution. Gemeldet werden Hautabnutzungen, Ekzeme und Allergien. Die Ursache dafür seien nicht so sehr Rückstände von Pflanzenschutzmitteln. Vielmehr führten das Arbeiten mit den feuchten Pflanzen, das die Haut porös macht, und der Kontakt mit den starken Pflanzenallergenen aus Primeln und Chrysanthemen dazu, dass die Haut immer empfindlicher und somit empfänglicher für Allergene werde.

Doch ganz ohne Bedeutung scheinen die Gifte nicht zu sein. Die Berufsgenossenschaft rät Floristen – neben einer sorgfältigen Hautpflege mit milder Seife und Fettcreme – als »ergänzende Maßnahme zur Verbesserung des Gesundheitsschutzes« auch: Pflanzenschutzmittel zu vermeiden. Sehr viel konkreter werden kann sie aber nicht. Denn Studien, die die Belastung durch Pflanzenschutzmittel bei Floristinnen genau unter die Lupe nehmen, gibt es so gut wie nicht. Auf die Frage, warum dies ein unbeackertes Feld sei, sagt Heidi Schroth, bei der IG Bau–Agrar–Umwelt für die Blumenbranche zuständig, dass die Blumenverbände kein Interesse daran hätten, der Belastung nachzugehen. Sie wollten positiv dastehen. Allergien kämen in der Öffentlichkeit nicht gut an.

Kaum Daten zum Umweltschutz

Wenig bekannt ist auch über die Umweltbelastungen, die der Blumenanbau mit sich bringt. Sicher, die Belastung mit Pflanzenschutzmitteln, denen der Boden, die Tiere und Menschen ausgesetzt sind, wurde vielfach untersucht – wenn auch vor allem im Gemüse- und Getreideanbau. Bei Ökobilanzen herrscht hingegen eher Flaute. Weitgehend unerforscht ist, wie viel Energie der Blumenanbau vom Acker bis zur Vase benötigt. Unklar ist auch, ob und wie viele tropische Wälder abgeholzt werden, um Fläche für den Blumenanbau zu gewinnen. Erst einzelne Studien nehmen diese Aspekte unter die Lupe.

Klimakiller Gewächshausanbau

Eine Studie wurde kürzlich an der britischen Cranfield University durchgeführt. Sie sollte herausfinden, ob es bezogen auf die Erzeugung von klimaschädlichem CO_2 günstiger ist, Rosen in Kenia anzubauen und mit dem Flugzeug nach England zu transportieren, um den europäischen Markt zu bedienen, oder ob der Anbau in einem niederländischen Gewächshaus vorteilhafter für die Umwelt ist. Mit ein Grund für diese Arbeit war, dass die britische Umweltorganisation Soil Association wegen der Umweltbelastung, die vor allem durch die Flugtransporte entsteht, zuvor zum Boykott von eingeflogenen Blumen aus Kenia aufgerufen hatte.

Der scheint nicht gerechtfertigt, meint Adrian Williams vom Institut für das Management nationaler Ressourcen, der die Studie leitete. Bei der Berechnung berücksichtigte er sowohl die CO_2-Belastung durch die Produktion auf dem Feld beziehungsweise im Treibhaus als auch den Energieverbrauch beim Transport. Das überraschende Ergebnis: Die kenianischen Rosen kommen besser weg. Da sie auf dem Feld in sehr warmem Klima mit hoher Sonnenscheindauer gedeihen, benötigen sie keine zusätzliche Wärme in Form von Gas oder Heizöl. Zudem können im Freiland pro Flächeneinheit wesentlich mehr Blumen angebaut und geerntet werden als unter Glas, was die CO_2-Bilanz je Produkteinheit weiter verbessert. Negativ zu Buche schlägt natürlich der Transport im Flieger. Dennoch verursachen die Heizung und Beleuchtung im niederländischen Treibhaus unter dem Strich sechsmal höhere CO_2-Emissionen als der Transport mit dem Flugzeug.

Was das für den einzelnen Blumenstrauß heißt, wollte die Firma Rosinski aus Köln wissen. Der Blumenhändler beauftragte die Zürcher Firma Myclimate mit der Berechnung der CO_2-Belastung der eingekauften Blumen aus Südamerika, Holland und Deutschland. Die Analyse ergab: Die Belastung pro Kilo Blumen hängt sehr vom Herkunftsland ab. So verursachte die Erzeugung von Schnittblumen in Ecuador pro Kilo 10,1 Kilogramm CO_2, in Holland wurden 40,1 Kilo benötigt, bei der Freilanderzeugung in Deutschland jedoch nur 2 Kilogramm CO_2.

In die Berechnung ein ging die Blumenerzeugung auf dem

Feld oder im Gewächshaus, die Emissionen durch Düngemittel und die Verpackung, nicht jedoch die CO_2-Belastung durch Pestizide, deren Erzeugung sehr CO_2-intensiv ist. Außerdem wurden die Transportmittel Flugzeug und Kleintransporter in Ecuador berücksichtigt sowie in Holland Lkw und Lieferwagen in Deutschland. Fazit: »Aus rein klimatischer Betrachtung ist der Anbau inklusive Flugzeugtransport auf dem Feld in Überseestaaten besser als die Erzeugung in europäischen Treibhäusern.« Nicht zu toppen aber sei die hiesige Freilanderzeugung von Rosen, Tulpen und Nelken. Sie schnitt CO_2-mäßig am besten ab. Das Motto »Mit der Saison und aus der Region«, an dem man sich beim Essen orientieren sollte, scheint also auch für den Blumenkauf zu gelten.

Export von Wasser

Nicht untersucht wurde hier allerdings ein wichtiger Punkt: der Wasserverbrauch beim Anbau. Wasser ist die am meisten genutzte natürliche Ressource in der Schnittblumenindustrie. Schließlich besteht ein blühendes Gewächs zu mehr als 80 Prozent aus Wasser. Wer selbst einen Garten hat, der weiß, dass das Grünzeug viel Wasser schluckt. Die Stengel scheinen vor allem im Sommer schier unersättlich: Jeden Abend müssen, je nach Anzahl der Gewächse, mehrere 10-Liter-Kannen aufs Beet oder in die Kästen gegossen werden. In der Großproduktion sieht das noch ganz anders aus. Sophie Veßel berichtet in ihrer Diplomarbeit, dass die Blumenunternehmen Ecuadors teilweise im Monat pro Hektar eine Million Liter Wasser verbrauchen. Zum Vergleich: landwirtschaftliche Großbetriebe, die Lebensmittel erzeugen, kommen mit bis zu 20 000 Litern Wasser je Hektar im Monat aus, Kleinbauern sogar mit rund 1000 Litern pro Monat. Ein durchschnittlicher Haushalt verbraucht hierzulande fürs Kochen, Waschen und Putzen 126 Liter Trinkwasser am Tag, das sind 3780 Liter im Monat.

In der kolumbianischen Gemeinde Madrid, wo die Blumenindustrie ihren Anfang nahm, und auch in den Blumengemeinden Funza und Mosquera – alle auf der fruchtbaren Hochebene Sabana de Bogotá gelegen – können die Einwohner wegen des Blumenanbaus ihren Wasserbedarf nicht mehr aus eigenen Quellen decken. Rund 60 Prozent des Bedarfs wird nun durch Einkäufe in Bogotá bereitgestellt sowie durch enorme Brunnenbohrungen in bis zu 400 Meter Tiefe. »Bis vor wenigen Jahren hatte die Sabana de Bogotá reichliche Wasservorkommen«, schreibt die Soziologin Olga Ortiz in einer Arbeitsunterlage über die Schnittblumenindustrie in Kolumbien. »Heute«, so Ortiz, »gibt es sie praktisch nicht mehr.«

SERVICE

Bessere Blumen

Blumen erfreuen das Herz, keine Frage. Wie bei Lebensmitteln kann man bei der Auswahl auf das heimische Angebot achten und damit weitgehend von eingeflogenen Blüten Abstand nehmen. Im Frühjahr stehen Tulpen und Narzissen auf dem Blumenplan, im Sommer Rosen, Dahlien und Sonnenblumen, im Herbst Chrysanthemen und im Winter Zweige aller Art. Müssen es doch mal ein paar frische Blüten außerhalb der Saison sein, sollte man solche mit grünem oder Fairtrade-Siegel bevorzugen.

Bioland, Demeter, Gäa, Naturland

Wer verbirgt sich dahinter? Die Bioanbauverbände, die auch Gemüse und Obst nach Biorichtlinien erzeugen. Biopflanzen für den Garten gibt es vor allem direkt ab Gärtnerei oder ab Hof. Auch via Versand werden Ökopflanzen vertrieben.

Wofür steht das Siegel? Für den Anbau nach festgelegten Biokriterien. Grundlage ist die EU-Öko-Verordnung, die synthetische Pestizide und Düngemittel verbietet. Ergänzt werden die Richtlinien durch die weiter reichenden Kriterien der Verbände. Sie schreiben zum Beispiel bei Aussaat- und Pikiererden einen geringeren Torfanteil vor, um die natürlichen Torfressourcen zu schonen. Synthetische Wuchshemmstoffe und Wachstumsförderer sind verboten. Auch ist es nicht erlaubt, in einem Betrieb zugleich konventionelle Blumen und Biopflanzen anzubauen, um Verwechslung zu vermeiden. Durch den regionalen Absatz werden Transportwege vermieden und lokale Arbeitsplätze geschaffen.

Das Grüne Zertifikat

Wer verbirgt sich dahinter? Der Bundesverband Zierpflanzen im Zentralverband Gartenbau in Bonn (ZVG).
Wofür steht das Siegel? Für den umweltgerechten Anbau von Zierpflanzen. Die Düngung muss bedarfsgerecht anhand von Bodenanalysen erfolgen, das Gießwasser zu mindestens 25 Prozent aus Regenwasser bestehen, die Pflanzen dem Standort angepasst werden, um Krankheiten vorzubeugen. Der Einsatz von Nützlingen hat Vorrang vor dem chemischen Pflanzenschutz. Die Kontrolle nach den Kriterien wird von den Landesverbänden des ZVG organisiert, die Prüfungen von neutralen Institutionen durchgeführt. Die Pflanzen sind nicht schadstofffrei. Im Bedarfsfall kann entsprechend dem integrierten Anbau mit chemischen Mitteln gespritzt werden. Es handelt sich um ein reines Umweltlabel.

MPS-Siegel/Fair Flowers Fair Plants

Wer verbirgt sich dahinter? Die niederländischen Zierpflanzenproduzenten. Sie reagierten mit dem MPS-Siegel 1995 auf den öffentlichen Druck von Verbrauchern und Umweltverbänden, die den enormen Einsatz von Pestiziden, Düngemitteln und Energie im Schnittblumen-(und Gemüse-)Anbau in den Niederlanden kritisierten. Zierpflanzen werden hier vor allem unter Glas und in Monokulturen angebaut. In Deutschland wurde die Dachmarke Fair Flowers Fair Plants (FFP) gebildet, die die Vermarktung der MPS-Blumen übernommen hat.

Wofür steht das Siegel? Für das Milieu Programma Sierteelt (MPS), ein Programm, das Vorgaben für den umweltgerechten Anbau macht. Die Produzenten müssen monatlich auflisten, wie viel Energie, Pestizide und Dünger sie verbraucht haben. Mit Hilfe eines Rankings wird entweder das MPS-A-Siegel vergeben, das für den echten Ökoanbau steht, oder auch die Bewertungen MPS-B und MPS-C, die einen großzügigeren Umgang mit Dünger und Gift erlauben.

Zudem gibt es das freiwillige MPS-QS für das Milieu Socially qualified, das die Arbeitsbedingungen auf den Blumenfarmen – auch weltweit – berücksichtigt. Grundlage ist der Internationale Verhaltenskodex für die Schnittblumenproduktion (siehe Seite 51 f.). Unter der Marke FFP dürfen nur Blumen der Qualitätsstufe MPS-A und -B verkauft werden.

FLP-Siegel

Wer verbirgt sich dahinter? Die Initiatoren des Flower-Label-Programms (FLP), das 1999 von Blumengroßhandels- und Floristenverbänden, Gewerkschaften und Menschenrechtsorganisationen wie terre des hommes, Brot für die Welt und FIAN ins Leben gerufen wurde.

Wofür steht es? Für eine menschengerechte und umweltverträgliche Blumenproduktion. Es beinhaltet ein Verbot von Kinder- und Zwangsarbeit, fordert existenzsichernde Löhne, Festanstellung und Gewerkschaftsfreiheit. Der Pestizideinsatz ist beschränkt, die Diskriminierung von Frauen verboten, der Gesundheits- und Arbeitsschutz vorgeschrieben. Die Einhaltung der Kriterien wird durch Nichtregierungsorganisationen kontrolliert. Es gibt keinen Fairtrade-Aufschlag, der den Erzeugern oder Blumenarbeitern zugutekommt.

Transfair Fairtrade – Fairfleurs

Wer verbirgt sich dahinter? Transfair, ein gemeinnütziger Verein, der 1992 gegründet wurde mit dem Ziel, die Arbeits- und Lebensbedingungen der Menschen in Afrika, Asien und Lateinamerika zu verbessern. Der Verein handelt nicht selbst mit Blumen, Lebensmitteln oder Baumwolle, sondern ist Zeichengeber für fair erzeugte Produkte.

Wofür steht das Siegel? Für die sozial- und umweltverträgliche Blumenproduktion in Ostafrika, die das Verbot illegaler Zwangs- und Kinderarbeit einschließt. Gewerkschaftsfreiheit, Transparenz in Management und Verwaltung werden ebenso gefordert wie der Gewässerschutz und die schrittweise Einschränkung des Gebrauchs von Pestiziden. Die Kontrolle erfolgt durch Inspektoren der unabhängigen Flocert GmbH. Anders als bei FLP gibt es keinen Zwischenhandel. Die Blumen werden nonstop nach Frankfurt gebracht und von dort aus verteilt. Der Fairtrade-Aufschlag von 12 Prozent wird weitergeleitet an das Joint Body, ein unabhängiges Komitee aus Vertretern der Arbeiterschaft und des Managements der Farm, das die Verwendung des Geldes gemeinschaftlich bestimmt. Finanziert werden u. a. Bildungsprogramme und Schulen oder auch die Anschaffung von Moskitonetzen zum Schutz vor Malaria. Die Farmen werden durch unabhängige Inspekteure kontrolliert.

Flor Verde

Wer verbirgt sich dahinter? Die »Grüne Blume« ist ein Siegel, das der kolumbianische Industrieverband Asocolflores initiiert hat. Ihm gehören rund 170 der 600 Blumenunternehmen an, in denen wiederum 110 000 Menschen arbeiten, davon 75 000 Frauen.

Wofür steht es? Es handelt sich um ein reines Umweltsiegel. Ziel ist die Reduktion des Pestizideinsatzes, die auch schon teilweise erreicht wurde. Seit 1998 sollen die Mengen um 38 Prozent vermindert worden sein. In den Flor-Verde-Betrieben werden allerdings immer noch chemische Substanzen verwendet, die von der Weltgesundheitsorganisation als »äußerst giftig« oder »hochgiftig« bezeichnet werden. Sozialverträgliche Arbeitsbedingungen sind kein Thema.

3
Reisen:

Bleiben, wo der Pfeffer nicht wächst

Die Hamburger waren früh aufgestanden. Schon ab fünf Uhr morgens drängelten sie sich am Ufer der Elbe zwischen dem schleswig-holsteinischen Hafen Schulau und den Landungsbrücken im Hamburger Hafen. Viele hatten Tee oder Kaffee in Thermoskannen dabei, auch Butterbrote oder Brötchen. Findige Bäcker hatten ihre Läden schon mit dem Sonnenaufgang geöffnet, um den Frühaufstehern die Wartezeit zu verkürzen. Schlaue Touristen hatten gleich ganz in Hafennähe geschlafen – im Wohnmobil oder im Pkw. Alle waren bereit für das große Ereignis: die Ankunft des größten, teuersten und modernsten Passagierschiffs – der Queen Mary 2.
Als der große Pott schließlich gegen 6 Uhr in Schulau auftauchte, war das »Ah« und »Oh« groß. Die Hamburger und auch die aus ganz Deutschland angereisten Neugierigen jubelten dem Schiff zu, als sei es die britische Queen höchstpersönlich. Wie ein schwimmendes Hochhaus fuhr der Luxusliner die Elbe entlang, bis er schließlich im Hamburger Hafen an den Landungsbrücken festmachte. Der Kapitän

gab später zu Protokoll, er habe so einen jubelnden Empfang noch nirgendwo auf der Welt erlebt.

Der 345 Meter lange Luxusliner der britischen Reederei Cunard Cruises, der im Juli 2004 erstmals im Hamburger Hafen anlandete, weckt tatsächlich die Neugier. Er kann bis zu 2552 Passagiere beherbergen, die von einer 1254 Personen starken Crew verwöhnt werden. Er sei ein »echtes Schätzchen auf dem Kreuzfahrt-Markt«, lobt der »Kreuzfahrt-Pool«, ein Veranstalter, der Reisen auf sämtlichen Kreuzfahrtschiffen der Welt vermittelt. Das Schätzchen bietet zehn Restaurants, fünf Swimmingpools und zwölf Decks, auf denen es sich die Passagiere rund um die Uhr gutgehen lassen. Auch mit an Bord: das weltweit einzige Planetarium auf See, ein Ballsaal, mehrere Spielkasinos, Kinos und Theater. Nicht zuletzt wird für das körperliche Wohlergehen bestens gesorgt: exklusive Spas, in denen Mann und Frau sich der Wellness hingeben können, und sogar das Joggen auf einer eigenen Laufstrecke ist möglich.

Eine Seefahrt, die ist lustig

Die Queen Mary 2 ist derzeit das Highlight unter den Kreuzfahrtschiffen. Der große weiße Luxuspott steht für eine Reiseform, die sich immer mehr Menschen gönnen: Kreuzfahrten. Der Deutsche Reiseverband (DRV) stellte in seiner »DRV-Kreuzfahrtstudie« bereits vor zwei Jahren fest: »Urlaub auf dem Kreuzfahrtschiff ist auf Erfolgskurs.« Zwar ist ein Urlaub mit dem Luxusliner auf hoher See nicht gerade preiswert. Die klassische Fahrt mit der Queen Mary 2 von

Southampton nach New York kostet pro Person 2240 Euro. Für die erheblich längere Tour von Singapur nach Southampton muss man aber auch schon mal satte 21 800 Euro berappen. Doch es gibt preiswertere Alternativen, so man etwas weniger Luxus wählt: Eine 14-tägige Kreuzfahrt ab Romana in der Dominikanischen Republik auf der AIDA ist schon für 1249 Euro zu haben.

Gerade wegen der teils günstigen Angebote bei Hochsee-Kreuzfahrten stieg der Umsatz in den vergangenen Jahren kontinuierlich. Hierzulande wurden im Jahr 2007 genau 1,44 Milliarden Euro ausgegeben, 2006 waren es noch acht Millionen Euro weniger. Die Zahl der Passagiere stieg um fast 60 000 Personen. Weltweit betrug der Jahresumsatz bei Schifffahrten vom Typ Kreuzfahrt 16 Milliarden Euro.

Eine Seefahrt, die ist lustig, das ist keine Frage. Wochenlang auf hoher See, hin und wieder ein Landgang, dazu gepflegtes Essen, Kultur und viel Ruhe zum Ausspannen, das tut gut. Weniger gut aber sind die Auswirkungen, die so ein Törn auf die Umwelt hat. Beispiel Energie: Der Strombedarf für den Betrieb eines Kreuzfahrtschiffes ist enorm. Den Vogel schießt hier die Queen Mary 2 ab. Pro Tag wird auf dem Riesenschiff so viel Strom verbraucht wie in einer (mittelgroßen) Stadt mit 200 000 Einwohnern, berichtet der Verkehrsclub Deutschland, VCD. Restaurantküchen, Wellnessoasen, Pools, Planetarium und Kabinen wollen rund um die Uhr mit Strom versorgt werden.

Schwimmende Dreckschleuder

Hinzu kommt: Bei jeder An- und Abfahrt, jedem Wendemanöver und der Hochseefahrt selbst gelangen enorme Schadstoffmengen in die Umwelt. Selbst beim Liegen im Hafen brummen die Schiffsmotoren munter. Dass sie nicht ausgestellt werden, wenn das Schiff angelandet ist, hat Gründe: Die örtliche Stromversorgung reicht teils nicht aus, um so eine mittlere Kleinstadt zu Wasser zusätzlich mit ausreichend Energie zu versorgen. Teils ist es auch einfach ein technisches Manko: Die technischen Anschlüsse des Schiffes passen nicht zur Stromversorgung im Gasthafen.

Zwar muss man dem Schiffsverkehr zugutehalten, dass die Kohlendioxid-Belastung gering ist. Nur rund drei Prozent der weltweiten CO_2-Emissionen gehen auf das Konto des Schiffsverkehrs. Weshalb das Schiff als umweltfreundliches Reise- und Transportmittel gilt. Doch so ganz stimmt das nicht. Bei den Pötten schlagen andere Schadstoffe zu Buche: Schwefeldioxid, Stickoxide und Rußpartikel. Sie entstehen beim Verbrennen von Schiffsdiesel und quellen meist ungefiltert munter aus den Schornsteinen. 30 Prozent der weltweiten Stickoxide gehen auf das Konto der Schifffahrt, schätzt der US-Wissenschaftler James Corbett von der Universität Delaware.

In den Motoren wird meist Schweröl verbrannt, das auch Bunker- oder Rückstandsöl genannt wird. Dieser Schiffssprit hat einen hohen Gehalt an Schwefel. Bis zu 4,5 Prozent können darin enthalten sein. Schweröl ist ein Abfallprodukt der Benzin- und Dieselherstellung, das einer zähen, teerartigen Pampe gleicht. »Ihr einziger Vorteil ist, sie (Anmerkung: die

Pampe) ist spottbillig«, erklärt der Verkehrsclub Deutschland. Dass der ölige Schiffssprit trotz der Umweltdebatte noch im Einsatz ist, hat Gründe: Er ist nur etwa halb so teuer wie der entschwefelte Marinediesel.

Traumschiff Müllverbrennungsanlage

Während der Sprit für Pkws und Lkws immer sauberer wird, dampft also weiterhin schwarzer Qualm aus dem Schiffsschornstein. So sind im Pkw-Kraftstoff nur noch geringe Mengen an Schwefel gestattet, nämlich 10 Parts per Million (ppm), das sind zehn Millionstel Anteile oder 0,01 Prozent. Für Seeschiffe erlaubt die Schifffahrtsorganisation International Maritime Organisation hingegen bis zu 45 000 ppm oder 4,5 Prozent Schwefel. »Die Ölmultis entsorgen so ihren Sondermüll, den sie an Land in Müllverbrennungsanlagen mit aufwendiger Filtertechnik hätten teuer verbrennen müssen, und bekommen auch noch Geld dafür«, kritisiert der VCD.

Zwar beträgt der Schwefelgehalt im Treibstoff heute im Mittel nur 2,7 Prozent, ist also etwas sauberer, als von Gesetzes wegen erlaubt ist. Auch gibt es Vorschriften, wonach der Schwefel bis zum Jahr 2012 auf 3,5 Prozent und bis 2020 auf 0,5 Prozent reduziert werden muss. Und in den EU-Häfen darf schon ab dem Jahr 2010 nur noch Sprit mit einem Schwefelgehalt von 0,1 Prozent in die Luft gepustet werden. Doch unter dem Strich wird der Schiffstreibstoff trotz aller Verbesserungen immer noch 500-mal so schmutzig sein wie das, was die EU und auch die USA für Autos erlauben.

Das hat vor allem Auswirkungen auf die Hafenstädte. Denn dort ist die Luftbelastung enorm, wenn die großen Pötte rund um die Uhr ihren Dreck abdampfen. Für die Hansestadt Hamburg beispielsweise wurde vor einigen Jahren ein Luftschadstoffgutachten veröffentlicht. Es ergab so verheerende Schadstoffwerte, dass die Stadtplaner neu denken mussten. Geplant war, in der Hafencity schicke Wohnungen und Büros zu errichten. Doch die Pläne mussten umgeschrieben werden, weil das Gutachten eine so massive Schadstoffbelastung ergab, dass die Bewohner schlicht und einfach erstunken wären. Folge: Im Bereich der Kreuzfahrtterminals darf es nun gar keine neue Wohnbebauung mehr geben. Lediglich Büros sind erlaubt – die Fenster zum Wasser müssen jedoch hermetisch abgeriegelt werden.

Der Bürger hustet

Schwefel, Stickoxide und Feinstaub sind nach allem, was man heute weiß, wahre Gesundheitskiller. Zwar wurden der Schiffsfeinstaub und seine Auswirkungen auf die Gesundheit bisher nicht im Speziellen untersucht. Doch es gebe Parallelen zu anderen Feinstäuben, aus denen einige Erkenntnisse für das Schiffsschornstein-Gemisch abgeleitet werden könnten, sagt Nadja Ziebarth, die für die – inzwischen aufgelöste – Aktionskonferenz Nordsee einen Bericht über die Auswirkungen des Schiffsverkehrs auf Umwelt und Gesundheit erstellt hat. Bekannt ist, dass Rußpartikel lungengängig sind und somit als Träger toxischer, karzinogener und mutagener Substanzen fungieren, die in die Lungenbläschen vordringen können. Auch der Kern der Partikel steht im Verdacht, eine krebserregende Wirkung zu haben. Die im Feinstaub enthaltenen Schwermetalle wie Arsen, Kadmium, Kupfer, Blei und Quecksilber sind ebenfalls hochgradig toxisch. Stickoxide und Schwefel führen zu Reizungen der Augen und der Atemwege und fördern Asthma. Herz-Kreislauf-Erkrankungen verschlimmern sich durch das Einatmen des Schwefeldrecks. Bei Kindern führt die dauerhafte Belastung mit Stickoxiden zu einer verminderten Lungenfunktion und chronischen Atemwegserkrankungen. Der US-Wissenschaftler James Corbett von der Universität Delaware schätzt, dass jährlich rund 60 000 Tote auf das Konto von Schadstoffen aus Schiffsschornsteinen gehen.

Deutsche sind Reiseweltmeister

Eine Seefahrt ist vor diesem Hintergrund also nicht ganz so lustig. Wie überhaupt so mancher Urlaub negative Nebenwirkungen hat. Die Folgen, die der Tourismus mit sich bringt, sind seit langem bekannt: steigender Verkehr, Zersiedelung der Küsten, Abfallberge und Verbrauch von Ressourcen wie Wasser, Öl und Gas. Das Eindringen in Naturreservate und die Zerstörung unberührter Landschaften durch Hotelbau sind weitere unschöne Folgen.

Zwar gibt rund jeder zweite Deutsche an – in einer Umfrage des Studienkreises Tourismus und Entwicklung im Auftrag des Umweltbundesamtes –, dass umweltgerechte Urlaubsorte und Unterkünfte wichtig für ihn sind. Doch in den »schönsten Wochen des Jahres«, von denen die Reisewerbung so gern spricht, verhalten sie sich nicht selten kontraproduktiv. Dazu muss man zunächst wissen: Die Deutschen sind Reiseweltmeister. Nach Angaben des Welttourismusverbandes UNWTO gaben sie im Jahr 2007 genau 78 Milliarden US-Dollar (49 Milliarden Euro) für das Reisen aus. Damit verprassten sie mehr Geld als die US-Amerikaner, die es auf 76,5 Milliarden US-Dollar brachten. Insgesamt 898 Millionen Menschen gingen 2007 auf Reisen, was einer Steigerung von sechs Prozent zum Vorjahr entspricht. Bis zum Jahr 2020 wollen knapp 1,6 Milliarden unterwegs sein.

Eine durchschnittliche Reise dauert heute rund 11 Tage. Das ist zwar etwas kürzer als noch vor wenigen Jahren, wo jeder im Schnitt 12 Tage am Stück unterwegs war. Dafür gönnt man sich heute mehrere kürzere Reisen – was den größten europäischen Reiseveranstalter TUI dazu bewog, sein Angebot an Kurztrips auszubauen. Das beliebteste Reiseziel der Deutschen ist Deutschland. Danach folgt das Mittelmeer und hier vor allem Italien. Auch das spanische Festland, die Balearen, die Kanaren und die Türkei kommen gut an. Zunehmend schweifen die Deutschen aber auch in die Ferne: Gern unternehmen sie Reisen nach Nordafrika, in die USA und nach Kanada, nach Fernost sowie in die Karibik.

Urlauber lassen Klima verrücktspielen

Doch jede Reise, ob kurz oder lang, weit oder fern, hinterlässt ihre Spuren. Wie tief der sogenannte ökologische Fußabdruck eines Urlaubers ist, hat die Umweltstiftung WWF in Zusammenarbeit mit dem Öko-Institut in Freiburg Anfang

2008 errechnet. Gemessen wurde die Belastung für die Umwelt anhand des Ausstoßes an Kohlendioxid. Das Gas entsteht bei der Verbrennung von kohlenstoffhaltigen Brennstoffen, also beim Verbrennen von Kerosin und Benzin, den Treibstoffen beim Fliegen und Autofahren. Aber auch, wenn im Haus mit Öl oder Gas geheizt und Essen gekocht wird.

Dass eine hohe Belastung mit Kohlendioxid zu nachhaltigen Schäden in der Umwelt führt, ist inzwischen wissenschaftlich erwiesen. Die Temperaturen klettern in die Höhe, Dürren und Stürme nehmen weltweit zu, und der Meeresspiegel steigt an, weil die Eismassen schmelzen. Nur wann es dazu kommt, darüber herrscht noch Uneinigkeit. Während wohl die meisten Menschen bei dem Wort Klimaerwärmung an einen langsam fortschreitenden Prozess denken, der irgendwann seine Wirkungen zeigt, sehen dies Wissenschaftler anders. »Schon in diesem Jahrhundert drohen uns bei weiter steigenden Temperaturen drastische Klimaänderungen«, betont der Vizepräsident des Umweltbundesamtes (UBA), Thomas Holzmann.

Das Ökosystem auf der Kippe

Seiner Meinung nach könnten schon bald sogenannte Kipp-Punkte erreicht werden. Das bedeutet: es kommt nicht peu à peu zum vielzitierten Klimawandel. Nach Ansicht der Forscher sind vielmehr sehr starke oder abrupte Klimaänderungen zu erwarten. Wird eine kritische Schwelle überschritten, kann das Ökosystem sofort kippen. So haben in der Arktis in den vergangenen 100 Jahren die weltweit ansteigenden Temperaturen dazu geführt, dass das Meereis zurückgegangen ist. Bei einem weiteren Anstieg der Temperaturen wäre die Arktis im Sommer plötzlich eisfrei. Das hat für die dort lebenden Menschen gravierende Folgen. Weil die Böden durch das Auftauen matschig werden, sacken Häuser und Wege ab, den Menschen wird im wahrsten Sinne des Wortes der Boden unter den Füßen weggezogen.

Solche Kipp-Punkte können zwar von den Wissenschaftlern nicht exakt vorhergesagt werden, weil noch immer nicht alle Umweltfaktoren, die auf das Geschehen Einfluss nehmen, bekannt sind. Bezogen auf die Arktis könnte der Kipp-Punkt aber sehr nah sein – oder er ist sogar schon überschritten, so das Urteil des UBA.

Was das alles mit dem Urlaub zu tun hat? Schätzungsweise fünf Prozent der Treibhausgase gehen auf das Konto des Tourismus. Das klingt wenig, ist aber viel, wenn man bedenkt, dass es sich eben nur um »die schönsten Wochen im Jahr« handelt.

Ökologischer Fußabdruck

Wie viel Kohlendioxid genau bei den verschiedenen Reisearten in die Atmosphäre gepustet wird, das wollte der WWF wissen und nahm sechs Urlaubsangebote unter die Lupe. Dabei handelte es sich um Reisen, die von den Deutschen typischerweise in Anspruch genommen werden: eine Flugreise nach Mallorca, ein Trip ins Trentino zu Kultur und Wein, eine Flugreise nach Cancún in Mexiko, ein Familienurlaub an der Ostsee auf Rügen, ein Herbsturlaub in Oberstdorf, Skifahren im Vorarlberg und eine siebentägige Schiffsreise auf dem Mittelmeer. Gefragt wurde: Wohin geht die Reise? Mit welchem Verkehrsmittel wird gereist? Wo und wie wird gewohnt? Was wird vor Ort unternommen und wie häufig am Tag kommt warmes Essen auf den Tisch?

Das Ergebnis der Untersuchung: Klimamäßig am besten schnitt die Reise ins Trentino mit Kultur und Wein ab. Das Beispiel-Ehepaar reiste per Bus an, wohnte vor Ort im Fünfsternehotel und nutzte die fünf Tage Aufenthalt für ein Kulturprogramm mit täglichen Ausflügen. Unter dem Strich kam hier »nur« eine CO_2-Belastung von 216 Kilogramm pro Kopf heraus. Auch der Gesundheitsurlaub auf Rügen und die Reise ins Allgäu nach Oberstdorf lagen im grünen Bereich. Sie schlugen mit 258 Kilo beziehungsweise 297 Kilo Kohlendioxid pro Person zu Buche. Eine Mittelposition nahm der Skiurlaub ein, der per Pkw angetreten wurde: 422 Kilo CO_2 wurden hier insgesamt emittiert. Beim Strandurlaub auf Mallorca und auf der Kreuzfahrt sah es schon ganz anders aus. Hier schlug sich die Reise mit 1221 Kilogramm beziehungsweise 1224 Kilo CO_2 nieder. »Schlusslicht auf der Klimaskala ist der All-inclusive-Urlaub in Mexiko, der das Klima fast doppelt so stark belastete wie alle anderen Beispielreisen zusammen«, urteilen die WWF-Experten. Genau 7218 (!) Kilo Kohlendioxid wurden hier pro Person verpulvert.

Nicht nur die Anreise schlägt bei einer Reise klimaschädlich zu Buche. Auch das Kulinarische belastet die Umwelt. Bei der Kulturfahrt ins Trentino, an sich Favorit bei diesem Vergleich, betrugen allein die CO_2-Emissionen für sieben warme Mahlzeiten 53 Kilogramm. Auf Malle betrug die Klimabelastung für 25 warme Mahlzeiten 91 Kilogramm CO_2. Wo wie in einem 4- oder 5-Sterne-Hotel mehrmals täglich aufwendig gekocht und Teile des Buffets stundenlang warm gehalten werden, wird also viel Energie verschwendet, was sich wiederum auf die CO_2-Bilanz auswirkt.

Ballermann ist besser

Was also tun? Bleiben, wo der Pfeffer nicht wächst, also Urlaub auf Balkonien? Das ist bekanntlich nicht jedermanns Sache. So stellt sich zunächst die Frage: Ist es umweltschonender, am Massentourismus teilzunehmen, wie er für Mallorca typisch ist oder auch für das spanische Benidorm, den in Beton gegossenen Alptraum eines jeden ökobewussten Urlaubers – mit Bettenburgen, überfüllten Stränden und betonierten Straßen? Oder ist der sogenannte Qualitätstourismus besser, den es heute auch auf Mallorca, im Hinterland Spaniens und in vielen anderen Gegenden der Welt gibt: mit romantischen Fincas und Ferienwohnungen, üppigen Poolanlagen und gepflegten Golfplätzen (Yachthafen für nautische Ausflüge inklusive)?

Dieser Frage ging auch der Geologe Thomas Schmitt von der Uni Bochum nach. Er erforscht seit Jahren das touristische Treiben auf Mallorca und hat seine Erkenntnisse nun in der Studie »Qualitätstourismus auf Mallorca« dargelegt. Sein Fazit: »Ballermann war besser.« Unter ökologischen Aspekten sei der pure Massentourismus aufgrund seiner räumlichen Beschränkung eindeutig umweltverträglicher als das mallorquinische Modell des Qualitätstourismus, das landschaftlich und ökologisch zerstörerisch wirke und damit auch ein enormes ökonomisches Schadenspotenzial in sich berge.

Fest in deutscher Hand

Das muss man erst einmal verdauen. Wenn sich Tausende in Bettenburgen quetschen, im trüben Badewasser an verbauten Küsten fischen und ihren Müll an übervollen Stränden zurücklassen, wo kaum Platz für das eigene Handtuch ist – das soll besser sein als ein gepflegtes Plätzchen im Grünen? Um Schmitts Plädoyer für den Massentourismus contra Qualitäts- oder Individualtourismus zu verstehen, muss man sich die Bilder und Grafiken ansehen, die er in seiner Studie veröffentlicht. Beispiel Calvia im Südwesten der Insel: Auf Luftbildern ist zu sehen, dass zwischen 1968, als hier mit der Erschließung der Insel begonnen wurde, und 2004 die Naturlandschaft um ein Vielfaches geschrumpft ist. Zahlreiche europäische und insbesondere deutsche Touristen bauten sich hier Feriendomizile, von denen es heute etwa 20 000 gibt. Ihr Anteil an der Gesamtzahl der Häuser beträgt inzwischen über 60 Prozent. Das Gebiet ist also fest in deutscher Hand. Zugleich entstanden in Calvia fünf der insgesamt 18 Golfplätze Mallorcas sowie exklusive Ferienanlagen mit Pool und Golfplätzen.

Das hatte Folgen: Für die Erschließung der Urlaubsgebiete mussten die typischen mallorquinischen Kiefernwälder, Strauchheiden (genannt Garrique) und Olivenhaine weichen. Zugleich schoss der Wasserverbrauch in die Höhe. Während in den ländlichen Gemeinden Mallorcas nur rund 100 Liter

Wasser pro Kopf und Tag benötigt werden, liegt der Bedarf in den Ferienhäusern nicht selten bei über 250 Litern pro Tag, teils sogar bei 400 Litern. Besonders groß ist die Wasserverschwendung dort, wo es Golfplätze gibt. So liege der Wasserbedarf eines Golfplatzes bei bis zu 2000 Kubikmetern, schreibt Schmitt. Das entspricht der Menge, die ein Ort mit ca. 8000 Bewohnern am Tag benötigt. Auch die meist üppigen Grünflächen rund ums Feriendomizil müssen gepflegt und die Pools gefüllt sein. Schmitt rechnet vor, dass die Zahl der Schwimmbecken von 173 im Jahr 1990 auf 634 im Jahr 2004 angestiegen ist.

Salz im Trinkwasser

Doch die Wasservergeudung hat Folgen. Der Grundwasserspiegel senkte sich bereits bedenklich, und salziges Meerwasser sickert beständig ins Grundwasser, so dass das Wasser für den Verzehr heute aufbereitet werden muss. Eine im Jahr 2000 in Palma installierte Meerwasserentsalzungsanlage entschärfe zwar die Situation, schreibt Schmitt im Fachblatt »Geowissenschaften Rubin«. »Man darf aber nicht vergessen, dass die Versorgung mit dem elementarsten Lebensmittel in Abhängigkeit von einer Hightech-Anlage geraten ist.«
Auch David Sauri, Wissenschaftler an der Universität von Barcelona, rät: »Der umweltbewusste Tourist sollte ins Hotelhochhaus gehen.« Er fand im Rahmen einer Studie heraus, dass der Wasserverbrauch eines jeden Touristen in einer Finca mit Pool pro Tag bei 590 Liter liegt, im Bettenturm Be-

nidorms hingegen nur bei 414 Liter. Wie Schmitt sieht er mit Sorge den rasanten Ausverkauf des mallorquinischen Hinterlandes. Beide Wissenschaftler wollen den Massentourismus an den Küsten nicht schönreden. Er ist und bleibt nicht jedermanns Sache. Schmitt rät dazu, die Massenunterkünfte qualitativ aufzuwerten und die Orte selbst attraktiver zu machen. Zugleich müsse der sogenannte Qualitätstourismus eng begrenzt werden, weil Mallorca sonst keine Zukunft habe, »sondern nur eine Gegenwart, die sich sehr schnell in eine dunkle Vergangenheit verwandeln könnte«. Wem Bettentempel und Massenmahlzeiten ein Graus sind, der sollte David Sauri zufolge Urlaub in einer Finca buchen, aber ohne Pool und bewässerten Rasen.

Nur Fliegen ist schöner

Nach Mallorca reist man üblicherweise mit dem Flugzeug. Auch um nach Teneriffa, Lanzarote oder Kreta zu gelangen, nimmt man den Flieger. Selbst der Kurztrip übers Wochenende von Hamburg nach München erfolgt heute meist per Flugzeug. 163 Millionen Mal hoben deutsche Fluggäste im Jahr 2007 vom Boden ab, so das Statistische Bundesamt in Wiesbaden. Billiganbietern sei Dank waren das 9,6 Millionen oder 6,2 Prozent mehr Flüge als im Jahr zuvor. Wo man problemlos für 99 Euro oder weniger zu einem Wochenendtrip von München nach Hamburg oder von Frankfurt nach Berlin fliegen kann oder auch mal für einen Euro nach Venedig, gibt es an sich keinen Grund mehr, in die umweltfreundlichere Bahn zu steigen. Unter dem Strich hat der innerdeutsche Flugverkehr in den letzten zehn Jahren um 26 Prozent zugenommen. Die Zahl der Passagiere, die ins Ausland flogen, stieg sogar um 62 Prozentpunkte an.

Dabei sind es nicht vorrangig die Urlauber vom Typ Ballermann, die in die Ferne schweifen, also ihre Urlaubsreise per Flugzeug machen. Der Tourismusforscher Wolfgang Strados von der Universität Eberswalde hat zusammen mit der Berliner Verbraucherinitiative in einer Studie überprüft, wer wie wohin reist. »Dabei kam heraus, dass die Umweltbewussten sogar eine höhere Reiseintensität haben als der Durchschnitt«, so Strados. Er erklärt das so: »Man ist umweltbewusst, wo es dem eigenen Erleben, der eigenen Erfahrung dient. Da ist Nachhaltigkeit ein Zusatznutzen. Aber wo es darum geht, auf Dinge zu verzichten, kommt man schnell an Grenzen«, erklärt er im »taz«-Interview.

Bahn bleibt auf der Strecke

Wenn es also als angenehm empfunden wird, mit der Bahn zu fahren, weil es sich darin gemütlich reisen lässt und die Kinder friedlicher sind als im Pkw, nehmen umweltbewusste Urlauber gern den Zug. Vorausgesetzt, es lässt sich mit dem Reiseziel vereinbaren. Wenn dies aber in der Ferne liegt, dann wird ohne mit der Wimper zu zucken der Flieger gebucht. So ist wohl zu erklären, dass die Zahl der Bahnreisenden in den vergangenen Jahren fast konstant geblieben ist, trotz Bahncard und Supersparpreis (1994: 8 Prozent, 2007: 7 Prozent). Dasselbe gilt für das Reisen per Bus. Auch das Auto lassen die Deutschen immer öfter stehen. Wurden 1994 noch 60 Prozent aller Urlaubsreisen über fünf Tage mit dem Auto gemacht, so sind es heute nur noch 52 Prozent. Zugleich stieg die Zahl der Reisen per Flieger in diesem Zeitraum von 22 auf 33 Prozent.

Ablassspende fürs Klima

Nun sind die Reiseveranstalter durchaus sensibel für Trends. Sie wissen, dass das Thema CO_2 in aller Munde ist. Und sie wissen, dass auch umweltbewusste Kunden fliegen, wenn auch mit schlechtem Gewissen. Darum bieten sie ihnen eine Art Ablasshandel an. Seit Anfang 2008 haben die TUI-Tochter TUI Fly, der deutsche Reiseveranstalter Thomas Cook mit Neckermann Reisen, Bucher Last Minute und Thomas Cook Reisen, zahlreiche kleinere Reiseanbieter sowie die Airlines einen solchen im Programm. Sie bieten den Kunden die Möglichkeit, als Kompensation für die CO_2-Belastung, die beim Fliegen entsteht, für das Klima zu spenden. Und das geht so: Mit Hilfe eines CO_2-Rechners wird zunächst ermittelt, wie viel schädliche Klimagase durch den jeweiligen Flug entstehen. Anschließend wird berechnet, wie viel es kostet, die Schadstoffbelastung durch entsprechende Umweltmaßnahmen auszugleichen. Die monetäre Summe, die dabei herauskommt, wird schließlich in ein Klimaschutzprojekt geleitet, das zum Ziel hat, einen CO_2-Ausgleich zu schaffen. Das können Bäume sein, die gepflanzt werden, weil sie CO_2 binden, oder auch Solarprojekte in Drittweltländern.

Doch was so einfach klingt, ist in Wirklichkeit ein hochkompliziertes System, das sich von Anbieter zu Anbieter auch noch erheblich unterscheidet. Fliegt der umweltbewusste Reisende mit Lufthansa von Frankfurt nach Los Angeles, so kostet die Klimaspende 38 Euro extra. Ein Schnäppchen also, über das man nicht lange nachdenken muss. Das System errechnet, dass auf dieser Strecke 1875 Tonnen CO_2 in die Luft geblasen werden. Wer sich hingegen bei Myclimate einloggt, das ist ein spezieller Anbieter für CO_2-Ausgleichszertifikate, muss mehr als das Vierfache bezahlen, nämlich 180 Euro. Die Klimabelastung errechnet das System mit 4384 Tonnen CO_2.

Eine Sache der Definition

Wie das? Was nach Lug und Trug aussieht, ist einfach eine Sache der Definition. So berücksichtigt Lufthansa bei der Klimaberechnung nur den unmittelbaren Ausstoß an CO_2. Myclimate berücksichtigt hingegen die gesamte Klimawirkung des Überseeflugs, also die CO_2-Belastung plus weitere Klima-Aspekte. Nach Angaben des Weltklimarats wirken Spritschadstoffe oben im Himmel stärker als am Boden, und zwar um den Faktor zwei bis vier. Denn es verbleiben Stickoxide und Aerosole im Himmel. Hinzu kommen Schleierwolken und Kondensstreifen, die ganz besonders zur Klimaerwärmung beitragen. Diese Umstände müssen darum mit in die Rechnung eingehen. Werden sie berücksichtigt, ergeben sich unter dem Strich deutlich höhere CO_2-Werte.

Nur 50 Prozent der Spende fürs Klima

Von Anbieter zu Anbieter verschieden sind auch die Kosten, die die Kunden pro Tonne CO_2-Last zahlen müssen. Nach einer Studie der französischen Bank Caisse des Depots aus dem Jahr 2006 betrugen die Kosten für eine Tonne Kohlendioxid zwischen zehn Cent und 52 Euro! Gaunerei? Mitnichten. Die Preise sind davon abhängig, wohin die Gelder fließen. Werden irgendwo Bäume gepflanzt, um Kohlendioxid einzufangen, so wie es der Vatikan vor einiger Zeit machte, um CO_2-neutral zu werden, ist das günstiger, als wenn ganze Dörfer mit Solarzellen ausgestattet oder Wasserkraftwerke gebaut werden. Allerdings ist auch der Nutzen ein anderer. Niemand weiß, ob die Bäume in zehn Jahren nicht eingegangen sind, oder ob sie gerodet wurden, weil Immobilien gebaut oder Monokulturen angelegt werden sollten. Solar- und Windenergieanlagen erfüllen hingegen jahrelang ihren Zweck. Die Umweltstiftung WWF rät dazu, auf den sogenannten Gold-Standard zu achten. Dahinter verbergen sich Projekte, die auf erneuerbare Energien setzen sowie auf bessere Energieeffizienz, die jedoch nicht in Baumpflanzaktionen und Wasserdämme investieren. Welche Standards die einzelnen Anbieter zugrunde legen, lässt sich in der Regel auf ihrer Website im Internet nachlesen.

Inzwischen gibt es weltweit 88 Firmen und Non-Profit-Unternehmen, die sich auf den Ablasshandel spezialisiert haben und Urlaubern somit das Reisegewissen erleichtern. Myclimate aus Zürich gehört dazu und auch Atmosfair aus Berlin, Climate Care aus England und die australische Firma Climate Friendly. Die britische Tufts-Universität nahm Ende

2006 die Aktivitäten von 13 Klimaspenden-Anbietern unter die Lupe. Überprüft wurden das Angebot der Firma, die korrekte CO_2-Berechnung und auch die Transparenz in puncto Finanzen. Ergebnis: Nur vier Firmen bestanden den Test. Zu den Siegern zählten Atmosfair, Climate Friendly, Myclimate und Native Energy.

Wie das? Die Studie ergab: Bei den Non-Profit-Organisationen fließen in der Regel rund 82 Prozent der von den Kunden einbezahlten Gelder in ausgewiesene Projekte, also ein recht hoher Anteil. Bei den kommerziellen For-Profit-Organisationen erreichen durchschnittlich nur 43 Prozent der Gelder ihr Ziel. Der Rest fließt in die Verwaltung, in die Büroausstattung der Unternehmen oder auch mal in den Firmenwagen des Chefs.

Letztendlich aber stellt sich die Frage nach Sinn und Zweck des Ablasshandels. Das Klima werde nicht deshalb entlastet, weil die Fluggäste ein paar Euros in die Klimakasse stecken, sagt der Geschäftsführer des forums anders reisen, Rolf Pfeifer, einem Verbund von rund 150 Reiseveranstaltern, die sich dem nachhaltigen Tourismus verschrieben haben. Schließlich werde ein kranker Zahn durch eine Plombe auch nicht wieder gesund. Anbieter Atmosfair aus Berlin rät sogar dazu, das Fliegen möglichst sein zu lassen und alternative Fortbewegungsmittel zu benutzen. Geschäftsführer Dietrich Brockhagen verzichtet selbst aber nicht ganz auf das Fliegen. Sein liebstes Hobby ist das Drachenfliegen.

SERVICE

Besser Reisen

Auf die schönsten Wochen im Jahr möchte niemand gern verzichten. Und es tut ja auch wirklich gut, mal rauszukommen, den Alltag hinter sich zu lassen und andere Kulturen kennenzulernen. Es gibt zahlreiche Anbieter, die dabei auch die Umwelt im Blick haben.

CR-(Corporate Responsibility-)Siegel

Wer steckt dahinter? Initiiert wurde es vom forum anders reisen, einem Verband kleiner und mittelständischer Unternehmen der Reisebranche, die sich dem nachhaltigen Tourismus verschrieben haben. Träger ist ein unabhängiger achtköpfiger Zertifizierungsrat, der sich aus Tourismusfachleuten und Umweltverbänden zusammensetzt.

Was leistet das Siegel? Die Unternehmen, die ihre Angebote zertifizieren lassen wollen, müssen einen umfassenden CSR-Bericht (siehe Seite 24) erstellen, in dem 60 Fragen zu ökologischen, sozialen und ökonomischen Kriterien erhoben werden müssen. Erfasst werden u. a. die CO_2-Emissionen pro Gast, der Anteil des Reisepreises, der im Urlaubsland konkret verbleibt, um dort die Wertschöpfung zu erhöhen, und die Arbeitsbedingungen vor Ort. Die Einhaltung wird durch unabhängige Gutachter kontrolliert, die den Bericht und auch die konkrete Umsetzung prüfen.

Viabono

Wer steckt dahinter? Viabono ist die Dachmarke für umweltgerechte Aktivitäten der deutschen Tourismusbranche. Rund 400 Betriebe sind hier Mitglied.
Was leistet das Siegel? Es gibt 40 festgelegte Kriterien, die von den Betrieben, die das Siegel tragen möchten, zu mindestens zwei Dritteln erfüllt werden müssen. Dabei geht es um die Themen Abfallvermeidung, Energiesparen, umweltverträgliche Anreise, Lärmvermeidung, Natur- und Landschaftsschutz und Umweltbildung.

Eceat

Wer steckt dahinter? Eceat ist ein national und international tätiger Verein zur Förderung des sanften Tourismus. Insbesondere vermittelt der Verein Urlaubsquartiere auf Biohöfen auf dem Land.
Was leistet das Siegel? Die von Eceat ausgezeichneten Bauernhöfe bieten die Möglichkeit, nachhaltig und umweltgerecht Urlaub zu machen. Das Essen muss aus biologisch erzeugten Zutaten gekocht werden, die Gäste erhalten Anregungen zu ökologischen Themen,

und es gibt spezielle Angebote für Kinder. Das Urlaubsziel soll mit öffentlichen Verkehrsmitteln erreichbar sein.

Legambiente Turismo

Wer steckt dahinter? Legambiente ist ein italienischer Umweltverband, dessen Abteilung »Turismo« Projekte zwischen Tourismusverbänden und Umweltinitiativen vermittelt.

Was leistet das Siegel? Ausgezeichnet mit dem Grünen Schwan, dem Zeichen des Legambiente Turismo, werden Urlaubshäuser, die sparsam mit Umweltressourcen wie Wasser und Energie umgehen, die Abfall reduzieren und regionale Produkte anbieten, Bio inklusive. Die Einhaltung der Kriterien wird einmal jährlich überprüft, die Kontrolle erfolgt unangemeldet.

Umweltgütesiegel

Wer steckt dahinter? Der Österreichische, der Deutsche und der Südtiroler Alpenverein. Rund 50 Berghütten tragen die begehrte Plakette.

Was leistet das Siegel? Die Hütten müssen bestimmte Umweltkriterien in Bezug auf Wasser, Energie, Abfall und Luftreinhaltung erfüllen. Kontrolliert wird die Einhaltung von unabhängigen Gutachtern. Das Siegel ist jeweils ein Jahr gültig.

Ecocamping

Wer steckt dahinter? Ecocamping ist ein Verein mit Sitz in Konstanz, der Campingplätze dabei unterstützt, ökologische Kriterien umzusetzen.

Was leistet das Siegel? Campingplätze, die ein gezieltes Umweltmanagement eingeführt und umgesetzt haben, eine gewisse Qualität bieten und sich zertifizieren lassen, erhalten die Plakette. 192 Campingplätze wurden bisher für ihr Ecocamping-Management ausgezeichnet.

Österreichisches Umweltzeichen

Wer steckt dahinter? Das Land Österreich. Es handelt sich um das erste staatliche Tourismuslabel in Europa.

Was leistet es? Betriebe, die das Umweltzeichen tragen, erfüllen hohe Standards in Bezug auf die Umwelt (Abfallmanagement, gesundes Essen, Energiesparen). Ausgezeichnet werden Campingplätze, Jugendherbergen, Hotels, Ferienwohnungen, Gasthöfe und Restaurants.

Fair Trade in Tourism South Africa

Wer steckt dahinter? Die Non-Profit-Organisation Fair Trade in Tourism South Africa.
Was leistet das Siegel? Hotels und Unterkünfte, die das Label erhalten möchten, müssen ein Konzept vorlegen, das die Kriterien faire Gehälter und Arbeitsbedingungen, sozialverträgliche Unternehmensführung, Respekt für Mensch und Umwelt und Kultur erfüllt.

Der eigene ökologische Fußabdruck einer Reise lässt sich unter www.wwf.de/themen/klimaschutz berechnen.

4
Elektronische Geräte:

Fehler im System

Es begann beim Schreiben der Diplomarbeit. Immer wenn Christian Teper ein paar Seiten der Arbeit ausdruckte, bekam er ein Schweregefühl in der Brust. Später kamen leichte Schwellungen im Hals und Schluckbeschwerden hinzu. Unter dem Schreibtisch stand ein Laserdrucker, der mit Toner arbeitet, einem feinen schwarzen Pulver. Bei jedem Druckvorgang gelangen Millionen feinster Partikel in die Luft. Bei empfindlichen Menschen können sie nach dem Einatmen ein Kratzen im Hals erzeugen und Beschwerden der Atemwege hervorrufen.
Tepers Gesundheitsprobleme nahmen zu, als er im Jahr 2000 seinen ersten Job annahm, beim Landesverband Westfalen-Lippe des Deutschen Roten Kreuzes. Dort gab es zahlreiche Laserdrucker und Kopierer, die mit Toner arbeiteten. Aus den anfänglichen Schluckbeschwerden entwickelte sich bei dem Diplomkaufmann eine chronische Bronchitis, und er bekam zudem Asthma. Die Diagnose lautete: multiresistente Keime. Das bedeutet: Den Erregern kann mit herkömmlichen Antibiotika nicht beigekommen werden. Nach einem längeren Reha-Aufenthalt stellte sein Arbeitgeber ihm einen neuen Arbeitsplatz zur Verfügung – weitab von allen mit To-

ner betriebenen Geräten. Die Beschwerden hielten aber weiter an, und Christian Teper bliebt immer öfter wegen Krankheit zu Hause. Weil er im Jahr 2008 nur an zwölf Tagen bei der Arbeit erschien, warf ihn sein Arbeitgeber schließlich raus.

2000 Verdachtsfälle durch Toner

Christian Teper ist nicht der Einzige, der Probleme mit Laserdruckern und Co. hat. Inzwischen gibt es eine eigene Stiftung mit dem Namen Nano Control, die sich für gesunde Raumluft engagiert. Vorsitzender ist der ehemalige Kriminalkommissar Hans Joachim Stelting aus Hamburg. Auch er musste seinen Arbeitsplatz vorzeitig verlassen. Er wurde, weil er den Laserstaub nicht vertrug und mit massiven Atemwegsbeschwerden zu kämpfen hatte, frühpensioniert. Seitdem registriert und dokumentiert der Kripomann akribisch alle ihm bekannten (möglichen) Tonerfälle. Ihm sind rund 130 Akten von Patienten bekannt, bei denen Fachärzte einen engen Zusammenhang zwischen Atemwegserkrankung und Tonerstaub vermuten. Außerdem berichtet er von insgesamt rund 2000 Krankheitsfällen, die möglicherweise auf Toner zurückzuführen sind.
Dass Tonerpartikel aus Druckern und Kopierern den Körper belasten können, ist nichts Neues. Immer wieder wurden dem Bundesinstitut für Risikobewertung (BfR) in Berlin Fälle zugetragen, die möglicherweise in Zusammenhang mit der Pulvertechnik stehen, die es seit mehr als 25 Jahren gibt. Nur welche Beschwerden und Belastungen dies sind, ist bis

heute unklar. Darum gab das BfR im Jahr 2005 beim Institut für Innenraum- und Umwelttoxikologie des Uniklinikums Gießen eine Tonerstudie in Auftrag. Sie erfasste die Raumluft in 63 Büroräumen und untersuchte 69 dort arbeitende Menschen. Fazit: Gesundheitliche Beeinträchtigungen durch Emissionen aus Büromaschinen sind nicht auszuschließen.

Doch die Erkenntnisse reichten nicht aus, um mit Toner betriebene Geräte zu verbieten. Der BfR-Bericht beschreibt: »Die gesundheitlichen Beschwerden der Probanden waren unspezifisch und in keinem Fall schwerwiegend.« Möglicherweise reagierten einzelne, besonders empfindliche Personen mit Beschwerden, die dem sogenannten Sick-Building-Syndrom ähneln, also den Erkrankungen, die durch chronisch schlechte Luft in Gebäuden hervorgerufen werden. Das ist zwar eine Erklärung, bringt die Betroffenen aber nicht weiter. Von der Berliner Behörde jedenfalls können sie vorerst nichts erwarten. Weitere Untersuchungen sollen erst einmal klären, was in dem schwarzen Staub steckt. Erst dann wird entschieden, ob weitere Studien folgen sollen, so die Behörde in einer Pressemitteilung.

Seit langem ist bekannt, dass Feinstäube und ultrafeine Partikel per se toxisch und krebserregend wirken. Experten der Weltgesundheitsorganisation WHO schätzen, dass jährlich 310 000 Menschen durch Feinstäube sterben. Diese stammen nicht ausschließlich, aber auch von Tonergeräten. Dass Toner eine Rolle spielt, legt eine aktuelle Studie der Universität Rostock nahe. Ludwig Jones vom Institut für Pathologie entdeckte im Tumor eines an Lungenkrebs verstorbenen Patienten Tonerpartikel. Der Mann hatte als Service-Elektriker gearbeitet und darum ständig mit Tonergeräten zu tun gehabt.

Nachdem die Diagnose Lungenkrebs gestellt worden war, hatte er testamentarisch verfügt, dass das Krebsgeschwür nach seinem Ableben analysiert wurde. Der Pathologe fand bei der Begutachtung schwarze Teilchen, die im Elektronenmikroskop exakt wie Tonerpartikel aussahen. Auch wenn dies kein zwingender Beweis für das Entstehen der Krebserkrankung sei, so liege der Verdacht doch sehr nahe, sagt Autor Jones.

Jedes vierte Kind am PC

Drucker, Fax, Kopierer, Computer, aber auch Handys und andere elektronische Geräte sind aus dem Alltag nicht mehr wegzudenken. Nicht nur in Büros werden sie benutzt, sie sind in jedem Haushalt gegenwärtig. Schon die Jüngsten gehen mit PC und Handy so selbstverständlich um wie mit einem Fußball. Vier Millionen Kinder im Alter zwischen sechs und 13 Jahren, das sind 70%, nutzen zu Hause einen Computer als Spiel- oder Arbeitsgerät, ergab die »Kids Verbraucher-Analyse 2008« des Egmont Ehapa Verlags. Dafür wurden 1631 Kinder dieser Altersgruppe und je ein Erziehungsberechtigter befragt. Während 2001 »nur« 36 Prozent einen eigenen PC besaßen oder einen im Haus mitbenutzen konnten, waren es sieben Jahre später schon fast 70 Prozent. 2,2 Millionen oder 64 Prozent der Sechs- bis 13-Jährigen besitzen zudem ein eigenes Handy. Auch stehen immer mehr Geräte der Unterhaltungselektronik in den Kinderzimmern: Fernseher (40 Prozent), DVD-Spieler (23 Prozent) oder MP3-Player (35 Prozent).

Keine Frage, praktisch sind Handy, PC, Drucker, DVD-Player und Co. Schnell und effizient sind sie auch. Doch alle Geräte haben Nebenwirkungen, die teils gravierend sind. Das geht schon bei den Bauteilen los. Elektro- und Elektronikgeräte enthalten oftmals Decabromidphenylether, kurz DecaBDE. Hinter dem sperrigen Begriff verbergen sich sogenannte bromierte Flammschutzmittel, die verhindern sollen, dass die Geräte bei einem Brand in Flammen aufgehen. Das ist zwar sinnvoll. Doch der Stoff sei in der Umwelt schwer abbaubar und könne sich in Lebewesen anreichern, berichtet das Umweltbundesamt in Berlin. Daher wurde es auch schon in der Polarregion, bei Füchsen, Greifvögeln und Eisbären gefunden. Doch nicht nur das. Auch in die Muttermilch gelangt die Chemikalie und belastet über diesen Weg den Körper des Babys. Beim Nachwuchs wirkt DecaBDE zwar nicht akut giftig. Der toxische Bromstoff kann sich aber bei chronischer Belastung giftig auf die Nervenzellen auswirken.

Jein zu DecaBDE

All dies wissen auch die Behörden. Das Umweltbundesamt fordert seit langem ein Verbot der flammhemmenden Substanz, nicht nur in der Elektronik, sondern auch in Textilien. Es sollte bereits 2005 in Kraft treten, wurde aber kurzfristig von der EU-Kommission wieder aufgehoben, angeblich, weil keine befriedigenden Alternativen zur Verfügung standen. Gegen die Aufhebung legten das EU-Parlament und Dänemark als Nicht-EU-Land Beschwerde ein – und bekamen von oberster Stelle, dem Europäischen Gerichtshof, schließlich recht. Seit Juli 2008 ist DecaBDE nun verboten. Allerdings greift das Verbot nur für nagelneue Elektro- und Elektronikgeräte. Die zahlreichen Altgeräte, die noch in jedem Haushalt und auch in vielen Büros schlummern und schließlich auf dem Schrottplatz landen (siehe Seite 107f.), sind von dem Verbot nicht betroffen. Sie belasten Mensch und Umwelt weiter.

Reizend telefonieren

Auch Nickel ist weiter im Umlauf, obwohl es für viele Menschen heikel ist. Nickel ist ein Metall, das in Handys zu finden ist, aber auch in Schmuck, Brillengestellen, Reißverschlüssen, Geldmünzen und Kochtöpfen aus Edelstahl. Nickel ist der Stoff, der am häufigsten zu Kontaktallergien führt. In der aktuellen »Hitliste« für allergische Kontaktstoffe steht es auf Platz 1, denn bei 17,2 Prozent der Allergiker sorgt es für Hautirritationen. Dieses Metall also findet sich auch in Handys, besser gesagt: in der Tastatur, der Umrandung des Displays oder im Firmenlogo der kleinen Telefone. Von dort wird es beim SMS-Schreiben, Chatten oder Telefonieren durch Berühren an die Haut abgegeben und kann zur Sensibilisierung oder zu einer allergischen Reaktion führen. Jedes fünfte Handy hat Nickel in sich, ergab eine Studie von Jeanne Duus Johansen, der Leiterin des dänischen Allergiezentrums in Gentofte.

Motorola, Ericsson, Samsung

Welche Telefone konkret Nickel enthalten, veröffentlichen kanadische Wissenschaftler im Januar 2008. Sie fanden in zehn von 23, also fast in jedem zweiten Handy oder Headset, Nickelspuren. Betroffen waren Samsung-Handys, bei denen das Metall in der Metallumrahmung steckte, verschiedene Modelle von Ericsson, hier war es im Menü-Button zu finden, und auch das Motorola-Handy war nicht frei davon. Hier fand sich Nickel im Logo des Headset.

Das Handy in den Müll zu werfen, weil es möglicherweise Nickel abgibt, davon rät Johansen aber ab. Denn ein Handy derselben Marke kann einmal belastet sein und einmal nicht. Als die Allergieexpertin mit ihrem Team fünf Handys ein und desselben Modells unter die Lupe nahm, waren zwei mit Nickel belastet und drei nicht. Das liege daran, dass die Rohstoffe des Handys nicht aus einer Quelle stammen, sondern in verschiedenen Ländern gefertigt sein können. Die Allergieprofessorin fordert darum von den Anbietern eine Begrenzung des Nickelgehalts oder zumindest einen Hinweis, dass Nickel im Handy enthalten sein kann. Solche Hinweise gibt es auch bei Schmuck und Brillengestellen.

Make it fair

Doch die Frage ist, ob die Hersteller immer wissen, was sie tun. Die Elektronikfirmen lassen, wie auch die Spielzeug- und Textilindustrie, in Ländern produzieren, in denen Lohnkosten niedrig und Umweltauflagen gering sind (siehe auch

Kapitel 1, Bekleidung, und Kapitel 8, Spielzeug). Ein Großteil der Geräte wird in China hergestellt. Bei Laptops und Mobiltelefonen kommt die Hälfte der Waren von dort. Produziert wird außerdem in Thailand, Indien, Mexiko und auf den Philippinen. Zunehmend ist die Elektronikindustrie aber auch in den osteuropäischen Ländern tätig, etwa in Polen, Ungarn und Tschechien. In Polen lassen Sharp, Philips und Funai LCD-Bildschirme herstellen, berichtet die Initiative makeITfair. Dahinter verbirgt sich ein Zusammenschluss von neun europäischen Organisationen, die gemeinsam den Herstellungsbedingungen in der IT-Branche auf den Zahn fühlen und insbesondere Jugendliche auf die Missstände hinweisen wollen, weil sie eine immer wichtigere Zielgruppe für IT-Produkte sind. Das Projekt wird von der EU gefördert und hierzulande von Germanwatch und der Berliner Verbraucherinitiative vertreten.

»In der Öffentlichkeit hat die IT-Industrie überwiegend das Image eines sauberen Industriebereiches, in dem hochqualifizierte Leute arbeiten, die ein gutes Gehalt bekommen und faszinierende Programmierarbeiten verrichten«, erklärt Cornelia Heydenreich von Germanwatch, die die Studie leitet. Doch das ist nur die halbe Wahrheit. Bei den Beschäftigten in den vielen Zulieferbetrieben der Elektronikindustrie sehe die Realität anders aus: Bis zu 150 Überstunden leisten sie im Monat, sie erhalten eine viel zu niedrige Bezahlung, und Vergiftungen am Arbeitsplatz sind mangels Schutzkleidung keine Seltenheit.

Verletzte für Zinn

Nehmen wir die Rohstoffe, aus denen PC, Mobiltelefon, MP3-Player oder Spielkonsole hergestellt sind. Gemein ist all diesen Geräten, dass ihre elektronischen Bauteile durch eine Leiterplatte verbunden sind. Diese Platte enthält Zinn, ein Edelmetall, das auf dem Weltmarkt sehr begehrt ist, da es nicht in unendlichen Mengen verfügbar ist. Zugleich wird das Metall durch ständige Neuentwicklungen in der IT-Branche und auch durch die steigende Nachfrage nach Handy und Co. in immer größeren Mengen benötigt: 35 Prozent der weltweiten Zinnnachfrage kommt derzeit allein aus der Elektronikindustrie.

Zinn wird in Minen abgebaut, etwa in der Region Bisie der Demokratischen Republik Kongo. Dort befindet sich eine der ergiebigsten Minen weltweit. Doch die Arbeit ist ein gefährlicher, knochenharter Job. Im Jahr 2006 wurden nach Angaben von Germanwatch zehn schwere Unfälle gemeldet.

Durch den Zinnabbau kam es in Indonesien, dem zweitgrößten Zinnproduzenten der Welt, zudem zu massiven Umweltzerstörungen. Insbesondere auf den Inseln Bangka und Belitung wurden große Waldflächen und Wasserquellen zerstört, einige Tier- und Pflanzenarten gingen unwiderruflich verloren. Zurück blieben leblose, zerklüftete Gruben ähnlich einer Mondlandschaft.

Kinder für Kobalt

Akkus sind eine gute Sache. Handy aufladen, telefonieren, wieder aufladen. Auf diese Weise entsteht kein unnötiger Batteriemüll. Die Sache hat nur einen Haken. In den wiederaufladbaren Batterien ist Kobalt enthalten, das vor allem aus der Demokratischen Republik Kongo kommt. Für den Abbau des Metalls setzen im Kongo und in Sambia rund 50 000 Kinder ihr Leben aufs Spiel. Jeder dritte Bergarbeiter sei noch ein Kind, berichtet SwedWatch, die schwedische Partnerorganisation von Germanwatch, in einer Studie über die Kobaltproduktion in der DR Kongo und in Sambia. Schon Siebenjährige seien wegen der großen Armut gezwungen, etwas dazuzuverdienen. Sie und auch die erwachsenen Arbeiter schuften ohne Schutzkleidung. Sie atmen den Mineralstaub ein, der Augen und Atemwege reizt und zu Lungenödemen und Augenproblemen führen kann. Viele Kinder brechen die Schule ab, um etwas zum Lebensunterhalt beizutragen, und auch, weil die Eltern die Schulgebühren nicht bezahlen können. Der Kobaltabbau verseucht zudem die Böden, so dass die Menschen keine Grundnahrungsmittel mehr anbauen können. Nicht zuletzt werden die Menschen in der Nähe der Minen regelmäßig verstrahlt, da von dem uranhaltigen Kobalterz Radioaktivität ausgeht.

Pannen durch Platin

Platin ist der Stoff, aus dem Festplatten und LCD-Bildschirme von Laptops und Flachbildschirmen sind. Er wird vor allem in Afrika in riesigen Platinminen abgebaut. »Ganze Dörfer wurden gezwungen, ihr Land zu verlassen, damit dort Platinminen entstehen können«, heißt es in einer 2007 veröffentlichten Studie der niederländischen Organisation SOMO. 17 000 Menschen in der Bergbauregion in Südafrika seien von ihrem Land vertrieben worden, nur um eine neue Platinmine für Anglo Platinum aufzumachen, die den Rohstoff für die Computerindustrie liefert. Anglo Platinum ist das weltgrößte Unternehmen im Platinbergbau.

Für die, die Arbeit in der Mine gefunden haben und somit etwas dazuverdienen können, ist das Leben kein Zuckerlecken. MakeITfair hat Bergarbeiter befragt, die Zeitverträge haben, weil dies billiger für die Firmen ist. Sie berichten, dass ihre Löhne viel niedriger seien als die der festangestellten Bergarbeiter. Der Verdienst reiche kaum zum Überleben aus, geschweige denn, die Familie zu ernähren, eine Wohnung zu finanzieren und die Schule zu bezahlen. Zugleich verrichten die Leiharbeiter gefährliche Arbeiten und erhalten dafür nur sehr unzureichende Sicherheitstrainings, erklärt Esther de Haan von SOMO.

Firmen mauern

Die Elektronikfirmen wissen, dass es in den Erzeugerländern Missstände gibt. Im April 2007 wurden 20 IT-Unternehmen von makeITfair über die Arbeitsbedingungen informiert und aufgefordert, die Herkunft der von ihnen verwendeten Rohstoffe zu benennen. Doch die Firmen sagten mehrheitlich, dass dies nicht möglich sei. Die Wege der

Metalle seien zu verschlungen, als dass sie transparent gemacht werden könnten. Geschweige denn, dass sich daran etwas ändern ließe.»Firmen wie Philips, Acer, Nokia und Apple argumentieren, dass es sehr schwierig sei, die Bergbaufirmen zu beeinflussen, weil sie nur kleine Abnehmer von Metallen seien«, sagt Cornelia Heydenreich. Jedoch haben Recherchen von makeITfair ergeben, dass es sehr wohl möglich ist, einzelne Minen ausfindig zu machen und sie einem Produkt zuzuordnen. Es gebe beispielsweise eine direkte Verbindung zwischen den Batterien in tragbaren IT-Geräten und dem Kobaltbergbau in Sambia und im Kongo. Darum könnten die IT-Firmen durchaus ihren Einfluss bei den Lieferanten erhöhen, indem sie sich zusammenschließen – und auch mit anderen Branchen, etwa mit der Automobilindustrie, so Heydenreich.

HP hat die Nase vorn

Somit wäre es Philips, Nokia und Co. schon möglich, direkten Einfluss auf die Arbeitsbedingungen und die Menschenrechte sowie auf den Umweltschutz zu nehmen. Was sie aber erst zögerlich tun. Auf Anfrage von makeITfair drückten zwar alle Firmen, die antworteten, ihre Besorgnis über die schlimmen Bedingungen in den Zulieferbetrieben aus. Doch so recht etwas daran geändert haben sie bisher nicht. Erst zögerlich kommen hier Initiativen in Gang. So gaben der IT-Zusammenschluss EICC (Electronics Industry Citizenship Coalition) und die Nachhaltigkeitsinitiative GeSI (Global e-Sustainability Initiative) eine Studie in Auftrag, die die Verbindung zwischen Rohstoffindustrie und Endprodukten herstellen sollte.

Positiv tat sich der IT-Hersteller Hewlett-Packard (HP) hervor. Er legte eine Liste offen, in der alle Rohstoffe aufgeführt sind, die für die hauseigenen Produkte verwendet werden. Auch arbeitet das Unternehmen daran, die Wege aller Rohstoffe zum Ursprung zurückzuverfolgen und die Bedingungen, unter denen die Menschen in den Minen arbeiten, zu durchleuchten. Dort, wo es eine Spur gibt, werden die Arbeitsbedingungen zunehmend kontrolliert. Positiv ist, dass die Arbeiter in die Betriebsprüfungen einbezogen werden. Das hat den Vorteil, dass bei den Kontrolleuren ein weitgehend realistisches Bild von den Arbeitsbedingungen entsteht.

Das ist immerhin ein Anfang. Doch mit der Verbesserung der Bedingungen, unter denen Rohstoffe abgebaut werden, ist es nicht getan. Auch über die Herstellung der Elektronikgeräte selbst muss mehr bekannt werden. Beispiel Handyproduktion. Jede Sekunde werden 36 neue Geräte verkauft, allein im Jahr 2006 waren das eine Milliarde Handys, die an den Mann und an die Frau gebracht wurden. Die europäische IT-Kampagne nahm darum auch die Kleintelefonherstellung unter die Lupe. Sie besuchte sechs Firmen in China. Weitere zehn Prozent der Handys kommen von den Philippinen. Die Firmen arbeiten für Nokia, Samsung, Motorola, LG Electronics und Sony Ericsson, die »Big Five« der Branche, die 80 Prozent des Handymarktes beherrschen.

Die Studie deckte erschreckende Details der Arbeitsbedingungen auf, unter denen vor allem junge Frauen leiden. Sie sind es, die hauptsächlich für das Zusammenfügen der Bauteile zuständig sind. Die Entlohnung ist karg. Gerade mal umgerechnet 120 Euro verdiente eine philippinische Arbeiterin im Mai 2008 im Monat. Die Lebenshaltungskosten für eine Familie betragen jedoch rund 320 Euro. Weil der Grundlohn gering ist, werden jede Menge Überstunden geschoben, um einigermaßen über die Runden zu kommen.

Schöner Schein

In auftragstarken Zeiten müssen philippinische Arbeiterinnen teilweise zwölf Stunden am Tag arbeiten – und dies sieben Tage die Woche. Auch in chinesischen Werken, die für Nokia, Samsung, LG und Motorola produzieren, schuften die Arbeiterinnen manchmal 80 Stunden in der Woche. Time is money, und so wird die nötige Schutzkleidung oft links liegen gelassen – weil sie unbeweglich macht und den Output reduziert. Die Arbeiter hantieren auch mit giftigen Chemikalien. In einem Werk im chinesischen Shenzhen, in dem Platinen für Nokia, Motorola, Samsung und LG gefertigt werden, berichten Beschäftigte, dass sie noch nicht einmal mit Schutzkleidung ausgerüstet werden, obwohl sie mit Chemikalien wie zum Beispiel mit schwefliger Säure hantieren, die im Verdacht steht, krebserregend zu sein. »Die Arbeiter, die wir für diese Studie befragt haben, zeigen typische Symptome einer falschen Anwendung von Chemikalien. Schulungen und ein angemessenes Arbeitstempo sind unbedingt erforderlich«, stellt Jenny Chan von der Nichtregierungsorganisation SACOM aus Hongkong klar. Sie koordinierte die Studie in China.

Dabei haben die »Big Five«, für die die Bauteile hergestellt werden, alle irgendeinen Verhaltenskodex verabschiedet. Das sind selbstauferlegte Vorschriften zum Schutz der Menschenrechte, zum Arbeits- und Umweltschutz. Sie haben keinen Gesetzescharakter, orientieren sich jedoch in der Regel an den Vorgaben der Internationalen Arbeitsorganisation ILO. Die Situation in den Fabriken, die in dem China-Report »Silenced to Deliver: Mobile Phone manufacturing in China and the Philippines« beschrieben wird, zeigt aber, dass diese Vorschriften meist nicht eingehalten werden.

Elektromüll bis zum Mond

Haben das Handy, der Computer oder die Stereoanlage ausgedient, ist die Frage: Wohin damit? Wegen des unaufhaltsam wachsenden technischen Fortschritts liegt die Nutzungsdauer für ein Handy heute bei etwa eineinhalb Jahren und bei Computern bei zwei bis drei Jahren. Durch immer kürzere Lebenszeiten der Geräte fällt immer mehr Müll an, und der Elektroschrott-Müllberg wächst und wächst. Und zwar rund dreimal schneller als der des normalen Hausmülls: »Füllte man den jährlich weltweit anfallenden Elektroschrott von derzeit fast 40 Millionen Tonnen in Müllautos und reihte diese aneinander, ergäbe dies eine Schlange um den halben Erdball«, rechnet Cornelia Heydenreich von Germanwatch vor.
Nur dass der Elektroschrott eben nicht immer in Müllautos landet, um sachgerecht entsorgt zu werden, sondern auf den Mülldeponien bitterarmer Länder in Afrika und Asien. Zwar

ist der Export von gefährlichem Elektroschrott aus Europa zum Beispiel nach Afrika verboten. Auch gibt es seit 2006 das sogenannte Elektrogesetz, wonach die Konzerne für die Entsorgung und das Recycling von Elektroschrott zuständig sind. Doch es bestehe die Möglichkeit, das Exportverbot zu umgehen, berichtet Greenpeace. Die Elektroteile werden einfach als »verwertbare Secondhand-Ware« deklariert und unter dem Deckmantel der Entwicklungshilfe zum Beispiel über Belgien nach Ghana verschifft. Nur so sei zu erklären, dass derzeit nur ein Viertel aller ausgemusterten Elektrogeräte in der EU fachgerecht gesammelt und entsorgt werde.

Kinder im Elektromüll

Aus den Augen, aus dem Sinn. Doch das Abladen von PC, Handy und Co. auf den Müllhalden der Welt hat unschöne Folgen. Greenpeace-Mann Kevin Bridgen besuchte zwei frei zugängliche Schrottplätze in Ghanas Hauptstadt Accra sowie in Korforidua. Als er sie genauer in Augenschein nahm, stieß er auf Tausende Tonnen giftigen Elektroschrotts, der dort ungesichert herumlag. Bei den gefundenen Elektroteilen handelte sich nicht etwa um irgendwelchen No-Name-Billigkram. Es waren Markengeräte von Philips, Sony, Microsoft, Nokia, Dell, Canon und Siemens. »Bereits fünfjährige Kinder schlachten für einen Hungerlohn ausgemusterte Computer und Elektroschrott aus«, berichtet Bridgen. »Sie verbrennen Kabel, um an das wertvolle Kupfer zu kommen. Die freigesetzten Dämpfe vergiften Mensch und Natur.« Und das alles für ein wenig Geld: zwei US-Dollar, das sind rund 3,20 Euro, erhalten die Kinderarbeiter für fünf Kilo Aluminium oder Kupfer.

Zugleich sickern gefährliche Chemikalien und Schwermetalle in den Boden, wenn die metallenen Überreste auf den Deponien vor sich hinrotten. Greenpeace fand Bleikonzentrationen, die ein Hundertfaches höher lagen, als der Gehalt in unbelasteter Erde beträgt. Außerdem war der Boden mit Kadmium und Phthalaten, also Weichmachern aus Kunststoffteilen, verseucht. Die Chemikalien seien hochgiftig, erklärt Bridgen. Einige könnten das Fortpflanzungssystem bei Kindern schädigen, andere die Entwicklung des Gehirns oder des Nervensystems beeinträchtigen. Greenpeace fordert deshalb, dass giftige Chemikalien bei der Herstellung außen vor bleiben, dass alte Elektrogeräte kostenlos zurückgenommen werden und ein funktionierendes Recycling aufgebaut wird.

Am günstigsten wäre es aber, wenn Fernseher, Laptop und PC länger als nur ein paar Jahre halten. Dafür müssten sie allerdings so konstruiert sein, dass sie sich problemlos reparieren lassen – und neu kaufen nicht billiger ist als reparieren.

SERVICE

Bessere Handys und PCs

Bisher gibt es kein Fairtrade-Label, das die gesundheits- und umweltverträgliche Erzeugung von IT-Produkten dokumentiert. Da hilft zunächst nur, bei den Herstellern nachzufragen und faire Produktionsmethoden einzufordern. Dafür hat die Initiative makeITfair eine E-Mail- und Postkartenaktion ins Leben gerufen, mit der sich vor allem Jugendliche bei den Markenherstellern zu Wort melden können (www.germanwatch.org/corp/makeitfair.htm). Weitere Informationen zur Kampagne außerdem unter www.makeitfair.org.

Blauer Engel

Wer verbirgt sich dahinter? Die Kriterien werden durch eine unabhängige Jury unter Leitung des Umweltbundesamtes erarbeitet. Vergeben wird das Siegel durch die RAL-Gütegemeinschaft.

Was leistet es? Mit dem Siegel gekennzeichnet werden Produkte, die gegenüber der gesamten Produktgruppe einen Umweltvorteil bieten. Das bedeutet, sie geben weniger Schadstoffe ab, es werden ungiftige Materialien verwendet, und sie belasten bei der Entsorgung nicht. Welchen Vorteil das jeweilige Produkt hat, erkennt man an der Aufschrift: »Blauer Engel, schützt die Gesundheit (oder alternativ: das Klima, das Wasser, die Ressourcen), weil (emissionsarm, schadstoffarm, ...)«. Komplett schadstofffrei sind die Produkte aber nicht. Den Blauen Engel gibt es für Handys, Drucker, Computer, Flachbildschirme, Kopierer, Laptops, Notebooks, Monitore und Tonermodule.

5
Kosmetik:

Der unschöne Schein

Es funkelt wie ein goldener Weihnachtsstern. »Der neue Goldstandard in der Anti-Age-Pflege« steht in goldenen Lettern auf der fest in die Frauenzeitschrift eingelassenen Werbung. Die Mitte des goldfarbenen Covers ist leicht perforiert. Um zu erfahren, was es mit dem Goldstandard auf sich hat, muss frau die Perforierung öffnen, so dass sich das Ganze fast wie ein Vorhang auftut. Sie erfährt: »Ab 40 sieht die Haut schneller abgespannt aus und verliert an Elastizität. Speziell für diese Haut haben die Laboratoires Diaderme die Age ExCellium Gold Serie entwickelt.« Die neue Pflegeserie sei in der Lage, die Zellenergie um bis zu 120 Prozent zu steigern. Sie bewirke einen Aufbau der Kollagenfasern, die der Haut Spannkraft geben. Zwei Produkte gehören zu der Serie. Beide enthalten den charakteristischen »Mikro-Gold-Komplex«, der in der Haut »Mikro-Energie-Impulse« auslöst und somit die Kollagenproduktion stimuliert.
Wow. Dass es funktioniert, dafür bürgt Veronica Ferres. Die Schauspielerin ist von dem Age ExCellium Gold Elixier Falten-Füller und der Age ExCellium Zell-Energie so be-

geistert, dass sie dafür Werbung macht. Ja, beide Produkte seien »unverzichtbar« für sie – »nicht nur bei großen Auftritten!«.

Wer schön sein will, muss nicht leiden

Täglich werden neue angebliche Wundermittel für das Antlitz wie Gold Elixier und Age ExCellium Zell-Energie auf den Markt gebracht, die eine Haut glatt wie ein Babypopo versprechen. Denn es stimmt: Mit dem Alter kommen unweigerlich die Falten. Schon ab etwa dem 30. Lebensjahr lässt die Elastizität des Bindegewebes etwas nach. Insbesondere um die Augen herum, die ja naturgemäß ständig in Bewegung sind, weil wir mit ihnen am Tag mehrere tausend Mal plinkern, zeigen sich die ersten Fältchen. Viel Potenzial also für Schönheitsprodukte aller Art. Denn wer möchte nicht schön sein, ohne zu leiden? Der Markt für Hautpflegemittel, wozu Antifalten- und Feuchtigkeitscremes, Anti-Age- und Anti-Cellulite-Mittel zählen, wächst darum beständig und ist mit 2927 Millionen Euro Umsatz im Jahr 2008 weiterhin im Aufwind. Nur für Haarpflegemittel wurde nach Angaben des Industrieverbands Körperpflege- und Waschmittel (IKW) in Frankfurt noch mehr Geld ausgegeben.

Doch funktioniert das, was die Hersteller vollmundig auf güldenen Werbeseiten versprechen? Es scheint fast so. Denn die Firmen legen sogar Beweise dafür vor, dass die beworbene Wirkung tatsächlich eintritt. Das müssen sie auch. Seit 1998 fordert die für Schönheitsprodukte zuständige EU-

Kosmetikrichtlinie, dass nur das ausgelobt werden darf, was sich auch nachweisen lässt. Es gibt sogar eine 20-seitige Broschüre, die »Leitlinien für die Bewertung der Wirksamkeit von kosmetischen Mitteln«, die der IKW seinen Mitgliedern, also den Kosmetikunternehmen, ans Herz legt. Darin wird ausführlich beschrieben, welche Nachweise ein Hersteller erbringen muss, um die Wirkung, die auf der Verpackung oder in der Werbung gepriesen wird, zu belegen: Er sollte Daten aus experimentellen Studien vorlegen, die nachweisen, dass der Wirkstoff wirkt. Er sollte Verbraucherbefragungen durchführen, die vor allem die Zufriedenheit abklopfen. Und er muss allgemein anerkannte Daten zu den Wirkstoffen beibringen, die zeigen, dass der Stoff, aus dem die Kosmetik ist, den Nutzen bringt, den er verspricht.

Viel Schein ums Sein

Auch die Laboratoires Diaderme belegen, was sie versprechen. In der Werbung verweist das Unternehmen auf einen In-vitro-Test, den es durchführen ließ. Darin wird die versprochene »Steigerung der Zell-Energie um 120 Prozent« bestätigt. In vitro bedeutet allerdings nur, dass der Effekt im Labor, also zum Beispiel an Hautmodellen, nachgewiesen wurde. Das ist zwar ein Hinweis, besagt aber noch nicht, ob das Ganze auch in natura, also bei der Frau ab 40 funktioniert. Selbst wenn eine Gruppe von Frauen in Tests bestätigt, dass ihre Haut sich nach Verwendung der Goldkosmetik besser anfühle oder jünger aussehe, heißt das wiederum nicht, dass dies auf die 120-prozentige »Steigerung der Zell-Energie« zurückzuführen ist. Es kann auch schlichtweg an dem zugesetzten Feuchtigkeitsspender in der Creme liegen.

Gerade in der Kosmetikindustrie wird viel Wind um nichts gemacht. Dass viel versprochen, aber wenig gehalten wird, liegt auch an den Vorschriften für Kosmetik. Zwar gibt es die ausführlichen Leitlinien. Doch sie bieten jede Menge Spielraum. So wird darin nirgendwo beschrieben, welche Tests genau durchgeführt werden müssen, um den Wirksamkeitsnachweis zu erbringen. Die Leitlinien beschreiben auch nicht, wie das Ganze umgesetzt werden soll. Das ist prima für die Kosmetikfirmen. Denn so kann jedes Unternehmen selbst entscheiden, welchen Aufwand es betreibt.

Und der ist immer gerade so groß, dass die Behörden zufrieden sind. Die Überwachungsämter der Länder sind dafür zuständig, das Werbegeplänkel der Firmen zu überprüfen. Sie ziehen zwar im Handel nur Stichproben. Doch wen es trifft, der muss beweisen, dass stimmt, was er behauptet. Und wenn eine Firma dies nicht kann, dann muss das Produkt aus den Regalen genommen werden – das kostet Geld und ist schlecht fürs Image.

Früher gaben sich die Untersuchungsämter mit allgemeiner Literatur als Beleg für die Wirksamkeit eines Rohstoffs zufrieden. Stand also in einer Dokumentation, dass Aloe Vera Feuchtigkeit spendet und antientzündlich wirkt, reichte dies als Beleg aus, um die Wirksamkeit der Feuchtigkeitscreme mit Aloe Vera nachzuweisen. Inzwischen sind die Anforderungen höher. Die Behörden wollen weitere Beweise. Darum überprüfen die Firmen meist auch die physikalische Wirkung, etwa, ob die Creme Feuchtigkeit spendet oder Falten reduziert. Nicht zuletzt sind viele Firmen dazu übergegangen, die fertigen Produkte auch Verbrauchertests zu unterziehen, weil sich solche Daten besonders gut in der Werbung machen. Doch die gesamte Prüfprozedur ist vor allem eins: Augenwischerei. Dazu folgende Beispiele.

Beispiel 1: Schwindel mit Antifaltencreme

So werben die Hersteller immer wieder damit, dass ihre Antifaltencremes unliebsame Furchen mindern oder gar zum Verschwinden bringen. »30 Prozent weniger Hautfaltentiefe in 28 Tagen«, lautet ein üblicher Werbespruch. Tatsächlich lässt sich die Falte einer Frau, die 1,5 Millimeter tief ist, durch vier Wochen dauerndes tägliches Eincremen mit einer Antifaltencreme um etwa 30 Prozent reduzieren, also um rund ein Drittel. Gemessen wird die Veränderung mittels eines Silikonabdrucks vor der ersten Anwendung der Creme und etwa vier Wochen später. Ergebnis: Der gemessene Unterschied beträgt 0,5 Millimeter. Mit bloßem Auge sei dieser Unterschied gar nicht wahrnehmbar, weiß Dr. Gerrit Schlippe. Die Hautärztin führt bei Dermatest in Münster Kosmetiktestungen für Firmen durch. Fazit: Die Testergebnisse genügen zwar formal den Vorschriften, die Effekte sind aber nicht sichtbar.

Beispiel 2: Schwindel mit Anti-Cellulite-Mittel

»Nachweislich straffere Haut in 28 Tagen«, lautet ein typischer Werbespruch für Mittel aller Art, die unliebsame Cellulite zum Verschwinden bringen sollen. Cellulite, das sind unschöne Hautunebenheiten oder gar Dellen, die sich vor allem an den Oberschenkeln bilden, wenn das Bindegewebe an Elastizität verliert. Die Mittel, etwa mit Aloe Vera, grünem Tee oder Koffein, sollen die Haut glätten, die Durchblutung anregen, das tiefer gelegene Bindegewebe straffen und die Schenkel letztendlich straffer und schlanker wirken lassen. Wer nun meint, er müsse nur das Anti-Cellulite-Gel auftragen und schwups sind die Dellen weg, wird enttäuscht. Denn Cellulite ist keine Schürfwunde, der man mit einem Pflaster oder einer Salbe beikommt. Cellulite ist vor allem Veranlagung. Bei der einen Frau ist das Bindegewebe lockerer, bei der anderen fester. Dies wiederum hängt mit den weiblichen Geschlechtshormonen zusammen. Sie sorgen dafür, dass die enge Vernetzung des Gewebes instabil wird und das Gewebe an Festigkeit verliert – oder eben nicht. In den Gewebezwischenräumen können sich zudem Fettzellen ansammeln, die unterschiedlich prall gefüllt sind, was das hubbelige Relief am Oberschenkel bedingt. Oder eben nicht.

Präparate gegen Cellulite können darum, wenn überhaupt, oberflächlich das Hautbild etwas verbessern, sagt Hans Christian Korting. Er ist Hautspezialist an der Dermatologischen Klinik der Universität München und begutachtet die Wirksamkeit von Schönheitsprodukten. Wirken die Mittel entwässernd, wie solche mit Koffein, sei es möglich, dass der Umfang der Oberschenkel tatsächlich schrumpft. Einfach deshalb, weil der Haut Wasser entzogen wird und der Schenkel dadurch etwas weniger prall ist. Jedoch bleibt der Effekt nur erhalten, wenn zugleich Sport getrieben wird. Denn Bewegung ist das wahre Anti-Cellulite-Mittel. Dadurch wird das Gewebe gefestigt, die Schenkel bleiben straff und schlank.

Beispiel 3: Feuchtigkeitscremes

»Bindet nachhaltig Feuchtigkeit« oder »Feuchtigkeitsanreicherung um mehr als 50 Prozent nach 14 Tagen«, lauten die Angaben der Kosmetikhersteller auf der Verpackung. In der Zutatenliste (INCI-Liste) finden sich Substanzen wie Harnstoff oder Glyzerin, die die Einlagerung der Flüssigkeit in der Oberhaut unterstützen sollen, oder auch Aloe vera, der potente Feuchtigkeitsspender aus der Wüste. Und tatsächlich ergeben physikalische Messungen, dass die gut gecremte Haut Feuchtigkeit bindet und diese eingelagert wird. Gemessen wird der Effekt mittels eines sogenannten Corneometers. Dieses Gerät ist mit einem Messkopf ausgestattet, der auf die Haut der Probandin aufgelegt wird und einen leichten (harmlosen) Strom durch die Oberhaut schickt. Die Leitfähigkeit der Haut ist umso größer, je mehr Feuchtigkeit darin gespeichert ist.
Doch die Sache hat einen Haken: Die Ergebnisse lassen sich auf einfache Weise manipulieren. Jede Haut nimmt begierig Feuchtigkeit auf, wenn sie nur trocken genug und schön »ausgehungert« ist. Und hier scheinen die Hersteller im Rah-

men der Tests ein wenig nachzuhelfen, wie eine Insiderin berichtet, die namentlich nicht genannt werden möchte. So würden Probandinnen, die die Wirkung einer Feuchtigkeitscreme überprüfen sollen, vorab oftmals angewiesen, ihre Haut ein paar Tage lang nicht zu pflegen. Sie würden auch aufgefordert, vorher nichts zu trinken oder die Schlafdauer auf wenige Stunden zu beschränken. Sie sollten also alles Mögliche unternehmen, um die Haut regelrecht auszuhungern. Schließlich sei sie so ausgedörrt, dass sie begierig jede Art von Feuchtigkeit aufnehme, egal ob es sich um die Testcreme handele, einen feuchten Waschlappen oder ein Regenguss. Auf diese Weise ließen sich messtechnisch »phantastische Effekte erzielen«, weiß die Insiderin zu berichten, die selbst Kosmetika herstellt.

Teuer und schlecht

All das werbliche Brimborium für Schönheitspräparate überdeckt, dass viele Kosmetika ein klägliches Bild abgeben. Verbrauchermagazine wie »Öko-Test« nehmen Monat für Monat Kosmetika unter die Lupe – und stellen gerade vielen konventionellen Schönmachern immer wieder schlechte Noten aus. In den Jahren 2004 bis 2006 wurden von »Öko-Test« insgesamt 1500 Kosmetikprodukte in die Labore geschickt und in Bezug auf bedenkliche Substanzen überprüft. Formaldehyd, Farbstoffe und Konservierungsstoffe, die allergisierend wirken können, zählen zu den Testparametern ebenso wie schädliche Emulgatoren und chemische UV-Lichtschutzfilter (siehe Seite 124 ff.). Als das Magazin für den »Öko-

Test«-Ratgeber »Kosmetik & Wellness« eine Gesamtauswertung aller Tests vornahm, in die 1155 Produkte von 33 verschiedenen Unternehmen einbezogen wurden –, und zwar stets solche, die mit mindestens zehn Präparaten in den Tests vertreten waren – hagelte es schlechte Noten: Fast zwei Drittel der Anbieter und Marken erhielten die Durchschnittsnote 3,5 oder schlechter.

»Richtig katastrophal sind die Ergebnisse des L'Oréal-Konzerns«, heißt es bei »Öko-Test«. »159 Artikel verschiedener Marken, die allesamt zu L'Oréal gehören, bringen es insgesamt auf die »mangelhafte« Durchschnittsnote von 5,3.« Selbst die L'Oréal-Apothekenmarke Vichy, von der man eine gute Gesundheitsverträglichkeit erwarten würde, errang nur die Note 4,91. Schlecht schnitt auch die Nobelmarke Lancôme ab, ebenfalls ein Produkt, das unter dem Dach von L'Oréal hergestellt wird. Ergebnis: 5,25. Nicht viel besser sah es mit der Luxusmarke Chanel aus, die eine glatte 5 kassierte. Fast ganz am Ende der Liste aber steht Coty, ein Unternehmen, das Luxusparfüms für die Marken Joop!, Davidoff und Calvin Klein vertreibt. Es erhielt die Durchschnittsnote 5,23.

Dabei geht es auch anders: Die Nase vorn hatten in der Gesamtauswertung die Naturkosmetikanbieter, als da wären: Weleda, Laverana, Wala (mit der Kosmetikmarke Dr. Hauschka) und Logocos. Sie erhielten Noten zwischen 1,22 und 1,41.

Flower By Kenzo: gar nicht dufte

Was den Kosmetikspaß mit konventionellen Marken verdirbt, zeigt ein einfacher Kosmetiktest. Nehmen wir Duschcremes. Davon nahm »Öko-Test« im September 2008 genau 55 Marken ins Visier. Teure Parfümeriemarken waren ebenso vertreten wie Naturkosmetik und Apothekenpräparate sowie Produkte von Discountern und Supermärkten. Kritisiert wurden bei den Marken, die durchfielen, vor allem Duftstoffe, die Allergien auslösen können, und solche, die sich wie polyzyklische Moschusverbindungen im Fettgewebe anreichern und von dort in die Muttermilch gelangen können. Auch Formaldehyd und die damit verwandten Formaldehydabspalter ernteten Kritik, da sie allergisierend wirken können. Nicht zuletzt fielen fast alle Präparate durch PEG-Emulgatoren auf. Sie können die Haut schädigen und sie somit durchlässiger für Schadstoffe machen.

Dabei traf die rote Karte nicht die Billigmarken vom Discounter. Eher im Gegenteil. »Luxuspreise sind kein Hinweis auf Luxusqualität«, urteilt »Öko-Test«. Die sechs Produkte, die mit »ungenügend« abschnitten, und die zwei »mangelhaften« Präparate kosteten alle, bis auf eines, 15 Euro und mehr. Teils soll man dafür 50 Euro (!) hinblättern. Für eine Flasche oder Tube mit 300 Milliliter Inhalt sind das stolze Preise. Der Luxus-Shower Flower By Kenzo für 53 Euro zählt ebenso zu den Verlierern wie L'Eau D'Issey Shower Cream (46,43 Euro) und Jil Sander Tyle Shower Cream (38,92 Euro). »Gute« Marken waren nicht immer, aber öfter, zugleich auch preiswert. Produkte von

Plus, Aldi Süd, Penny, Ihr Platz, dm, Müller Drogeriemarkt, Edeka, Schwarzkopf & Henkel sowie Florena zählten dazu.

»Das nackte Grauen«

Mit diesem Kommentar endete ein Test vom November 2008, in dem Haarfarben überprüft wurden. Gegenstand der Untersuchung waren 42 Präparate in Braun- und Rotnuancen namenhafter Anbieter, heißen sie nun L'Oréal, Garnier, Basler oder Schwarzkopf & Henkel. Alle (!) Färbemittel erhielten die Note »ungenügend«, fielen also mit Pauken und Trompeten durch. Die meisten Haarfarben enthalten sogenannte aromatische Amine, die den Färbeprozess erst ermöglichen. Sie stehen allerdings unter Krebsverdacht. Weitere Bestandteile vieler Haarfarben sind das allergisierende Toluene-2,5-Diamine, Resorcin oder m-Aminophenol. Sie können eine Kontaktallergie auslösen, die sich durch unangenehmen Juckreiz auf der Kopfhaut, am Hals und im Nacken bemerkbar macht und manchmal auch zu extremen Rötungen und Schwellungen im Gesicht führt.
Nun stellt sich die Frage, warum solche problematischen Färbemittel überhaupt im Handel sind. Es ist unbestritten, dass die EU um die Gefährlichkeit von chemischen Haarfarben weiß. Sie arbeitet sogar seit Jahren an einer Positivliste für unproblematische Haarfärbemittel. Die Liste, auf der die verträglichen Farben und Chemikalien stehen sollen, wird voraussichtlich im Jahr 2010 fertig sein. Doch ob der Termin eingehalten wird, ist fraglich. So wurde bisher erst ein Teil

der Farben begutachtet. Das Ergebnis war so katastrophal, dass eine Vielzahl umgehend eliminiert wurde, womit »bekannte Sünder bei den Haarfarben erst mal vom Markt sind«, erklärt Klaus Golka, Leiter der Klinischen Arbeitsmedizin an der Universität Dortmund, in »Öko-Test«.

Er betont aber auch, dass ein Krebsrisiko durch die derzeit am Markt erhältlichen Haarfarben nicht belegt sei. Dass »Öko-Test« dennoch alle Haarfarben durchfallen ließ, steht dazu im Widerspruch. Doch der kann erklärt werden. Einen nennt Klaus Golka selbst: »Klare Ergebnisse könnten erst zukünftige epidemiologische Studien zeigen, da die Latenzzeiten für Krebserkrankungen 20 bis 30 Jahre und mehr betragen können.« Weil also ein Restrisiko besteht, gab es von »Öko-Test« für alle Präparate nur ein »Ungenügend«.

Ein weiterer Grund für die Abwertung aller Farben liege in der Unvollständigkeit der Daten: »Alle EU-Dossiers zu Haarfarben, es sind mittlerweile mehr als 130, fordern weitere Daten zur fertigen Mixtur aus Farbcreme und Oxidationsmittel«, so »Öko-Test«. Mische man die Farbcreme, die farblose Bausteine enthält, mit dem Oxidationsmittel, reagiere dieses Gemisch auf dem Kopf zu etlichen Zwischen- und Endprodukten. Über deren erbgutverändernde Wirkung sei aber noch so gut wie nichts bekannt.

Hormone statt Sonne tanken

Dass Haarfarben meist Chemie pur sind, hat sich inzwischen herumgesprochen. Für die Schönheit nehmen viele Frauen und auch manche Männer das mögliche Risiko, das mit deren Gebrauch verbunden ist, wissentlich in Kauf. Bei Sonnenschutzmitteln ist es anders. Bei ihnen geht man davon aus, dass sie guttun, indem sie die Haut vor Sonnenbrand schützen. Und es stimmt bekanntlich: Ohne Sonnencreme oder -milch kann sich die Haut schon nach wenigen Minuten röten und Schäden davontragen, aus denen sich langfristig möglicherweise ein Hautkrebs entwickelt. Diese Mittel sind also letztendlich lebenswichtig.

Doch wie bei allen Kosmetika gibt es unter den Sonnenschutzmitteln Produkte, über die sich ein Schatten legt. Auf dem Markt sind verschiedene Mittel, die auf unterschiedliche Weise wirken. Physikalische Lichtschutzfilter enthalten Titandioxyd und Zinkoxyd. Sie schützen die Haut wie Milliarden kleinster Spiegel, indem sie das Sonnenlicht reflektieren. Nach allem, was man heute weiß, haben sie keine schädlichen Nebenwirkungen. Denn sie bleiben auf der Oberfläche und dringen nicht in die Haut ein.

Anders die chemischen Sonnenschutzmittel. Dahinter verbergen sich Substanzen mit so komplizierten Namen wie Ethylhexyl Methoxycinnamate, 4 MBC (4-Methylbenylidencampher), OMC (Octyl-Methoxycinnamate) und Oxybenzon. Sie wirken, indem sie in die Haut eindringen. Dort nehmen sie die Sonnenstrahlen auf, machen sie unwirksam und verhindern so, dass es zu Hautschäden kommt.

Doch die chemischen Filter sind in die Kritik geraten. Margret Schlumpf und Walter Lichtensteiger von der Universität Zürich nehmen seit Jahren regelmäßig UV-Lichtschutzfilter aller Art unter die Lupe. Solche, die in Sonnenschutzpräparaten enthalten sind, und auch solche, die in Tagescremes und Lippenpflegestiften stecken. Für ihre Tests verfütterten

Schlumpf und Lichtensteiger die Lichtschutzsubstanzen an Ratten. Die Untersuchungen zeigen, dass einige Filter, darunter 4 MBC, 3 BC (3-Benzylidene-Camphor) und OMC, wie ein Hormon wirken. Bei den Ratten hemmten sie die Bildung von Körperhormonen und wirkten auch auf das Gehirn. Nun könnte man sagen, wer isst schon Sonnencreme. Das sagte sich auch Expertin Schlumpf und behandelte junge, haarlose Ratten mit 4 MBC. Sie setzte die Tiere in ein lauwarmes Olivenölbad, das mit 4 MBC gemischt war. Auf diese Weise wirkten die Lichtschutzfilter über die Haut. Ergebnis: Die Geschlechtsorgane der weiblichen Ratten entwickelten sich ungewöhnlich. Sie wurden schwerer und größer, als dies üblicherweise der Fall ist.

Beschwichtigen und weiterforschen

Nun war die Kosmetikindustrie gar nicht einverstanden mit Schlumpfs und Lichtensteigers Ergebnissen. Sie setzte alles daran, die Unschuld der Lichtschutzfilter zu bekräftigen. Sie kritisierte, das gewählte Studiendesign habe gravierende Fehler, und die angewendeten Methoden seien nicht diejenigen, die von den Experten auf diesem Gebiet akzeptiert würden. Auch seien die ermittelten Effekte viel zu schwach, als dass sie beim Menschen irgendeine Wirkung hervorrufen könnten, die der Gesundheit schaden. Fazit: »Sonnenschutzmittel sind sicher.« Das teilte der Lobbyverband IKW in einer Mitteilung vom 11. Juni 2004 mit.
Während die Industrie den Fall für abgeschlossen hielt, bewilligte die EU in demselben Jahr für die »Erforschung hor-

moneller Substanzen in Kosmetika und Arzneimitteln« erst einmal 3,5 Milliarden Euro. Inzwischen ist das Projekt abgeschlossen, einen offiziellen Bericht gibt es noch nicht. Einer der Fachleute, der an dem Projekt mitgewirkt und den Überblick über die zahlreichen Studien hat, ist Hubertus Jarry, Professor an der Universität Göttingen. Er berichtet, dass die Studien teilweise unerwünschte Nebenwirkungen der Sonnenfilter gezeigt hätten. Die Chemikalie Benzophenone 2 (BP-2) habe im Tierversuch eine deutlich östrogene Wirkung. Die Lichtschutzfilter OMC und 4 MBC stören hingegen die Schilddrüse, indem sie die Bildung und den Abbau der Schilddrüsenhormone behindern. Das wiederum kann sich nachteilig auf die geistige und intellektuelle Entwicklung insbesondere bei Kindern auswirken.

Sonnenfilter in der Muttermilch

Natürlich, der Mensch ist keine Ratte. Was da so in die Ratte wandert und Schaden anrichtet, muss dem Menschen noch lange nichts anhaben. Und tatsächlich weiß man bisher nicht mit letzter Sicherheit, ob chemische Lichtschutzfilter für den Homo sapiens schädlich sind. Doch die Anzeichen mehren sich. So wurde auch in der Schweiz weiter in Sachen UV-Lichtschutzfilter geforscht. Im Juni 2008 veröffentlichte der Schweizerische Nationalfonds den Bericht »Hormonaktive Stoffe: Bedeutung für Menschen, Tiere und das Ökosystem«, kurz NFP 50. Darin beschreiben die Forscher, dass sich die unliebsamen Sonnen-Chemikalien bereits in der Muttermilch wiederfinden. Für eine Studie untersuchten Forscher der Universität Zürich zusammen mit dem Universitätsspital Basel in den Jahren 2004 bis 2006 Muttermilchproben von 54 Frauen auf die Belastung mit UV-Filtern. »Dabei stellte sich heraus, dass über 75 Prozent der Proben diese Substanzen enthielten.« Als Quelle werden Sonnenschutzmittel und kosmetische Produkte genannt. »Der höchste festgestellte Wert lag um Faktor 11 unter der Konzentration, die erste Wirkungen auslöst. Behördliche Maßnahmen streben jeweils einen Sicherheitsfaktor von 100 an.« Oder anders gesagt: Das ist knapp. Der Abstand zwischen dem Belastungsgrad in der Muttermilch und der Schwelle, ab der es zu toxischen Effekten kommen kann, ist gering.

Chemikalien mit Tarnkappe

Die Schweizer halten es für durchaus möglich, dass schon minimale Hormonmengen eine Wirkung haben. Der Chef der Forschergruppe von NFP 50, Felix Althaus, bezeichnet die östrogen wirkenden Stoffe als »Tarnkappen-Chemikalien«. Das bedeutet, derartige Chemikalien können schon in Konzentrationen wirken, die mehrere Größenordnungen unterhalb der Schwelle liegen, die bekanntermaßen zu Effekten führt. Die Wirkungen können sich auch aufaddieren, wenn die Stoffe auf denselben Rezeptor eines Organs im Körper wirken, zum Beispiel auf die Schilddrüse. Sie können nicht zuletzt aber auch erst zu einem späteren Zeitpunkt aktiv werden, indem sie nichtgenetische Änderungen im Organismus hervorrufen, die sich vererben und in den nachfolgenden Generationen Auswirkungen haben. So zeigten sich in den

Schweizer Studien bei Ratten teils erst in der nächsten Generation Effekte durch chemische Lichtschutzfilter.

Die Katze im Sack gekauft

Obwohl es also mehr Fragen als Antworten gibt, sind Sonnenschutzmittel mit chemischen Lichtschutzfiltern gängige Produkte, die es in jedem Drogeriemarkt gibt. Zwar haben sich nicht alle Filter als heikel erwiesen. Dennoch stellt sich die Frage, warum Produkte mit Inhaltsstoffen, die ein Restrisiko bergen, überhaupt verkauft werden können. Von Gesetzes wegen darf kein Kosmetikprodukt in den Handel gelangen, das die Gesundheit gefährdet. Dazu gibt es in den Kosmetikvorschriften auch eine Liste mit Substanzen, die explizit verboten sind, weil sie krebserregend wirken oder das Erbgut verändern. Doch wie das Beispiel der Lichtschutzfilter zeigt, gehen den Zuständigen immer wieder möglicherweise heikle Kosmetiksubstanzen durch die Lappen.

Das liegt auch daran, dass der Gesetzgeber nicht konkret vorgeschrieben hat, welche Sicherheitstests die Hersteller durchführen müssen, um Produkte zu überprüfen. Üblich ist eine Mischung aus hauseigenen und externen Tests. Um neue Formulierungen auszuprobieren, sind in der Regel zunächst die eigenen Mitarbeiter die Versuchskaninchen. Sie testen neue Mixturen auf ihre Verträglichkeit. Wenn die neue Creme keine Auffälligkeiten zeigt, wird die Formulierung weiter ausgefeilt und schließlich im größeren Stil, etwa bei einem Testinstitut wie Dermatest in Münster, in einer Hautklinik oder bei einem Hautarzt, erneut getestet. Je nach Aufwand, den der Hersteller betreibt, kommt noch ein sogenannter Epikutantest hinzu. Dafür wird die Testsubstanz bei rund 50 Probanden in ein umschriebenes Areal auf den Rücken gestrichen und mit einem Pflaster abgeklebt. Nach mindestens 24 Stunden wird geprüft, ob die Creme auf der Haut Reaktionen wie Pickel oder Rötungen hervorgerufen hat. Ist dies nicht der Fall, hat die Creme den Test bestanden und darf verkauft werden. Sie kann aber auch einem weiteren Sicherheitstest unterzogen werden, indem sie von einem größeren Kollektiv über längere Zeit, etwa vier Wochen, ausprobiert wird. Bei einer Allergie kann es nämlich sein, dass ein Wirkstoff nicht sofort, sondern erst beim zweiten oder dritten Kontakt eine Reaktion hervorruft.

Wenig getestet bei »dermatologisch getestet«

Was die Hersteller hier im Einzelnen für Anstrengungen unternehmen, erfahren die Verbraucher allerdings nicht. Selbst auf Anfrage halten sich viele bedeckt. Als »Öko-Test« bei 24 verschiedenen Anbietern nachfragte, welche Prüfungen hinter Kosmetiklabeln wie »dermatologisch gestestet« oder »in Kliniken bewährt« stehen, reagierten die Unternehmen nervös. »Es begann ein Taktieren und Lavieren. Wie wird geantwortet, ohne allzu viel Internes preiszugeben?«, beschreibt das Magazin die Reaktion. Es war die Rede von Tests durch »anerkannte und erfahrene Dermatologen« und von Untersuchungen durch »renommierte, unabhängige Testinstitute«. »Nur wenige aber legen das entsprechende Gutachten vor oder nennen die Prüfer beim Namen.«

Das hat Gründe. Die Label sagen wenig aus. »Dermatologisch getestet« bedeutet lediglich, dass das Produkt einem Test unterzogen wurde. Was geprüft wurde, wer den Test gemacht hat und was schließlich dabei herauskam, das wird nirgendwo veröffentlicht.

Alle sind für Tierschutz

Bedeckt halten sich die Firmen auch, wenn es um Tierversuche geht. Auf Anfrage teilen sie zwar gern mit, dass »keine eigenen Tierversuche durchgeführt werden«, wie die österreichische Tierschutzorganisation »Vier Pfoten« zu berichten weiß. Tatsächlich aber könne es sein, dass die Unternehmen Dritte beauftragen oder auf Rohstoffe zurückgreifen, die früher einmal an Tieren getestet wurden.
Versuche mit putzigen Kaninchen, Mäusen und Katzen kommen nämlich nicht gut an. Wer mag schon beim Griff in den Cremetiegel daran denken, dass die Rohstoffe möglicherweise armen Hasen in die Augen geschmiert wurden, die sich darauf entzündeten – alles, um die Verträglichkeit zu überprüfen. Dass Tierschutz einen hohen Stellenwert hat, bestätigt auch eine internetbasierte Umfrage der EU-Kommission. Die EU-Behörde wollte wissen, was die Verbraucher von Tierversuchen halten und was die Alternative wäre. Genau 93 Prozent der EU-Bürger antworteten, dass zum Schutz von Versuchstieren mehr getan werden müsse. Rund 80 Prozent finden, dass die Erforschung alternativer Methoden zum Ersatz von Tierversuchen verstärkt werden sollte.
Das findet auch die Bundesregierung. Das deutsche Tier-

schutzgesetz verbietet darum seit langem Tests mit dekorativer Kosmetik wie Make-up, Lippenstift und Wimperntusche. Auch Cremes, Shampoos, Enthaarungscremes und Lotionen dürfen seit einiger Zeit nicht mehr zu Testzwecken in die Augen von Kaninchen oder Mäusen geschmiert werden. Doch das ist nur die halbe Wahrheit.

Leid ohne Ende

Tatsächlich werden indirekt immer noch Tierversuche für die Schönheit gemacht. Das Gesetz fordert nämlich, dass Chemikalien, die neu auf den Markt kommen, vorab im Tierversuch überprüft werden müssen, so der Deutsche Tierschutzbund. Dabei sei es egal, ob sie später im Kosmetiktiegel landen, in Arzneimitteln oder Haushaltsreinigern. Erst einmal müssen sie durch den TÜV.

Dazu muss man wissen, dass es kaum eine Substanz gibt, die ausschließlich für Kosmetik entwickelt wird. Chemische Substanzen werden in Produkten aller Art eingesetzt: synthetische Vitamine etwa in Arzneimitteln sowie in Tierfutter, Lebensmitteln oder eben in Kosmetika. Dasselbe gilt für Duft- und Konservierungsstoffe, die in Cremes stecken, aber auch in Haushaltsreinigern und Autowaschmitteln.

Auch Altchemikalien müssen seit einiger Zeit einer Prüfung unterzogen werden. Das fordert die neue, seit Juli 2007 gültige REACH-Verordnung (Registration, Evaluation, Authorisation and Restriction of Chemicals). Zwar fallen die meisten speziellen Kosmetikrohstoffe nicht darunter, weiß Dr. Irmela Ruhdel von der Akademie für Tierschutz in Neubiberg bei München, die dort als Fachreferentin für Tierversuche arbeitet. Doch Chemikalien, die zum Beispiel in Arzneimitteln Verwendung finden, sich aber auch für Kosmetika eignen, müssen doch auf den Prüfstand.

40 000 Tiere für die Schönheit

So ist zu erklären, dass die Vereinigung Ärzte gegen Tierversuche schätzt, dass in der EU pro Jahr fast 40 000 Tiere für Kosmetika leiden – eben weil an ihnen Rohstoffe geprüft werden, die sich für diverse Zwecke einsetzen lassen. Im aktuellen Tierschutzbericht (für das Jahr 2007) findet sich in der Rubrik »Kosmetik« hingegen eine Null. Das bedeutet: Für Kosmetika werden keine Tierversuche durchgeführt.
Ein Trost bleibt. Die Wissenschaft arbeitet auf Hochtouren an Ersatzverfahren für die umstrittenen Tierversuche. Eine Handvoll alternativer Verfahren wurde bereits von der Gesellschaft für wirtschaftliche Zusammenarbeit und Entwicklung, OECD, zugelassen und wird auch schon genutzt. Dazu zählt der sogenannte phototoxische Test. Damit wird geprüft, wie sich Chemikalien unter Lichteinwirkung verhalten. Des Weiteren wird das Eindringen von Stoffen in die Haut und ihre Wirkung auf die Haut mit Hilfe von bebrüteten Hühnereiern erfasst. Früher wurde die Testsubstanz lebenden Tieren ins Auge injiziert. Nicht zuletzt dienen Leber- und Hautzellen oder Hamsterembryonen dazu, krebsauslösende Eigenschaften zu überprüfen.

Nicht aus die Maus

Alternativen tun not. Denn seit dem 11. März 2009 dürfen in der EU keine Inhaltsstoffe für Kosmetik mehr zugelassen werden, die an Tieren getestet sind. Auch gibt es ein Vermarktungsverbot für alle Hygieneartikel aus dem nichteuropäischen Ausland, für die Tiere leiden mussten. Das ist eine gute Entwicklung. Doch damit ist das Thema Tierversuche nicht vom Tisch. Denn für einige Tests gibt es noch keine Alternativen zum Tier. Die Prüfung der Wirkung einer Substanz auf die Fortpflanzungsfähigkeit und auf den Nachwuchs zählen dazu. Auch Tests, die klären sollen, wie ein Rohstoff auf den Stoffwechsel wirkt, wie er sich also im Körper verteilt, wie er abgebaut wird und wie er sich bei wiederholter Anwendung verhält, sind noch nicht marktreif. Diese Versuche dürfen darum bis zum Jahr 2013 weiterhin mit Tieren durchgeführt werden.

Doch ob danach endgültig Schluss ist mit dem Tierleid, ist fraglich. Denn für die Überprüfung von toxischen Wirkungen auf die Fortpflanzung gibt es noch nicht mal einen Ansatz, wie dieser Test ohne Tiere aussehen könnte. Irmela Ruhdel vom Deutschen Tierschutzbund vermutet darum, dass die Richtlinie dann nochmals verschoben wird. Das sieht auch Horst Spielmann so, der sich beim Bundesinstitut für Risikobewertung jahrelang mit alternativen Testverfahren beschäftigt hat und einer der führenden Entwickler alternativer Verfahren ist.

SERVICE

Bessere Kosmetik

Eine Reihe von Anbietern setzt auf Kosmetik mit natürlichen Rohstoffen und ohne Tierversuche. Sie verwenden ausschließlich Rohstoffe, die nicht oder seit langem nicht im Tierversuch getestet wurden. Teils kommen sie aus biologischer Erzeugung.

Kaninchen unter schützender Hand

Wer verbirgt sich dahinter? Der Deutsche Tierschutzbund und der Internationale Herstellerverband gegen Tierversuche in der Kosmetik (IHTK).

Wofür steht das Siegel? Es dürfen weder Tierversuche durchgeführt noch in Auftrag gegeben werden. Zudem dürfen keine Rohstoffe verwendet werden, die nach dem 1.1.1979 an Tieren getestet wurden. Kontrolliert wird die Einhaltung der Kriterien vom IHTK. Eine Liste mit tierversuchfreier Kosmetik findet sich unter www.ihtk.de.

Leaping Bunny

Wer verbirgt sich dahinter? »Vier Pfoten« aus Österreich, weitere Tierschutzorganisationen aus Belgien, Frankreich, Finnland, Schweden, Großbritannien, Italien, Niederlande, Irland, Schweiz und Spanien sowie Verbraucherschutzorganisationen in den USA und Kanada. Wofür steht das Siegel? Tierversuche dürfen für Kosmetika weder durchgeführt noch in Auftrag gegeben werden. Den Stichtag, ab dem ein Unternehmen keine solchen Inhaltsstoffe für Kosmetik mehr bezieht, setzt es sich selbst. Richtlinie für das Label ist der sogenannte Human Cosmetic Standard. Kontrolliert wird die Einhaltung alle drei Jahre durch Tierschutzorganisationen.

Kontrollierte Natur-Kosmetik – BDIH

Wer verbirgt sich dahinter? Der Bundesverband Deutscher Industrie- und Handelsunternehmen für Arzneimittel, Reformwaren, Nahrungsergänzungsmittel und Körperpflegemittel (BDIH), ein Zusammenschluss von Naturkosmetikherstellern.

Wofür steht das Siegel? Weder bei der Herstellung noch bei der Entwicklung oder Prüfung von Rohstoffen und Endprodukten dürfen Tierversuche in Auftrag gegeben oder durchgeführt werden. Stoffe, die nach dem 1.1.1998 auf den Markt gekommen sind, dürfen nur dann genutzt werden, wenn sie nicht im Tierversuch getestet wurden. Für die Herstellung der Kosmetik gibt es Vorgaben, die etwa synthetische Substanzen verbieten. Außerdem kann der Anteil der Rohstoffe aus kontrolliertem Bioanbau deklariert werden. Alle Vorgaben werden durch unabhängige Institute überprüft.

Cosmos Standard

Wer verbirgt sich dahinter? Eine Arbeitsgruppe, die den Cosmetic Organic Standard (COSMOS) entwickelt hat. Sie wird von sechs internationalen Verbänden repräsentiert. Dazu gehören der BDIH (Deutschland), Bioforum (Belgien), Ecocert, Cosmebio (beide Frankreich), Icea (Italien) und Soil Association (England).
Wofür steht das Siegel? Es gibt zwei Kategorien für grüne Kosmetik: »Bio« und »Natur«. Biokosmetik muss bezogen auf das Endprodukt mindestens einen Anteil von 20 Prozent Biorohstoffe beinhalten, die nach den Vorgaben der EU-Öko-Verordnung oder der internationalen Anbauorganisation IFOAM erzeugt wurden. Für Naturkosmetik gibt es keine diesbezüglichen Vorschriften, sie darf aber keine synthetischen Rohstoffe enthalten. Rohstoffe, Zutaten und Produkte sollen nicht in Tierversuchen getestet werden.

Na True

Wer verbirgt sich dahinter? Eine europäische Vereinigung von Naturkosmetikanbietern mit Sitz in Brüssel.

Wofür steht das Siegel? Es gibt verschiedene Siegel, die für verschiedene Naturkosmetikqualitäten stehen. Na True mit drei Sternen bedeutet: Reine Naturstoffe haben in der Kosmetik einen Anteil von mindestens 20 Prozent, diese müssen wiederum zu 95 Prozent aus kontrolliert biologischem Anbau stammen. Naturnahe Stoffe, Substanzen also, die physikalisch leicht verändert wurden, um nutzbar zu sein, sind zudem gestattet. Tabu sind synthetische Substanzen aller Art, auch aus Erdöl gewonnene Rohstoffe. Zwei Sterne stehen für einen 15-prozentigen Naturstoffanteil, der zu 70 Prozent aus Bioerzeugung kommen muss. Ein Stern steht für einen Naturstoffanteil zwischen einem (dekorative Kosmetik, Seifen) und 90 Prozent (Öle, wasserfreie Pflege- und Reinigungsprodukte), die aber nicht bio sein müssen. Es gibt keine Vorgaben bezüglich der Tierversuchsfreiheit über die europäischen Kosmetikvorgaben hinaus.

Neuform

Wer verbirgt sich dahinter? Der Reformhauszusammenschluss Neuform.

Wofür steht das Siegel? Für die Kosmetika dürfen keine

Tierversuche durchgeführt werden. Offiziell zugängliche Angaben zum Stichtag, ab dem ein Verwendungsverbot für an Tieren geprüfte Substanzen gilt, gibt es aber nicht. Umso schärfer ist dafür die Regelung, dass in der Kosmetik keine Substanzen vom toten Tier enthalten sein dürfen, nicht einmal das rot färbende Cochenille aus Läuseblut.

Vegan

Wer verbirgt sich dahinter? Die Vegan Society, Birmingham (Großbritannien).
Wofür steht das Siegel? In der mit dem Vegan-Logo gekennzeichneten Kosmetik müssen ausschließlich pflanzliche Rohstoffe enthalten sein. Auch verpflichtet sich der Hersteller, dass weder bei der Entwicklung noch bei der Herstellung des Produkts Tierversuche vom Hersteller oder anderen in Auftrag gegeben wurden. Kontrolliert wird es von der Vegan Society. Dieses Siegel ist häufig auf Naturkosmetik zu finden.

6
Lebensmittel:

Lug und Trug

Es riecht wie in einem Gewürzlager. Eine junge Frau, umgeben von Säcken mit Gewürzen, schaufelt mit einer großen silberfarbenen Schippe Gewürze in eine Waagschale. Koriander, Paprika, Kreuzkümmel, Pfeffer und Cayennepfeffer werden exakt abgewogen. Anschließend kommen die Gewürze in einen Beutel und werden durchmischt. Es handelt sich um die Gewürzkomposition für Bami Goreng, ein chinesisches Reisgericht, das die Bremerhavener Tiefkühlkostfirma Frosta im Sortiment hat. »Wir verwenden keinerlei Fertigwürzmischungen, sondern stellen alles frisch zusammen«, erklärt Pressefrau Friedericke Ahlers beim Werksbesuch. Das habe den Vorteil, dass den Gerichten nicht der übliche Industriegeschmack anhafte, sondern das Essen wie selbst gekocht schmecke, und dass man zudem auf Zusatzstoffe verzichten könne. Damit das Aroma bestmöglich erhalten bleibt, werden die Gewürze erst einen Tag vor der Verwendung den Gewürzsäcken entnommen, abgewogen und zusammengemixt.
In Linie 19, in der Produktionshalle nebenan, wird für die

Gulasch Pfanne Pasta nach italienischem Rezept hergestellt. Hartweizengrieß, Ei, etwas Salz und Wasser kommen in eine Art Riesen-Rührschüssel. Sie werden vermengt und zu einem geschmeidigen Nudelteig geknetet. Schließlich spuckt ein Extruder die fertigen Nudeln mit einem Druck von 130 Bar aus. Die Teigwaren werden sofort blanchiert, also kurzzeitig vorgekocht, und anschließend mit kaltem Wasser besprüht und mit Luft aufgewirbelt, damit sie nicht zusammenkleben. Schließlich werden sie noch getrocknet, damit das anhaftende Wasser nicht gefriert, und zum Schluss in nur 2,45 Minuten tiefgefroren, bevor sie dann ins Kühllager in den Kälteschlaf kommen.

»Wir stellen sämtliche Zutaten für unsere Gerichte frisch her«, erklärt Friedericke Ahlers das Besondere der Produkte. Die Sahne ist naturbelassen, das Salz kommt ohne die üblichen Trennmittel aus, die Butter ist ohne den Farbstoff Beta-Carotin und der Geschmack stammt allein von den eingesetzten frischen Gewürzen. Alle Zutaten werden ausführlich auf dem Etikett deklariert, und zwar nicht in Miniaturschrift und nur mit der Lupe zu lesen, sondern groß und deutlich auf der Rückseite der Beutel.

Offene Frost-Fabrik

Überhaupt setzt die Firma, die in Sachen TK-Fertiggerichte Marktführer ist und jährlich zweistellige Umsatzzuwächse verzeichnet, auf Ehrlichkeit. Wird die Packungsgröße verändert, wie zuletzt 2007, als das Gewicht der Fleischgerichte von 600 auf 500 Gramm schrumpfte – bei gleichem Preis –, wurde dies nicht still und heimlich vollzogen, sondern offen kommuniziert: auf der Verpackung, im Internet und im Frosta-Blog. »Wir haben sogar mehr Beutel als vorher verkauft«, sagt Frosta-Chef Felix Ahlers. Interessierten Journalisten und Filmteams gewähren die TK-Macher problemlos Einblick in die Produktion – auch wenn dies in der Frost-Fabrik stets für ein wenig Unruhe sorgt und die Produktion stört.

Kürzlich unternahm Frosta einen weiteren Schritt, seine Produkte transparent zu machen. Das Unternehmen wollte wissen, wie hoch die CO_2-Belastung des Sortiments ist. Frosta ist Partner des sogenannten PCF-Projekts, bei dem auch der Kaffeeröster Tchibo, die Rewe-Gruppe, Tengelmann, BASF, die Drogeriemarktkette dm, Henkel, DSM, Tetra Pak und die Deutsche Telekom mitmachen. PCF steht für Product Carbon Foodprint, zu Deutsch CO_2-Fußabdruck. Er kennzeichnet die CO_2-Menge, die durch die Herstellung oder den Gebrauch eines Produkts im gesamten Lebenszyklus anfällt.

Frosta und die anderen also wollten wissen: Wie sehr belasten unsere Produkte die Umwelt? Frosta wählte das Tiefkühlprodukt Tagliatelle Wildlachs, eine Zusammenstellung aus Pasta, Lachsstückchen, Karotten und Sahnesauce. Ergebnis: Die Erzeugung der Rohstoffe, also deren Gewinnung auf hoher See, im Kuhstall und auf dem Gemüsefeld macht mehr als die Hälfte, nämlich genau 52 Prozent, der gesamten CO_2-Belastung aus. Vor allem die Sahne und auch der Klecks Crème fraîche schlagen zu Buche. Obwohl sie nur einen Anteil von 14 Prozent im Endprodukt haben, seien sie für fast 73 Prozent der Rohstoffemissionen verantwortlich, heißt es in dem Bericht »Fallstudie Tagliatelle Wildlachs«. Weitere

27 Prozent gehen auf das Konto der Verbraucher, die das TK-Produkt einkaufen, lagern, zubereiten und anschließend den Abwasch machen, schreibt die Universität Bremen in dem Bericht, die die Daten ausgearbeitet hat. Überraschend hingegen war, dass die Verarbeitung selbst und auch der Transport nur einen vergleichsweise geringen Anteil am CO_2-Foodprint hatten.

Beim Food-Giganten Rewe hingegen, der die Erzeugung von Best-Alliance-Erdbeeren – die in Spanien unter Folie mit weniger Pestiziden erzeugt werden – auf ihren Energie- und CO_2-Aufwand hin abklopfte, schlug nicht so sehr der Anbau der Früchte selbst zu Buche. Hier produzierte die Herstellung der Folie, unter der die Früchte wachsen, und die der Kunststoffschälchen, in denen die roten Früchte abgepackt werden, das meiste Treibhausgas, nämlich 182 Gramm CO_2 pro 500-Gramm-Schale. An zweiter Stelle steht die Distribution, also der Transport quer durch Europa nach Deutschland und hier in die Geschäfte, einschließlich der notwendigen Kühlung. Hier wurden 140 der insgesamt 441,8 Gramm CO_2-Emissionen pro Schale Erdbeeren erzeugt.

Viel Luft um nichts

Die Offenheit, die hier einige Lebensmittelfirmen an den Tag legen, ist nicht selbstverständlich. Üblicherweise wird geschummelt und gemauschelt, was das Zeug hält. Beispiel Verpackung: Die Unternehmen scheuen keinen Aufwand, ihre Produkte in ansprechende, hübsche Hüllen zu verpacken. Das Design und die Verpackungen selbst machen einen Großteil des Preises aus, der für das Lebensmittel gezahlt werden muss. Bei einem schlichten Produkt wie frischer Kuhmilch beispielsweise beträgt der finanzielle Anteil der Verpackung am Endpreis mehr als zehn Prozent.

Die Verpackung ist zugleich in der Regel aufgeblasener als nötig. Von manchen Herstellern wird so viel Luft wie möglich eingepackt, damit die Verbraucher mehr Inhalt vermuten, sagt Silke Schwartau von der Verbraucherzentrale Hamburg. Sie hat zusammen mit der Eichdirektion Nord die Probe aufs Exempel gemacht. 37 Verpackungen von bekannten Markenprodukten nahmen die Tester unter die Lupe und setzten sie ins Verhältnis zum Inhalt. Dafür maßen sie die Lufthöhe in den Tüten. Das ist der in Prozent ausgedrückte Teil der Verpackung, der nicht mit Inhalt gefüllt ist. Ergebnis: Immerhin 21 Produkte oder 57 Prozent fielen glatt durch. »Sie entsprachen nicht den gesetzlichen Vorgaben. Nach dem Eichgesetz darf eine Packung keine größere Füllmenge vortäuschen, als tatsächlich darin enthalten ist«, stellt Manfred Bornholdt von der Eichdirektion Nord klar. Maximal 30 Prozent Spielraum sind erlaubt, wenn es für die sachgerechte Lagerung des Inhalts nötig ist. Das ist zum Beispiel bei Pulver für Suppen und Kartoffelpüree der Fall, die ein bisschen mehr Platz brauchen, damit sie nicht zusammenklumpen.

Doch die Firmen treiben es teils doller. Beim ABC Russisch Brot von Bahlsen betrug der Hohlraum satte 40 Prozent. Beim Grießbrei Klassische Art Mondamin von Unilever lag die Lufthöhe bei 59 Prozent, und bei der Jäger Sauce von Knorr (ebenfalls Unilever) war sogar 60 Prozent mehr drin als nötig. Den Vogel aber schoss das Produkt Zartbittere Kaffeebohnen dragiert von der Flensburger Dragee-Fabrik ab: Es wies eine Lufthöhe von 61 Prozent auf.

Nun behaupten die Firmen gern, die Hohlräume seien technisch bedingt. Doch das sei »meistens heiße Luft«, sagt Silke Schwartau. Für die Industrie sei die Verpackung ein wichtiges Marketinginstrument, denn sie habe gravierenden Einfluss auf das Kaufverhalten. Je größer das Produkt aussieht, desto eher wird es gekauft. Tatsächlich seien bei der Luftzone Einsparungen bis zu 30 Prozent möglich.

Unehrlich währt am längsten

Auch bei den Informationen wird gemauschelt. Wer erfahren möchte, was in der Ware tatsächlich steckt, wird nicht immer zufriedengestellt. Wird mit dem Nährwert geworben, müssen auch Informationen zum Kaloriengehalt, zu Fett, Zucker und Eiweiß aufs Etikett. Doch in der Praxis machen die Angaben wenig her. Erstens sind sie in der Regel so klein geschrieben, dass sie nur mit einer Lupe oder bestenfalls Brille lesbar sind. Zweitens beziehen sich die Angaben auf 100 Gramm oder eine fiktive Portion, was mit der Realität oft nicht viel gemein hat. Auch gilt zwar die Pflicht zur Deklaration von Zusatzstoffen. Doch Hilfsstoffe, die im Endprodukt keine Funktion mehr haben (aber noch darin enthalten sind), werden gern verschwiegen. Dabei gibt es mehrere tausend verschiedene.

Wer auf den Websites der Unternehmen nach weiteren Infos sucht, wird meist auch nicht schlauer. Das stellte die Hamburger Verbraucherzentrale fest. Sie klickte die Websites von 20 Lebensmittelanbietern und 8 Lobbyverbänden an, die sich für bestimmte Lebensmittelgruppen starkmachen, sei es der Süßstoff-Verband, der Kaugummi-Verband oder der Verband der Aromenindustrie. »Beim Internetsurfen kann man nur noch dicker werden«, so das Fazit von Silke Schwartau. Konkrete Informationen zum Nährwert, zum Zuckergehalt oder zu Zusatzstoffen fehlten oder seien so versteckt, dass sie kaum auffindbar waren.

Zweifelhaftes Engagement

»Am geizigsten mit Informationen waren Ferrero (unter anderem Anbieter von Nutella, Kinder Schokolade und Überraschungsei), Mars (Snickers) sowie Unilever, Anbieter der beliebten Bifi-Minisalami. So fehlten auf der Seite von Kinder Schokolade, von Snickers und Bifi die Nährwertangaben der umworbenen Produkte, es gab keine Informationen zum Kaloriensparen und zur Vermeidung von Übergewicht.«
Nun könnte man sagen, dass man das von einer Firma, die Dickmacher-Lebensmittel anbietet, nicht erwarten kann. Doch. Denn viele der getesteten 28 Anbieter engagieren sich öffentlich für die Reduzierung von Übergewicht und für die Gesundheit von Kindern. Sie sind Mitglied in der »Plattform Ernährung und Bewegung«, kurz peb. Diese wurde im Jahr 2004 von der damaligen Verbraucherministerin Renate Künast ins Leben gerufen mit dem Ziel, die Bevölkerung für Übergewicht und Bewegungsmangel zu sensibilisieren. Schließlich sind derzeit 1,9 Millionen Kinder zu dick; unter den Frauen tragen 51 Prozent zu viele Kilos mit sich herum und bei den Männern sogar 66 Prozent. Damals versprach

die Industrie, Kinder über gesunde Ernährung zu informieren und Verpackungen von kalorienreichen Lebensmitteln kleiner zu machen.

Doch weit gefehlt. Vor dem Hintergrund, dass Ernährungsinfos auf den Websites Mangelware sind, hält die Verbraucherzentrale Hamburg die Mitgliedschaft der Firmen für ein Alibi. Laut Silke Schwartau spielt auf den Internetseiten das Thema gesunde Ernährung keine Rolle – es gehe nur darum, den Absatz von kalorienreichen Produkten zu steigern.

Ungesunder Durstlöscher

Während auf den Verpackungen von Kinder Schokolade, Snickers und Bifi verschwiegen wird, wie es um den Gesundheitswert der Ware steht, wirbt man bei anderen Produkten offensiv mit ebendiesem. Insbesondere Naschereien und Getränke, die mit Vitaminen angereichert sind, werden gern als Gesundbrunnen dargestellt. Nehmen wir zum Beispiel den Fruchttiger. Der hat anscheinend viel Gesundheit zu bieten. In der Werbung wurde der Softdrink, den es in den Geschmacksrichtungen Roter-Beeren-Mix, Magic Orange, Wilde Kirsche, Multivitamin, Pfirsich-Zauber, Safari-Drink, Sport Apfel – Rote Früchte und Apfel-Citrus gibt, jahrelang als »gesunder Durstlöscher ohne Zuckerzusatz« angepriesen, der zudem sieben Vitamine enthalte. Das klinge gut, entpuppe sich aber auf den zweiten Blick als absoluter Humbug, urteilt die Berliner Verbraucherorganisation Foodwatch, die Monat für Monat ein Lebensmittel hinsichtlich Werbeversprechen und Gesundheit unter die Lupe nimmt. Zum ei-

nen handelt es sich bei dem Getränk nicht etwa um hochwertigen Fruchtsaft, sondern um ein Fruchtsaftgetränk, das nur zu mindestens 50 Prozent aus Fruchtsaft besteht. Der Rest ist Wasser plus Vitaminzusatz. Der Saft wiederum wurde nicht aus frischen Früchten gepresst, sondern aus einem Fruchtkonzentrat hergestellt, also mit Wasser rückverdünnt, wodurch es unter dem Strich zu Nährstoffverlusten kommt.
Dass der Drink doch nicht so gesund ist wie behauptet, wollte der Anbieter Eckes-Granini aufgrund der Foodwatch-Kampagne zwar nicht einräumen. Der Schriftzug »Gesunder Durstlöscher« verschwand inzwischen aber vom Etikett. Im Internet jedoch werden die Drinks weiterhin als Gesundbrunnen schlechthin dargestellt. »Ohne Zuckerzusatz« mache zum Beispiel die Geschmacksrichtung Sport Apfel – Rote Früchte »fit für neue Aktivitäten«. Verschwiegen wird allerdings, dass jede Menge Zusatzstoffe drin sind. Das sind zum Beispiel die Süßstoffe Aspartam und Acesulfam K: Eckes-Granini setzt sie statt Zucker ein, weil sie kalorienfrei sind und den Energiegehalt des Getränks somit nicht erhöhen. So wolle man mit diesem kalorienreduzierten Getränk, das sich zum »Vieltrinken« eigne, Übergewicht und Bewegungsmangel beggenen, teilte der Anbieter der Organisation Foodwatch mit.

Süßstoff macht hungrig

»Vieltrinken«? Besser nicht, möchte man rufen. Denn Süßstoffe stehen nicht nur im Verdacht, krebserregend zu sein und – wie Aspartam – allergisierend zu wirken. Sie scheinen dem Übergewicht geradezu Vorschub zu leisten. Darauf deuten zunächst einmal Tierversuche hin, die von US-Wissenschaftlern im Februar 2008 im Fachblatt Behavioral Neuroscience veröffentlicht wurden. Die Forscher fütterten Ratten mit Joghurt, der entweder mit dem Süßstoff Saccharin gesüßt war, oder aber mit Zucker. Im Anschluss durften sich die Tiere frei an einem Nahrungsberg laben. Mit der Folge, dass die Ratten, die den mit Süßstoff gesüßten Joghurt gegessen hatten, wesentlich mehr aßen als die Tiere aus der »Zuckergruppe«. Sie setzen auch mehr Speck an und verloren das Gewicht später nicht wieder. Vermutlich komme es durch den süßen, aber »kalorienfreien« Geschmack zu Störungen bei der Kontrolle der Kalorienzufuhr, erklären die Psychologen Susan Swithers und Terry Davidson von der Abteilung Psychologie der Purdue Universität in West Lafayette, die die Studie durchführten. Sie mutmaßen sogar, dass der Süßstoffverzehr selbst eine Erklärung dafür sei, dass die Fettleibigkeit in den USA seit dem Aufkommen der künstlichen Süßungsmittel rapide zu- statt abgenommen habe. Und sie gehen auch davon aus, dass sich die Ergebnisse mit anderen Süßstoffen wiederholen lassen.

Man könnte ja sagen, das sind nur Nagetiere. Sie drehen einfach durch, wenn sie sich am süßstoffsüßen Joghurt laben. Doch dass auch irgendetwas im Menschenhirn aus dem Takt gerät, wenn Süßstoffe verzehrt werden, darauf weist eine weitere Studie der US-Universität von Colombia in San Diego hin. Bei zwölf Studienteilnehmern wurde geprüft, was passiert, wenn Zucker beziehungsweise der Süßstoff Sucralose gegessen wird. Mit Hilfe der funktionalen Magnetresonanztomographie wurden die Reaktionen auf die süße Botschaft im Belohnungszentrum des Hirns gemessen. Die Wissenschaftler stellten fest: Während Zucker im Hirn eine Sättigungswirkung hervorruft, unterbleibt dieser Effekt bei Süßstoffen weitgehend, so Wissenschaftler um den Psychiater Guido Frank. »Unsere Hypothese ist, dass Sucralose einen schwächeren Resonanzmechanismus hat, wenn es darum geht, das Verlangen zu beenden und satt zu werden«, erklärt er. Diese Erkenntnis solle berücksichtigt werden, wenn Diät- und Ernährungspläne entwickelt werden.

Wird sie aber nicht. Denn hierzulande werden süßstoffsüße Getränke wie eben der Fruchttiger regelrecht empfohlen. Selbst die Deutsche Gesellschaft für Ernährung, die hierzulande das Sagen in Sachen Ernährungsempfehlungen hat, rät seit einiger Zeit zu Getränken, die mit Süßstoffen angereichert sind. Weil viele Kinder das Trinksoll von täglich 1 bis 1,5 Litern Flüssigkeit nicht erfüllen, aber süße Getränke mögen, sei man den Kompromiss eingegangen, süßstoffsüße Getränke als Flüssigkeitslieferant zu empfehlen, sagte Dagmar von Cramm vom DGE-Präsidium auf einer Journalistenveranstaltung in Hamburg. Süßstoffhaltige Drinks würden nicht die Zähne schädigen und nicht dick machen.

Wohl ein Irrtum, wie die oben beschriebenen US-amerikanische Studien zu Süßstoffen zeigen.

Zahnschäden durch Fruchtsaftgetränke

Werfen wir noch einen Blick auf das Etikett des Fruchttigers. Darauf ist neben den Süßstoffen auch der Zusatzstoff Zitronensäure erwähnt (er trägt die E-Nummer 330). Der Stoff soll dem Getränk eine fruchtige Frische verleihen. Doch er kann auch prima den Zähnen zusetzen. Die Säure greift die Zähne an, wobei sich Mineralien aus dem schützenden Zahnschmelz herauslösen können und die Beißerchen korrodieren.

Nun weiß auch Eckes-Granini, dass Zitronensäure ein umstrittener Stoff ist. Doch das gelte nicht für Fruchttiger, teilt das Unternehmen mit. Darin seien nur 1 bis 3 Gramm E 330 pro Kilogramm enthalten. Das sei im Vergleich zu einer Orange, die naturgemäß bis zu 13 Gramm Säure pro Kilo enthält, sehr wenig. »Aufgrund der niedrigen Dosierung ist die Zitronensäure im Fruchttiger aus ernährungsmedizinischer und lebensmittelrechtlicher Sicht nicht zu kritisieren«, schreibt die Firma an Foodwatch.

Sie legt sogar ein Gutachten der Universität Bonn bei, aus dem hervorgeht, dass solche geringen Mengen harmlos seien. »Die berechtigte Kritik einer überhöhten Zitronensäureaufnahme betrifft regelmäßig hohe Zufuhrmengen, die zu einer Herabsetzung des pH-Wertes des Speichels führen können und somit zu einer Herauslösung von Mineralstoffen aus dem Zahnschmelz, was Zahnschäden zur Folge haben kann.« Die Uni verweist zugleich darauf, dass süßstoffsüße Getränke kürzer auf die Zähne einwirken und damit weniger aggressiv wirken als vergleichsweise saure Gummidrops, die längerfristig den Zähnen zusetzen und auch noch Zucker enthalten. Fazit: »Mit der Entwicklung von kalorienreduzierten Getränken leistet die Ernährungsindustrie einen aktiven Beitrag zu einem ernährungspolitischen Problemthema.«

Als Beleg verweist das Institut für Ernährungswissenschaften der Uni Bonn, das das Gutachten erstellte, auf eine Stellungnahme des Bundesinstituts für Risikobewertung (BfR) zum Thema Zitronensäure. Doch ob es diese zu Ende gelesen hat? Denn in der Stellungnahme des BfR vom 9. Januar 2004 heißt es: »Die vorliegenden Daten erlauben es nicht, für Süßwaren und Getränke einen Zitronensäuregehalt festzulegen, der den Zähnen nicht schadet.« Da haben wir's. Es gibt keine mengenmäßige Untergrenze für die Unschädlichkeit von Zitronensäure. Fazit: Es mag ja sein, dass Orangensaft und Zitronendrops mehr Säure liefern als ein Fruchttiger und somit etwas mehr an den Zähnen kratzen. Harmlos ist der Tiger-Drink damit jedoch noch lange nicht – zumindest, wenn er in großen Mengen getrunken wird.

Und noch etwas steht nicht auf dem Etikett solcher und anderer Softdrinks: dass sie einen Nährstoffmangel begünstigen. Zwar werden viele Erfrischungsgetränke mit einzelnen Vitaminen angereichert. Das kann jedoch nicht darüber hinwegtäuschen, dass der Verzehr solcher Getränke insbesondere bei Mädchen und Jungen gravierende Auswirkungen auf die Versorgung mit Vitaminen und Mineralstoffen hat. Zum einen deshalb, weil dadurch gesunde Lebensmittel wie zum Beispiel frische Milch nicht oder in geringerem Umfang getrunken werden. Und auch, weil manche Zusätze offenbar geradezu als Nährstoffräuber fungieren. Das zeigt eine aktuelle Studie des Forschungsinstituts für Kinderernährung. Im Rahmen der sogenannten DONALD-Studie (DOrtmund Nutritional and Anthropometric Longitudinally Design Study) wurden die Ernährungsprotokolle von 7145 Studienteilnehmern zwischen zwei und 19 Jahren ausgewertet. »Die Ergebnisse zeigen, dass der Verzehr von Erfrischungsgetränken sowohl bei Jungen als auch bei Mädchen mit einer Verschlechterung der Zufuhr zahlreicher Vitamine und Mineralstoffe assoziiert war.« Bei Mädchen sei mit steigendem Verzehr von Softdrinks die Versorgung mit Vitamin A, K, Riboflavin und Folsäure und mit den Mineralstoffen Kalzium, Magnesium, Phosphor und Kalium schlecht. Jungen waren unzureichend mit Riboflavin, Pantothensäure, Kalzium, Eisen, Phosphor und Kalium versorgt.

Softe Drinks machen Knochen mürbe

Bei einer Vielzahl von Studienteilnehmern maßen die Forscher zudem den Mineralgehalt der Knochen mit Hilfe einer Computertomographie. Diese Daten wurden dann in Bezug zum Softdrink-Konsum gesetzt. Ergebnis: »Je mehr derartiger Limonaden Jugendliche zu sich nehmen, desto geringer der Mineralgehalt ihrer Knochen«, teilte Studienleiter Thomas Remer von der Universität Bonn mit, dem das FKE angegliedert ist. Worauf der Effekt genau beruhe, wissen die Forscher zwar nicht. Dass nur die zugleich unausgewogene Ernährung dafür verantwortlich ist, scheint jedenfalls unwahrscheinlich. Denn laut der FKE-Studie waren es vor allem die koffeinhaltigen Softdrinks, also Getränke wie Cola und Red Bull, bei denen man direkte Auswirkungen auf den Knochenstoffwechsel festgestellt habe. Eine Erklärung könnte sein, dass Cola-Getränke randvoll mit Phosphorsäuren sind, die den Knochen Kalzium entziehen, den Baustoff unseres Knochengerüsts, und sie somit mürbe machen.
Paradox wird vor diesem Hintergrund der bereits erwähnte Satz, den die Bonner Universität in ihrem Auftragsgutachten

für Eckes-Granini schreibt: »Mit der Entwicklung von kalorienreduzierten Getränken leistet die Ernährungsindustrie einen aktiven Beitrag zu einem ernährungspolitischen Problemthema.«

Am Rande sei noch erwähnt, dass an besagtem Ernährungsinstitut der Uni Bonn auch der Präsident der Deutschen Gesellschaft für Ernährung, Professor Peter Stehle, lehrt.

Saftige Lügen

Wem Kalorien, Zähne und Vitamine piepegal sind, der kann sich ja ein Stückchen Kuchen genehmigen. Ein Stück Bahlsen Gourmet Genießerkuchen zum Beispiel. Schon der Name klingt nach echter Qualität. »Nach dem langjährigen Wissen um die Herstellung hochwertiger Backwaren kreiert Bahlsen diesen leckeren und saftigen Rührkuchen mit erlesenen Zutaten«, wirbt das Unternehmen für die Bahlsen Gourmet Kuchen, die es in den Sorten Mohn-Marzipan, Karamellisierte Mandel und Schoko-Kokos gibt. Dass das Gebäck (dem einen oder anderen) schmeckt, soll nicht bestritten werden. Die Frage ist aber, was sich hinter den erlesenen Zutaten verbirgt, die hier mit viel Brimborium herausgestellt werden.

Die Eier können es nicht sein, meint die Verbraucherorganisation Foodwatch im Rahmen ihrer Aktion »abgespeist«, in der monatlich (angebliche) Qualitätsprodukte unter die Lupe genommen werden. Sie stellt dem Kuchen keine guten Karten aus. Stein des Anstoßes sind die Eier. Denn dabei handelt es sich vermutlich um Eier aus Käfighaltung. Bei einer Jahresproduktion von 1 Million Gourmet Genießerkuchen bedeutet dies rund 2 Millionen Eier von 7500 Hennen in Käfigen (in einem Kuchen von 400 Gramm stecken etwa zwei Eier). Wir erinnern uns: Beworben werden »erlesene Zutaten«.

900 statt 550 Quadratzentimeter pro Huhn

Man habe bei Bahlsen angefragt, aus welcher Haltungsform die Eier für den Gourmetkuchen genau stammen, bisher aber keine Antwort erhalten, teilt Foodwatch mit. Darum gehe man davon aus, dass es sich um Käfigeier handele. Die Anfrage wurde 2008 gestellt. Damals war noch die alte Käfighaltung erlaubt. Heute werden die Tiere, die früher im Käfig saßen, in sogenannten Kleinvolieren gehalten. Darin stehen ihnen 900 Quadratzentimeter zur Verfügung. Das ist zwar mehr, als ihnen in den bisher 550 Quadratzentimeter großen Käfigen zustand – doch das ist immer noch zu wenig. Der Platz entspricht etwa 1½ DIN-A4-Seiten. Die Tiere hätten darin kaum Platz, um mit den Flügeln zu schlagen, zu scharren, zu kratzen und zu picken, wie es ihrem Naturell entspricht, kritisiert der Deutsche Tierschutzbund.

Auch eine erneute Anfrage durch die Autoren blieb bis heute unbeantwortet.

Nun ist Bahlsen natürlich nicht die einzige Firma, die Eier aus Legebatterien verarbeitet. Gerade in Fertigprodukten, ob in Frischeinudeln, Butterkeksen, Eierlikör oder Speiseeis, sind sie gang und gäbe. Einfach deshalb, weil es so am billigsten ist. In den Produkten von Coppenrath & Wiese stecken nach Angaben des deutschen Tierschutzbundes Käfigeier, und auch in denen von Verpoorten, Birkel, Dickmann und Lambertz. Käfigeier sind viel billiger als Eier aus Biohaltung, an die besondere Anforderungen gestellt werden, wie etwa ein größeres Platzangebot, Biofutter und das Verbot von Medikamenten im Krankheitsfall.

Doch die Verbraucher wollen keine KZ-Eier in Fertigprodukten, wie die Eier aus dem Käfig umgangssprachlich genannt werden. 97 Prozent der Verbraucher wünschen sich eine Kennzeichnung auf der Verpackung, aus der die Tierhaltung deutlich hervorgeht, ergab eine Studie des Deutsches Tierschutzbundes. Und einige Firmen haben hier auch nichts zu verbergen: Dr. Oetker, Mars Süßwaren Europa oder Griesson-de Beukelaer verzichten bereits auf tierquälerisch gewonnene Eier in verarbeiteten Produkten.

Auch Supermärkte und Discounter wie Tengelmann, Lidl, Norma, Edeka, Kaiser's, tegut, Aldi Nord und Süd, Kaufland, Edeka und famila listeten Anfang 2009 Schaleneier aus Käfig- beziehungsweise Kleingruppenhaltung aus. Sie setzen nun auf Eier aus Boden-, Freiland- und Biohaltung. Das ist gut. Doch aufpassen muss man doch. Denn wie bei Gesetzesänderungen üblich, gibt es Ausnahmen. So können gefärbte Eier, die vor allem vor Ostern in den Läden verkauft werden, weiterhin aus Käfighaltung kommen. Für die bunten Eier ist nicht vorgeschrieben, dass – wie sonst üblich – die Art der Tierhaltung auf dem Ei vermerkt wird. Sie können also aus anderen Ländern eingeführt werden, in denen der Käfig noch erlaubt ist.

Bio macht's besser, aber darum ist nicht alles gut

Nicht nur Bahlsen, die gesamte Lebensmittelbranche versteht es prächtig, ihre Produkte ins rechte Licht zu rücken. Viel ist die Rede von »Qualität«, »Premium«, »Frische«, »delikat« und »Extra« (groß, dick, lang, saftig). Doch über die wirkliche Qualität schweigt sie sich in der Regel aus. Nun soll dies keine generelle Industrieschelte geben. Im Zuge des Biobooms haben viele Firmen, auch konventionelle wie Dr. Oetker, Müllers Mühle oder Kühne, bei einigen Produkten herkömmliche Zutaten gegen solche aus Bioerzeugung ausgetauscht. Rund 51 000 Lebensmittel tragen heute das staatliche Ökosiegel. Damit ist schon mal ein gutes Stück Qualität gewonnen. Denn Biogemüse und -obst werden ohne Pestizide und Kunstdünger erzeugt, und bei der Fleischerzeugung wird auf Hormone und Antibiotika verzichtet.

Auch findet man in den Supermärkten, in den Bio- und Weltläden immer mehr Produkte aus fairem Handel (Fair Trade). Das bedeutet, dass Kaffee, Kakao, Orangensaft, Tee oder Bananen in den Erzeugerländern nicht ausbeuterisch, sondern unter (ökonomisch und zumeist ökologisch) akzeptablen Bedingungen produziert werden. Die Erzeuger und Erzeugergemeinschaften erhalten für ihre Ware einen angemessenen, meist vom Weltmarkt unabhängigen Preis. Dies ermöglicht es ihnen, finanziell einigermaßen über die Runden zu kommen, ihre Kinder in die Schule gehen zu lassen und sich bei Krankheit medizinische Hilfe zu holen.

Doch bisher beträgt der Anteil der Biowaren nur rund fünf Prozent vom Gesamtumsatz bei Lebensmitteln. Der von Fair

Trade liegt unter einem Prozent. Anders gesagt: Rund 95 Prozent der Lebensmittel sind konventionell und werden oft unter fragwürdigen Bedingungen erzeugt.

Zum Beispiel Ananas

Nehmen wir ein x-beliebiges Produkt. Zum Beispiel eine Ananas. Die tropische Frucht gibt es inzwischen das ganze Jahr über zu kaufen. Der Import erhöhte sich dank neuer, süß schmeckender Sorten und ausgefeilter Transportsysteme in den vergangenen Jahren enorm. Allein zwischen 2001 und 2005 hat sich der Import von Ananas nach Deutschland verdoppelt, auf 127 180 Tonnen.
Costa Rica ist das Land, aus dem die Ananas hauptsächlich nach Europa kommt; hierzulande stammt jede zweite Ananas aus dem mittelamerikanischen Land. Daneben werden die süßen Früchte auch in Ecuador kultiviert. Die Fruchtgiganten Del Monte, Dole, Chiquita und Banacol haben das Sagen im Ananasmarkt. Lidl, Edeka und Netto sowie Edeka, Rewe, Penny, Plus, Kaiser's und Aldi werden von ihnen beliefert.

Bitterer Beigeschmack

Die Ananas wird gern als Vitaminspender gepriesen. Sie spielt oft eine Rolle in Diäten, da sie angeblich eine das Körperfett verbrennende Wirkung hat, und ist auch Bestandteil in Fitmacher-Säften vom Typ Smoothie. Doch die Frucht hat im übertragenen Sinne einen bitteren Beigeschmack. Was man von der Bekleidungs- und der Elektronikindustrie kennt (siehe Kapitel 1, Bekleidung, und Kapitel 4, Elektronische Geräte), gilt auch für die Fruchterzeugung. »Unmenschliche Arbeitsbedingungen sind beim Ananasanbau der Normalfall«, berichtet Marita Wiggerthale. Die Mitarbeiterin der Menschenrechtsorganisation Oxfam hat eine Studie erstellt, die die Arbeitsbedingungen bei der Ananas- und der Bananenproduktion durchleuchtet. Sie berichtet: »Die Feldarbeiter/-innen arbeiten meist 12 Stunden und mehr ohne ausreichende Schutzkleidung. In den Stoßzeiten bei der Ernte großer Felder wird zwei bis drei Wochen durchgearbeitet. Dabei sind die Arbeitenden ständig Pestiziden ausgesetzt und leiden hierdurch unter Allergien«, schreibt sie in dem Bericht »Endstation Ladentheke – Einzelhandel – Macht – Einkauf: Unter welchen Bedingungen Ananas und Bananen produziert werden, die in Deutschland über die Ladentheke gehen«.

Doch nicht nur Allergien machen den Arbeitern zu schaffen. Kopfschmerzen, Nasenbluten, Gliederschmerzen und Grippe mit Blut-Niesen seien weitere Folgen der Pestizidbelastung. So schwirre stets ein gelbliches Chemikalien-Pulver in der Luft, wenn die Ananas herausgehoben wird.

Vergiftetes Trinkwasser

Der Pestizideinsatz schadet Mensch und Umwelt. Beispiel Costa Rica: In den Dörfern Milano, Cartagena und Cairo wurden die Anbauflächen für Ananas derart ausgeweitet, dass die Bepflanzung heute bis ans Ufer von Gewässern reicht – Gewässer, die der Trinkwasserversorgung dienen. Dadurch gelangten Pestizide ins Wasser, so dass die örtliche Wasseranlage kein Trinkwasser mehr bereitstellen konnte. Sie war mit giftigem Bromacil, Diuron und Triadimefon verschmutzt. Fortan musste das Trinkwasser von außerhalb mit Tankwagen in die Dörfer gebracht werden, um die Versorgung zu sichern. »Die Ananasproduktion zerstört Regenwald, gefährdet die Biodiversität und verunreinigt wegen des Pestizideinsatzes Flüsse und so auch das Trinkwasser zahlreicher Dörfer in Costa Rica«, so das Fazit von Lisa Kernegger, die für die Organisation Global 2000 das Land bereist und sich die Ananasproduktion vor Ort angeschaut hat.

Heraldo S. hat bei Pina Frut gearbeitet, einem Unternehmen, das für Dole, Chiquita und Bonita Ananas produziert. Dort war er zuständig für das Ausbringen von Pflanzenschutzmitteln. Mangels Arbeitskleidung litt er wie auch seine Kollegen an Verätzungen an den Beinen und hatte starke Schmerzen in den Gliedern. Der Betriebsarzt bestritt einen Zusammenhang mit den Pestiziden. Heraldo und die übrigen Arbeiter/-innen traten daraufhin einer Gewerkschaft bei. Das aber passte Pina nicht. Das Unternehmen bot jedem Mitarbeiter 600 US-Dollar – etwa das Dreifache des Monatslohns. Fast alle nahmen das »Schweigegeld« an und zogen ihre Beschwerde zurück, sagt Marita Wiggerthale. Bis auf Heraldo. Er wurde entlassen.

Schuften rund um die Uhr

Festanstellungen gibt es auf den Plantagen üblicherweise nicht. 60 Prozent der (laut offiziellen Zahlen) in Costa Rica in der Ananasproduktion 20 000 Beschäftigten bekommen nur für zwei bis drei Monate Arbeit. Dadurch werden Sozialabgaben umgangen, die Löhne gedrückt und der Bildung von Gewerkschaften von Anfang an ein Riegel vorgeschoben. Bestenfalls verdienen die Arbeiter den gesetzlichen Mindestlohn von neun Euro pro Tag. Die Summe wird für einen 8-Stunden-Arbeitstag gezahlt. Dabei arbeiten die Menschen in Stoßzeiten rund um die Uhr. Um ihr Existenzminimum zu sichern, wären für die Menschen rund 88 Euro pro Woche nötig, sagen die Menschenrechtler von Oxfam.

Nun sind die Arbeitsbedingungen auf den Plantagen nicht ohne Grund so schlecht. Schuld daran ist unter anderem der enorme Preiskampf im Lebensmittelsektor. Vier Konzerne liefern sich tagtäglich eine Schlacht um Marktanteile und Profit. Hierzulande heißen die Hauptakteure Edeka, Rewe, Lidl und Aldi. Sie teilen sich 75 Prozent des Marktes. In den nächsten fünf Jahren könnten es sogar 80 Prozent sein. Weil mit Lebensmitteln, die billig und billiger werden, nur noch Centbeträge verdient werden – die Milch kostet heute so viel wie vor zehn Jahren, und auch Brot und Butter sind nicht viel teurer geworden –, muss über die verkaufte Menge Geld gescheffelt werden. Das geht aber nur, wenn der Durchlauf entsprechend groß ist, und das wiederum setzt eine bestimmte Marktgröße voraus. Darum gilt: Nur durch das Verdrängen von Mitbewerbern können Marktanteile gewonnen, kann die Marktmacht vergrößert und damit die Einkaufsmacht gegenüber den Lieferanten ausgespielt werden. Darum schluckten die Food-Giganten in der jüngeren Vergangenheit gern die schwächere Konkurrenz. Plus ging vor einiger Zeit an Edeka, die die Plus-Filialen nun größtenteils in Netto-Läden umgewandelt hat, die zum »Netto-Marken-Discount« mutiert sind, einem weiteren Discount-Giganten. Damit gibt es Plus so gut wie nicht mehr. Sämtliche Extra-Märkte firmieren heute unter dem Namen Rewe. Damit gibt es Extra nicht mehr. Und die Spar-Filialen gehören heute zu Edeka. Damit gibt es Spar nicht mehr.

Bananen aus dem Logistikzentrum

Zugleich wird die Distribution, also der Einkauf, Transport und Verkauf, immer weiter perfektioniert. Dadurch lassen sich Kosten sparen, was sich wiederum auf den Verkaufspreis auswirkt – und die Kunden freut. Um die Reibungsverluste bei Einkauf und Distribution so gering wie möglich zu halten, kaufen die großen Lebensmittelhändler ihr Obst nicht mehr wie früher auf dem Großmarkt ein, sondern arbeiten direkt mit den multinationalen Obstkonzernen zusammen. Die heißen Chiquita, Dole, Banacol und Del Monte. Die Parteien schließen exklusive Anbauverträge ab. Der Lebensmittelkonzern ist natürlich bestrebt, die Kosten möglichst niedrig zu halten.
Womit wir wieder auf den Plantagen wären. Die Lebensmittelhändler setzen ihre Zulieferer unter Druck, um die Preise klein zu halten. »Dieser Preis- und Kostendruck wird entlang der Lieferkette nach unten weitergegeben.

Arbeiter/-innen, die im Süden unter menschenunwürdigen Bedingungen auf den Plantagen arbeiten, sind die Leidtragenden einer solchen Geschäftspolitik«, so die Oxfam-Studie. Die Recherchen der Organisation zeigen, dass die großen Lebensmittelhändler unter dem Strich für schlechte Arbeitsbedingungen von Tausenden von Arbeiter/-inne/n in Costa Rica und Ecuador mitverantwortlich sind. Davon aber steht nichts auf dem Etikett oder in der Werbung. Da werden die wöchentlichen Schnäppchenpreise in den Vordergrund gestellt. Zum Beispiel 1,29 Euro für eine zuckersüße Ananas oder 99 Cent für ein Kilo Bananen. Billiger geht's nicht.

SERVICE

Bessere Lebensmittel

Es ist nicht immer einfach, Lebensmittel zu kaufen, die ökologisch und fair erzeugt wurden. Verschiedene Bio- und Fair-Labels können beim Einkauf helfen. Auch wenn solche Lebensmittel meist teurer sind: Sie helfen den Menschen, die sie erzeugen, und schonen die Umwelt.

Fairtrade

Wer verbirgt sich dahinter? Der Verein Transfair mit Sitz in Köln. Er vergibt seit mehr als 15 Jahren das Fairtrade-Siegel, das bis vor kurzem noch die Aufschrift »Transfair« trug.

Wofür steht das Siegel? Die Erzeuger oder Erzeugergenossenschaften der damit ausgezeichneten Produkte erhalten für Tee, Bananen, Kaffee, Zucker und andere Lebensmittel einen angemessenen Preis, der die Kosten der Erzeugung berücksichtigt und auch Luft lässt für den persönlichen Lebensbedarf. Zudem bekommen sie einen Fairtrade-Aufschlag, mit dem etwa der Schulbesuch von Kindern, die Weiterbildung von Frauen oder Investitionen in der Landwirtschaft getätigt werden können. Hinzu kommt ein Bonus, wenn Ökoanbau betrieben wird. Jedoch sind nicht alle mit dem Fairtrade-

Siegel ausgezeichneten Lebensmittel »bio«. Ist dies der Fall, ziert das jeweilige Produkt zusätzlich das Bio-Siegel (siehe unten). Die von Lidl angebotenen Fairglobe-Produkte sind ebenfalls Lebensmittel, die von Transfair zertifiziert wurden.

Bio-Siegel

Wer verbirgt sich dahinter? Das Siegel wird auf Antrag von der Informationsstelle Bio-Siegel, die bei der Bundesanstalt für Landwirtschaft angesiedelt ist, für Bioprodukte vergeben. Es ist ein nationales Siegel.

Wofür steht es? Das Siegel steht für die Einhaltung der Vorgaben der EU-Bio-Verordnung, die in revidierter Form seit dem 1. Januar 2009 gilt. Sie stellt Mindestanforderungen an die Erzeugung und Verarbeitung von pflanzlichen und tierischen Ökoprodukten wie Geflügel, Fleisch und Fisch. Weitgehend verboten sind synthetische Pflanzenschutz- und Düngemittel, das Tierfutter muss zum Großteil aus biologischem Anbau stammen. Gentechnisch manipulierte Organismen sind tabu. Unbeabsichtigte Verunreinigungen bis zu einem Anteil von 0,9 Prozent werden aber akzeptiert, weil Gen-Spuren inzwischen überall verbreitet sind.

Bioland, Demeter, Naturland, Ecovin

Wer verbirgt sich dahinter? Hinter den vier wichtigsten nationalen Ökosiegeln stehen die jeweiligen Anbauverbände Bioland, Demeter und Naturland sowie ökologische Weinerzeuger.

Wofür stehen die Siegel? Für sehr umfassende, über die EU-Vorschriften hinausgehende Vorgaben für die Erzeugung von Biokost. So darf auf einem Bioland- oder Demeterhof ausschließlich Biolandwirtschaft praktiziert werden. Nach der EU-Öko-VO zertifizierte Betriebe können zugleich konventionelle und biologische Landwirtschaft betreiben. Das birgt das Risiko der Vermischung. Bei der Verarbeitung von Lebensmitteln erlauben die Verbände wesentlich weniger Zusätze: Bioland 22 Zusatzstoffe gegenüber 47 Stoffen, die die EU-Bio-Vorschriften gestatten. www.Bio-mit-gesicht.de ist ein Service von Naturland. Anhand einer Kennnummer auf dem Lebensmittel können Verbraucher genau nachvollziehen, in welchen Betrieben das jeweilige Naturland-Produkt erzeugt wurde, und zwar entlang der gesamten Produktionskette. Das erhöht die Transparenz.

Andechser Natur – der ökologische Weg

Wer verbirgt sich dahinter? Die Andechser Molkerei in Bayern.

Wofür steht das Siegel? Für Bio-Molkereiprodukte, deren Herkunft man genau nachvollziehen kann. Einfach im Internet unter http://andechser-molkerei.de/der-oekologische-weg/wos-herkommt/ den Produktnamen sowie das Mindesthaltbarkeitsdatum zum Beispiel des Joghurts eingeben und abschicken. Sofort erfährt man, wo das Produkt erzeugt wurde.

Stop-Climate-Change, Emission free

Wer verbirgt sich dahinter? Die AGRA-TEG Agrar- und Umwelt GmbH, ein Nebenarm der Universität Göttingen.

Wofür steht das Siegel? Für klimaneutrale Produkte. Das bedeutet: Die bei Herstellung und Transport erzeugten CO_2-Emissionen werden durch spezielle anerkannte Klimaprojekte neutralisiert. Bisher gibt es allerdings erst wenige klimaneutrale Lebensmittel mit diesem Siegel, wie Bananen und Wurst. Emissionsfrei sind sie aber nicht, wie das Label suggeriert, da bei der Herstellung stets CO_2-Emissionen anfallen.

7
Wohnen:

Dicke Luft in der guten Stube

Der Relaxsessel sieht sehr gemütlich aus: Die Sitzfläche ist breit und gut gepolstert, die Rückenlehne neigt sich angenehm nach hinten. Die Armlehnen sind ein wenig abgerundet, so dass man die Arme bequem darauf ablegen kann. Es gibt sogar ein gepolstertes Fußbänkchen, das vor den Sessel geschoben werden kann. Dem Ausspannen und Träumen steht also nichts im Wege.

Leider doch. Denn die Relaxsessel aus dem Hause Conforama können die Träume empfindlich stören. Die französische Möbelkette, die weltweit Filialen hat, in denen Möbel zu Discountpreisen angeboten werden, warnt auf ihrer Website: »Da uns Ihr Wohlbefinden am Herzen liegt und (wir) immer auf eine tadellose Qualität unserer Produkte bedacht (sind), mussten wir leider feststellen, dass vereinzelte unserer oben genannten Relaxsessel in Ausnahmefällen Hautallergien auslösen können.« Allein in der Schweiz bekam das Unternehmen, das nach eigenen Aussagen »weltweit die Nummer 2 im Wohneinrichtungsbereich« ist, 800 Sessel wieder vor die Tür gestellt. 400 Kunden haben sich schriftlich beschwert, offiziell zurückgerufen wurden die Sessel aber nicht.

Allergieverdächtig sind die Modelle Elisabeth, Boston, Dakota und Augsburg. Sie wurden in China von der Firma Link Wise zusammengebaut. Diese legte den Sesseln zum Schutz vor Feuchtigkeit ein Anti-Schimmel-Mittel bei. Eine durchaus übliche Maßnahme. Was sich genau in den Beuteln befand, teilte Conforama zwar nicht mit. Jedoch waren – anders als sonst – gleich mehrere der geheimnisvollen Säckchen in das Futter eingelegt worden, angeblich, weil die Möbel bei Monsunregen besonders anfällig für Schimmelbildung seien, wie ein Firmensprecher mitteilte.

Was auch immer da passiert ist: Es blieb nicht folgenlos. In Frankreich, wo Elisabeth und Co. ebenfalls verkauft wurden, kamen zehn Menschen wegen massiver Hautausschläge ins Krankenhaus, wie »Le Parisien« berichtete. Dass es noch mehr Betroffene gab, fand ein Arzt in Straßburg heraus. Er referierte auf einem Allergie-Kongress über Kontaktallergien und erfuhr dort im Laufe der Tagung von ähnlichen Fällen in Großbritannien und Finnland. Den Angaben des Arztes zufolge wurden bisher insgesamt mehrere hundert Menschen, die die Sessel gekauft hatten, wegen schmerzhafter Hautausschläge am Rücken, am Hinterteil und an den Beinen behandelt.

Auch Sultan Hamnö nicht clean

Conforamas Juck-Sessel sind kein Einzelfall. Immer wieder müssen Möbel vom Markt genommen werden, weil sie Substanzen enthalten, die die Gesundheit gefährden. Ikea musste vor einiger Zeit die Matratzen Sultan Hamnö und Hasselbäck vom deutschen Markt zurückrufen, weil sie einen zu hohen Phosphat- und Zinngehalt aufwiesen. Das sind Substanzen, die als Flammschutzmittel dienen, hierzulande aber nicht für Matratzen eingesetzt werden dürfen. Die Schlafunterlagen waren auch gar nicht für hiesige Schlafzimmer gedacht, sondern für den britischen Markt, wo der Flammschutz zum damaligen Zeitpunkt noch vorgeschrieben war. Warum sie versehentlich hier in den Verkehr gelangten, konnte Ikea zwar nicht sagen. Immerhin wurden die Polster umgehend aus den Geschäften entfernt.

Wohl jeder hat schon mal erlebt, dass neue Möbel oder auch ein neuer Anstrich nicht nur die vier Wände verschönert, sondern auch die Gesundheit verschlechtert. Kaum steht die neue Schrankwand im Wohn- oder Schlafzimmer, beginnen die Augen zu brennen, es kommt zu Atembeschwerden oder Juckreiz. Wird die Bude frisch gestrichen, fangen die Kopfschmerzen an. Ist der neue Laminatfußboden verlegt, laufen Nase und Augen. Oft liegt auch ein unangenehmer »chemischer« Geruch in der Luft, sobald der neue Duschvorhang, die Luftmatratze oder auch die Hausschuhe ausgepackt sind. Er bereitet Kopfschmerzen.

Gestörte Lederlust

Nehmen wir auf einem Sofa Platz. Auf einem aus Leder. Jedes dritte Sitzmöbel ist hierzulande mit Leder bezogen, und auch für Kissen, Nackenrollen und Fußhocker ist es ein beliebtes Material. Doch Leder kann es in sich haben. Um eine Tierhaut haltbar zu machen, wird sie in der Regel mit Chromsalzen gegerbt, genauer gesagt mit Chrom(III)-Oxid. Von dieser Chemikalie werden jährlich rund 125 000 Tonnen weltweit erzeugt.

Chrom III gilt als weitgehend unbedenklich. Darum wird es heute statt des sechswertigen Chroms verwendet, das ein starkes Allergen ist und in höheren Dosen auch krebserregend wirken kann. Auf der »Hitliste« der Kontaktstoffe, die regelmäßig vom Verbund dermatologischer Kliniken an der Universität Göttingen herausgegeben wird, nimmt Chrom VI den fünften Platz ein, steht also weit oben. Mehr als eine halbe Million Menschen reagieren nach Angaben des Bundesinstituts für Risikobewertung (BfR) allergisch darauf. Schon 5 Milligramm (mg) je Kilo Leder reichen, um bei sensibilisierten Menschen – also bei Personen, die bereits auf Chrom allergisch reagieren – ein allergisches Kontaktekzem hervorzurufen, das mit starkem Jucken, Nässen und Hautrötung einhergeht.

Darum also wird seit langem vor allem Chrom III zum Gerben verwendet. Doch ganz ohne ist die Verbindung auch nicht. Denn es muss kein allergisierendes Chrom in einem Möbel enthalten sein, um Allergien zu erzeugen. Chrom III wird nämlich durch Oxidation teilweise zum sechswertigen Chrom umgebildet. Das passiert beispielsweise, wenn Körperschweiß aufs Leder gelangt und die Reaktion katalysiert. Wer sich also im Sommer transpirierend auf dem Sofa räkelt – oder auch (Haus-)Schuhe ohne Strümpfe trägt und schwitzt –, kann den Ablauf »aus drei mach sechs« in Gang setzen.

Auch kann Chrom III beim Gerbvorgang selbst in das Sechswertige umgewandelt werden. Das ist möglich, wenn die Tierhaut einen hohen Anteil an ungesättigten Fettsäuren hat, die die Umwandlung begünstigen. Zwar gebe es Zusätze, die die unerwünschte Reaktion verhindern, teilt das Lederzentrum in Rosdorf bei Göttingen mit. Da sie teuer sind, müsse man gerade bei billigen Importprodukten aber davon ausgehen, dass daran gespart wird.

Alltägliches total verchromt

Dass Chrom ein Thema ist, wissen die Untersuchungsämter der Bundesländer. Sie überprüfen regelmäßig Lederprodukte vor allem in Bezug auf ihren Gehalt an Chrom VI. Die Auswertung der Daten zwischen dem Jahr 2000 und 2006 ergab: »In mehr als der Hälfte der rund 850 Proben wurde Chrom VI nachgewiesen, bei einem Sechstel lagen die Gehalte sogar oberhalb von 10 mg je Kilogramm Leder«, so das Bundesinstitut für Risikobewertung. Wir erinnern uns: Schon 5 Milligramm pro Kilo reichen aus, um heftige allergische Reaktionen hervorzurufen.
Nun prüften die Untersuchungsämter der Länder nicht speziell Möbelbezugsmaterial, sondern Lederwaren aller Art. Doch das Ergebnis ist übertragbar: weil Leder meistens aus Chrom-Gerbung stammt, egal, ob es für Möbel, Schuhe, Taschen, Jacken oder Handschuhe verwendet wird. Und: 70 Prozent des Möbelleders sind mit Chrom gegerbt.

Begrenzung kommt

Verboten ist der Gerbstoff trotz der bekannten Probleme nicht. Lediglich in »persönlichen Schutzausrüstungen«, wie es in der Fachsprache heißt, also zum Beispiel in Arbeitshandschuhen aus Leder, ist der sechswertige Allergiestoff nicht erlaubt. Die Frage ist, warum dieses Verbot nur für die Fingerlinge in der Haus- und Gartenarbeit gilt. Rein zeitlich gesehen hat man die wohl nicht länger an als normale Lederhandschuhe. Und ob man nun mehr Zeit auf dem Ledersofa verbringt als bei der Gartenarbeit, ist wohl individuell verschieden.

Doch hier könnte sich bald etwas ändern. Eine rechtliche Regelung zur Begrenzung von Chrom VI in Bedarfsgegenständen aus Leder sei in Vorbereitung, teilt der Pressesprecher des Bundesamtes für Verbraucherschutz und Lebensmittel in Berlin, Jochen Heimberg, auf Anfrage mit. Ziel sei ein Verbot der allergisierenden Substanz in Gegenständen, die nicht nur vorübergehend mit der Haut in Kontakt kommen. Die Obergrenze wird bei drei Milligramm Chrom VI pro Kilo liegen. Der einem Verbot nahekommende Wert gelte aber nicht für Chrom III.

Chromleder meiden – aber wie?

Das BfR rät Verbrauchern, Produkte aus Leder zu meiden, die mit Chrom behandelt wurden. Doch dieser Rat ist ein Witz. Denn Verbraucher können nicht erkennen, ob die Gerbsubstanzen eingesetzt wurden, da sie nicht deklariert werden müssen. Durch das Etikett erfahren Verbraucher also nicht, welche Art der Gerbung das Lederstück durchlaufen hat. Bestenfalls wird deklariert, wenn kein Chrom drin ist. Dann heißt es auf dem Etikett: »pflanzlich gegerbt« oder »FOC«. Die drei Buchstaben stehen für »free of chrome« und bedeuten, dass das Leder mit pflanzlichen Stoffen behandelt wurde, etwa mit Gerbstoffen des Tara-Baums, der Eiche oder des Rhabarbers. Mit diesen Stoffen arbeitet die Firma Ecopell. Die Hautverträglichkeit sei sehr gut, wie regelmäßige Untersuchungen zeigten, so Firmenchef Johann Peter Schomisch.

Katastrophaler Boden

Sich auf den Fußboden anstatt auf die Ledergarnitur zu setzen, um Chrom fernzuhalten, ist auch keine Alternative. Zumindest dann nicht, wenn er aus PVC ist. PVC – die Abkürzung steht für Polyvinylchlorid und beschreibt einen der heikelsten Kunststoffe überhaupt. Wer verlegt einen Plastikfußboden, der den Charme einer Behörde verbreitet, in der Wohnung? Jeder Fünfte – der Marktanteil von PVC als Fußbodenbelag beträgt rund 20 Prozent. Das glatte Material ist zwar kaum fürs Wohnzimmer geeignet, einfach deshalb, weil es wenig heimelig ist. Aber in der Küche, im Flur, im Keller, im Bad oder auch in so manchem Kinderzimmer wird PVC-Boden verlegt. Denn er ist pflegeleicht, wasserabweisend und quasi unverwüstlich. Zudem gibt es inzwischen einige Designs, die den Boden durchaus annehmbar machen.

Doch leider kann der Bodenbelag, für welchen Raum auch immer, nicht empfohlen werden. Das ergab ein Test von 14 PVC-Böden, die »Öko-Test« im Januar 2008 unter die Lupe nahm. »Katastrophal« lautet das eindeutige Testurteil. Die Bodenbeläge seien hochgradig mit Schadstoffen belastet, unabhängig von Preis, Aussehen und Anbieter. Egal also, ob der Bodenbelag von der Rolle stammt oder etwa als schickere Fliese verlegt wird, ob er geschäumt oder mit textilem Rücken versehen ist, ob mit Granulatstruktur oder Steindekor, ob von Obi, Praktiker, Toom, Debolon oder Forbo Novilon – das Urteil lautet in jedem Fall: »ungenügend«.

Was die Tester kritisieren, sind die im Material eingesetzten Weichmacher. Die sind nötig, um aus der sperrigen, spröden eine geschmeidige Plastikmasse zu machen, die sich ausrollen und verlegen lässt. In den Böden werden überwiegend sogenannte Phthalat-Verbindungen eingesetzt, allen voran die weichmachenden Verbindungen DINP (Diisononylphthalat) und DIDP (Diisodecylphthalat). Sie machen knapp 10 bis 30 Prozent des Materials aus. Sie sind zwar, wie auch der lange Zeit verwendete Weichmacher DEHP (Diethylhexylphthalat), als weichmachende Stoffe in Spielzeug für Kinder unter drei Jahren verboten. Doch der PVC-Boden gilt nicht als Spielplatz und fällt somit nicht unter das Verbot. An Kleinkinder, die über einen PVC-Boden krabbeln und das Material auch mal ablecken oder an der losen Ecke knabbern, wird dabei nicht gedacht.

Asthma vom Krabbelboden

In den Böden fanden die Tester auch hohe Konzentrationen an zinnorganischen Verbindungen. Sie dienen als Stabilisatoren, machen den Fußboden also lichtbeständig und hitzefest. Die Substanzen Dibutyl- wie auch Tributylzinn wirken nach heutigem Kenntnisstand ähnlich wie die Weichmacher, und das heißt wie ein Hormon. Die mögliche Folge: Die Appetitzentrale im Gehirn kann aus dem Takt geraten, so dass die Hunger- und Sättigungsregulation nicht mehr funktioniert und folglich mehr gegessen wird, als guttut. Die Fortpflanzungsorgane von Tieren können durch solche hormonähnlichen Stoffe geschädigt werden. Bei Versuchen an Nagern entwickelten sich die Organe schwerer und größer als üblicherweise. Das wiederum wirkt sich auf die Nachkommen aus. Nicht zuletzt fördern die weichmachenden Stoffe möglicherweise Allergien und Asthma. Untersuchungen der Karlstad-Universität und der Technischen Universität Dänemark in Lyngby zeigten: In Wohnungen, in denen Kinder mit Dauerschnupfen und Ekzemen sowie mit Asthma leben, sind die Konzentrationen an Weichmachern besonders hoch. In Hausstaubproben fanden die Forscher jede Menge Weichmacher. Die Schadstoffe werden bei der Benutzung des Fußbodens abgerieben und gelangen so in die Zimmerluft.

Stehen im Flur Schuhe aus Kunststoff herum, können sie die Raumluft weiter belasten. Etwa die beliebten bunten, an der Oberseite gelöcherten Clogs, die die Form eines Entenschnabels haben. Sie enthalten zum Teil ebenfalls PVC. Doch nicht nur das. Sie strotzen auch vor sogenannten PAK. Das ist die Abkürzung für polyzyklische aromatische Kohlenwasserstoffe. Sie entstehen bei der unvollständigen Verbrennung von Kohle, Kraftstoff und Tabak und auch beim Grillen. In Schuhe und auch in zahlreiche Alltagsgegenstände aus elastischem Kunststoff gelangen sie durch PAK-haltige Weichmacheröle. »Stutzig und neugierig machte uns nach dem Einkauf sofort der Gestank, den dieser kleine Berg Schuhe verströmt«, berichtet Meike Meyer, die für »Öko-Test« 22 Paar Plastikclogs unter die Lupe nahm. Redakteure, die sich länger in der Nähe des Plastikclog-Bergs aufhielten, hätten über leichte Übelkeit und Kopfschmerzen geklagt. Um der Sache auf den Grund zu gehen, wurden die Schuhe in den Laboren auseinandergenommen. Fazit: »Das Ergebnis passt überhaupt nicht zum fröhlich-bunt-gesunden Image der weichen Schuhe«, so Meyer. Man könne nur eine Marke, die Chung Shi Dux in Rot von der Firma Chung Shi empfehlen. Alle anderen Paare seien mit bedenklichen Inhaltsstoffen belastet. Eben mit PAK. Sie zeigten »erhöhte« oder auch »stark erhöhte« Werte. In Zahlen heißt das: Sie hatten mehr als 100 Mikrogramm PAK pro Kilo Schuh in sich beziehungsweise sogar mehr als 1000 Mikrogramm pro Kilo.

PAK sind extrem gefährlich. Dahinter verbergen sich Gemische aus mehr als 250 verschiedenen Verbindungen. Einige schädigen das Erbgut, beeinträchtigen die Fortpflanzung, wirken fruchtschädigend und krebserregend.

Wer die Schuhe in den Müll wirft und meint, nun sei die Luft wieder rein, der irrt. Denn zahlreiche Gegenstände, die sich im Haushalt befinden, geben ebenfalls PAK ab – oder haben sie in sich. So wird ein großer Teil der PAK-Schadstoffe durch die Nahrung aufgenommen, etwa durch gegrillte oder geräucherte Fleisch- und Wurstwaren. Ein Großteil wird zudem eingeatmet. Tabakrauch ist die wichtigste Quelle für inhalierte PAK. Und über die Haut werden die Stoffe aufgenommen, etwa durch Kunststoffgriffe oder eben Schuhe.

PAK erst seit 2005 Thema

Die Gefährlichkeit von PAK in Alltagsgegenständen nehmen die Behörden erst seit 2005 ein bisschen ernst. Damals untersuchte die »Stiftung Warentest« Werkzeuggriffe und Ummantelungen von Kabeln aus Kunststoff. Sie stellte darin zum Teil sehr hohe PAK-Werte fest, und zwar bis zu 2000 Milligramm pro Kilo Produkt. Rechnet man diese Belastung auf das um, was ein Erwachsener tatsächlich an PAK über die Haut aufnimmt, liegen die Belastungswerte wesentlich höher als das, was die Weltgesundheitsorganisation für die Aufnahme aus allen Nahrungsmitteln annimmt. »Generell sollten Hersteller die PAK-Gehalte in Produkten so weit wie möglich senken, da für einige PAK keine Schwellenwerte angegeben werden können, unterhalb derer ein Gesundheitsrisiko ausgeschlossen werden kann«, forderte das BfR daraufhin.

Passiert ist seitdem aber nicht viel. Bisher ist die Verwendung von PAKs in Produkten für Verbraucher weitgehend ungeregelt. Für bestimmte Lebensmittel wie etwa Räucherfisch und -wurst gibt es einen Wert für die Leitsubstanz Benz(a)pyren, der bei den Produkten nicht überstiegen werden darf. Darüber hinaus existieren jedoch keine Regelungen für sonstige Teeröle oder PAK in Bedarfsgegenständen aller

Art. Beruhigend klingt zwar, was das BfR mitteilt: Bei der Industrie habe ein Umstellungsprozess begonnen, um das Vorkommen von PAK zu verringern beziehungsweise zu vermeiden.

Vibrierende Gifte

Doch mit dem Umstellungsprozess ist es nicht weit her. Immer noch stinken zahlreiche Gegenstände im Haushalt zum Himmel. »Öko-Test« überprüfte in den vergangenen Jahren immer wieder Alltagsgegenstände auf ihren PAK-Gehalt. Die Auswertung von 15 verschiedenen Produktgruppen bestätigt: Die Stoffe tauchen in allen Lebensbereichen auf. »Grundsätzlich müssen Sie bei Beißringen, Gummistiefeln, Haartrocknern, Kinderzahnbürsten, Laufrädern, Matschhosen, Pulsmessern, PVC-Böden, Radiergummis, Spielzeug für draußen, Tierspielzeug, Fahrradkindersitzen, Wickelauflagen und Autoreifen mit PAK rechnen«, heißt es in dem Testbericht. Selbst bei Vibratoren können PAK den Spaß an der Freud verderben. Die Testprodukte enthielten zwischen 100 und 1000 Mikrogramm PAK pro Kilo, also bis zu der Hälfte dessen, was die Stiftung Warentest in Werkzeuggriffen und Kabeln gefunden hatte.

Am schwärzesten aber sah es mit den Autoreifen aus. Gut, sie stehen nicht im Wohnzimmer. Aber schon aus dem Keller können sie in die gute Stube gasen. Der PAK-Gehalt betrug vereinzelt bis zu 50 Gramm (!) pro Kilo. Zur Erinnerung: In den meisten Produkten liegt die Belastung im Mikrogrammbereich, also mehrere tausend Einheiten darunter. Ab 2010 nun soll die Belastung in Autoreifen sinken, dann greift eine gesetzliche Neuerung, die den PAK-Gehalt im Weichmacheröl begrenzt. Keine Änderungen sind hingegen für die anderen Dinge in Sicht. »Gruselig« fanden die Tester vor diesem Hintergrund, dass sich PAK auch in Produkten für die Kleinsten fanden, eben in Beißringen, Zahnbürsten und Wickelauflagen.

Doch PAK sind nicht die einzigen Gifte, die sie umnebeln. Auch Kinderbetten aus Holz und die dazugehörige Bettwäsche geben Schadstoffe ab, und Formaldehyd, das aus dem Holz ausgast, stört die Träume. Die Verbindung ist in geringen Mengen von Natur aus in dem Werkstoff enthalten, gerät aber zusätzlich durch die Klebstoffe, mit denen die Holzwerkstoffe verleimt sind, in das Bett. Jedes dritte von den zehn durch »Öko-Test« geprüften Kinderbetten gab die Verbindung ab, die allergisierend wirkt, Kopfschmerzen erzeugt und nachweislich im Nasen-Rachen-Raum Krebs verursachen kann. Das weiße Kinderbett LF Tweedy Holzart Ahorn von der Firma Wimex schoss den Vogel ab. Es gaste mehr Formaldehyd aus, als das Berliner BfR als Grenzwert für Spielzeug erlaubt. »Dadurch wird das gesundheitlich unbedenkliche sichere Niveau für die Konzentration in der Innenraumluft überschritten«. Auch ein Kinderbett des auf Kinderwaren aller Art spezialisierten Versenders Jako-O fiel glatt durch. Es gaste mehr Formaldehyd aus, als guttut.

Eine Bettdecke, die man sich über den Kopf ziehen könnte, hilft da auch nicht weiter. Denn die Bettwäsche sondert ebenfalls Formaldehyd ab. Es ist Bestandteil von Ausrüstungen, die die Bettwäsche knitterfrei und pflegeleicht machen, so dass man sie nicht oder nur leicht bügeln muss. Im Test gab knapp die Hälfte der geprüften 25 Bettwäschegarnituren den Allergiestoff ab. Darunter fanden sich auch zahlreiche Nobel- und Qualitätsmarken wie Joop!, Bruno Banani, Irisette, Esprit, S. Oliver und Mexx.

Auch Produkte mit Ökolabel haben zu viel Formaldehyd

Pikant daran: Die meisten beanstandeten Garnituren tragen ein Ökosiegel, nämlich das Label mit der Aufschrift »Öko-Tex-Standard 100«. Das ist keine staatlich anerkannte Norm, wie es sie mit dem »Biosiegel« für Lebensmittel gibt, sondern ein Siegel, das von der internationalen Öko-Tex-Gemeinschaft vergeben wird. Die angegliederten Labore arbeiten unabhängig, werden aber von den Textilfirmen beauftragt, was eine gewisse Befangenheit vermuten lässt. Nur so sind die recht hohen Werte für Formaldehyd zu erklären, die der Öko-Tex-Kriterienkatalog gestattet. Er erlaubt für Textilien, die nicht direkt auf der Haut liegen, einen Formaldehydwert von bis zu 300 Milligramm pro Kilo (mg/kg) Stoff. Für körpernahe Kleidung sind 75 mg/kg erlaubt. Die Frage ist, warum. Denn es geht auch ohne. Textilien für Babys dürfen nämlich gar kein Formaldehyd abgeben. Trotzdem gibt es ein riesiges Angebot an Babykleidung und -wäsche mit dem »Öko-Tex-Standard«.

Die Wohnung scheint also nur so vor Formaldehyd zu strotzen. Ein schwacher Trost ist aber, dass der Gehalt an Formaldehyd in Textilien sich mit jeder Wäsche vermindert. Aus

Möbeln gast der Schadstoff mit der Zeit aus, so dass das neue Bett oder ein kleinerer Schrank eine Zeitlang auf den Balkon oder auf die Terrasse gestellt werden sollten. Doch eine neue Schrankwand, die »chemisch« riecht, sollte man vom Möbelhaus besser wieder abholen lassen.

Formaldehyd ganz zu meiden ist schwierig, da der Stoff üblicherweise in Textilien nicht deklariert werden muss. Erst ab einer Monstermenge von 1500 Milligramm freiem Formaldehyd pro Kilo muss es auf dem Etikett eines Bekleidungsstücks oder der Bettwäsche angegeben werden. Dann muss dort der Hinweis stehen: »Enthält Formaldehyd. Es wird empfohlen, das Kleidungsstück zur besseren Hautverträglichkeit vor dem Tragen zu waschen.«

Doch solche Mengen werden in Bettwäsche und Co. selten erreicht. Selbst wenn kein Ökosiegel darauf klebt, enthalten solche Textilien meist weit unter 500 Milligramm Formaldehyd pro Kilo Stoff, meist sogar nur 75 mg/kg, wie Untersuchungen der chemischen und Veterinäruntersuchungsämter Freiburg von 2002 ergaben, über die das BfR berichtet. Eine Arbeitsgruppe Textilien empfahl übrigens bereits 1998, den Deklarationswert auf 500 mg/kg zu senken.

Umweltdreck im Hausstaub

Doch nicht nur Bettwäsche, Betten und Böden sorgen für dicke Luft in der Wohnung. Auch in der Wandfarbe kann Formaldehyd stecken; hier dient es als Konservierungsstoff. Zudem ist es womöglich in der Tischdecke und in den Gardinen, im Laminatfußboden und im Kleber, mit dem der

Teppich auf dem Boden verklebt wird, zu finden. Zusammen mit weiteren problematischen Substanzen, die von Lacken, Acryl- und Silikonfugenmassen ausgehen, ergibt sich ein richtiger Giftcocktail. Weshalb das Umweltbundesamt das Fazit zieht, dass die Luftqualität in Innenräumen um ein Vielfaches schlechter sei als im Freien. Es hatte die Schadstoffabgabe gemessen, die von Holzwerkstoffen, Lacken, Fugendichtungsmassen, Klebstoffen und Wandverputz ausgeht.

Auch hatte sich das Amt einmal genauer den Inhalt von haushaltsüblichen Staubsaugerbeuteln angeguckt. Im Rahmen des Kinder-Umwelt-Survey, kurz KUS, hatte es überprüft, welche Schadstoffe sich so im Hausstaub von Wohnungen und Häusern finden, in denen Familien mit Kindern leben. Erschreckende Entdeckung: Darin fanden sich jede Menge Stoffe, die an sich gar nicht mehr im Umlauf sein dürften. So etwa DDT, das hierzulande seit langem verboten ist. Denn es schädigt das zentrale Nervensystem und beeinflusst das Hormonsystem. Gefunden wurde zudem Pentachlorphenol (PCP). Es ist nachweislich krebserregend. Beide Substanzen waren früher Bestandteil von Holzschutzmitteln für Innenraumanstriche. In Europa sind sie heute verboten. Durch verschiedene ausländische Produkte, so das UBA, gelangten sie aber immer noch in den Innenraum und somit in den Hausstaub. Die Gifte waren in 39 Prozent (DDT) beziehungsweise 83 Prozent (PCP) der Hausstaubproben enthalten, so der KUS-Bericht »Hausstaub«, der im Februar 2008 erschienen ist.

Besonders heikel bei diesen Alt- und Neulasten für das Innenraumklima: Die Umweltchemikalien gelangen in den

Körper und finden sich dann im Blut wieder. Sie sind sogar bei werdenden Müttern im Nabelschnurblut des Embryos vorhanden. Das ergab eine im September 2005 von der Umweltstiftung WWF, von Greenpeace und von der niederländischen Universitätsklinik Groningen durchgeführte Untersuchung. Hierfür wurden 42 Blutproben werdender Mütter und 27 Nabelschnurblutproben im Labor der niederländischen Gesellschaft für angewandte naturwissenschaftliche Forschung untersucht. »Gefährliche Chemikalien, die in alltäglichen Gebrauchsgütern verwendet werden, gelangen über die Mutter in den Körper des ungeborenen Kindes. Damit bestätigt die Studie, dass nachweislich oder vermutlich gefährliche Chemikalien die Plazentaschranke überwinden können.« Besonders häufig wurden Phthalate nachgewiesen – die Weichmachersubstanzen aus PVC. Sie fanden sich in 29 der 42 Mutterblut- und in 24 von 27 Nabelschnurblutproben. Auch Organochlor-Pestizide ermittelte das Labor in fast allen Blutproben – eben das verbotene, aber hartnäckige DDT.

SERVICE

Besser wohnen

Zwar stinkt vieles, was das Wohnen schöner machen soll, zum Himmel. Es gibt aber (fast) immer Alternativen, von denen keine oder nur eine geringe Belastung ausgeht. Erkennbar sind solche Produkte vor allem an verschiedenen Siegeln. Hilfreich sind auch die monatlichen Untersuchungen der Test-Magazine, die zeigen, welche Wohnutensilien ohne Siegel clean sind und damit eine Alternative.

Blauer Engel

Wer verbirgt sich dahinter? Die Kriterien werden durch eine unabhängige Jury unter Leitung des Umweltbundesamtes erarbeitet. Vergeben wird es durch die RAL-Gütegemeinschaft.

Was leistet es? Mit dem Siegel gekennzeichnet werden Produkte, die gegenüber der gesamten Produktgruppe einen Umweltvorteil bieten. Das bedeutet, sie geben weniger Schadstoffe ab, belasten bei der Entsorgung nicht, oder es sind bestimmte Materialien schlichtweg verboten. Holz und Fußbodenbeläge mit dem Blauen Engel etwa emittieren weniger Formaldehyd, Farben und Lacke haben einen verminderten Lösungsmittelgehalt. Welchen Vorteil das jeweilige Produkt bringt, erkennt man an der Aufschrift: »Blauer Engel, schützt die Gesundheit (oder alternativ: das Klima, das Wasser, die Ressourcen), weil (emissionsarm, schadstoffarm, ...)«. Komplett schadstofffrei sind die Produkte aber nicht.

ÖkoControl

Wer verbirgt sich dahinter? Die Gesellschaft für Qualitätsstandards ökologischer Einrichtungshäuser in Köln und der Europäische Verband ökologischer Einrichtungshäuser. Das Label ist nicht unabhängig, erfüllt aber hohe Umwelt- und Gesundheitsstandards.

Was leistet es? Damit ausgezeichnete Produkte aus Holz, Möbel, Polstermöbel, Matratzen sowie Textilien erfüllen strenge Schadstoffgrenzwerte und werden nachhaltig und umweltschonend erzeugt. Das heißt, das Holz kommt aus nachhaltiger, FSC-zertifizierter Forstwirtschaft (siehe Siegel unten), Schadstoffe wie Formaldehyd und Rückstände von Pestiziden sind sehr gering. Matratzen müssen aus 100 Prozent Naturkautschuk bestehen, die Bezugsstoffe ausschließlich aus Naturmaterialien wie Baumwolle und Wolle. Sie erfüllen die Vorgaben des Internationalen Naturtextilverbandes IVN (s. u.), das heißt, sie bestehen aus ökologisch erzeugten Fasern und werden nicht chemisch behandelt. Krebserregende und umstrittene Farbstoffe sind tabu.

Naturtextil Best

Wer verbirgt sich dahinter? Der Internationale Verband der Naturtextilwirtschaft erstellt die Kriterien für dieses Label, das es für Textilstoffe und Bekleidung gibt. Die Prüfungen werden vom Kölner Eco-Umweltinstitut und dem Institut für Marktökologie IMO in der Schweiz vorgenommen.

Was leistet es? Mit dem »Best«-Label ausgezeichnete Textilien müssen zu 100 Prozent aus Naturfasern hergestellt werden, die wiederum zu 100 Prozent aus Bioerzeugung stammen. Ausnahmen gibt es nur für elastische Zutaten, etwa Bündchen und Gummis, die bis zu 5 Prozent synthetische Fasern, etwa Elastan, enthalten dürfen. Für die Ausrüstung sind nur mechanische, thermische und physikalische Verfahren gestattet. Tabu sind schwermetallhaltige Farben und natürlich Formaldehyd. Das Best-Label erfüllt den höchsten Standard in der Textilindustrie.

GOTS

Wer verbirgt sich dahinter? Der Global Organic Textile Standard wurde 2006 von verschiedenen Öko-Organisationen (unter anderem dem IVN, siehe oben) ins Leben gerufen, mit dem Ziel, einheitliche Kriterien für Naturstoffe zu verabschieden.

Was leistet es? Stoffe mit dem GOTS-Siegel »ökologisch« oder »ökologisch – in Umstellung« müssen zu 95 Prozent aus Fasern bestehen, die aus anerkannt ökologischer Erzeugung stammen. Der Restanteil können auch konventionelle Fasern sein, jedoch nicht desselben Rohmaterials. Das GOTS-Label mit der Aufschrift »hergestellt mit x % ökologischen Materialien« oder »hergestellt mit x % Materialien ökologisch – in Umstellung« steht für Textilien mit einem Anteil von mindestens 70 Prozent Fasern aus kontrolliert biologischer Erzeugung. Auch für die Verarbeitung der Garne gibt es strenge Vorgaben, die weit über die gesetzlichen Vorschriften hinausgehen.

SG schadstoffgeprüft

Wer verbirgt sich dahinter? Die TÜV Rheinland Produkt und Umwelt GmbH vergibt dieses Siegel für Leder und Lederwaren.

Was leistet es? Bestimmte chemische Substanzen wie zum Beispiel Chrom VI, krebserregende und stark allergisierende Farbstoffe dürfen in Produkten aus Leder nicht enthalten sein. Überprüft werden auch Formaldehyd, Schwermetalle (diese Schadstoffe sind nicht verboten, doch durch die Prüfvorgaben mengenmäßig begrenzt), Geruch, Farb- und Reibechtheit. Mit diesem Siegel ausgezeichnete Ledermöbel sind somit nicht schadstofffrei, aber meist besser als Lederwaren ohne diese Auszeichnung.

Toxproof

Wer verbirgt sich dahinter? Die TÜV Rheinland Produkt und Umwelt GmbH vergibt dieses Siegel für Textilien.
Was leistet es? Verschiedene chemische Substanzen wie Azofarbstoffe mit krebserregendem oder stark allergisierendem Potenzial dürfen in Textilien wie Möbelbezugsstoffen, Kissen und Gardinen nicht nachweisbar sein. Andere Schadstoffe, etwa Formaldehyd, Schwermetalle und zinnorganische Verbindungen, sind lediglich mengenmäßig begrenzt. Überprüft werden auch Geruch und Farbechtheit. Schadstofffrei sind die mit dem Label ausgezeichneten Textilien darum nicht. Sie sind aber meist besser als solche ohne diese Auszeichnung.

Europäisches Umweltzeichen – Euroblume

Wer verbirgt sich dahinter? Herausgegeben wird es von der Europäischen Kommission. Die Kriterien werden von einem Ausschuss für das Umweltzeichen entwickelt. Vergeben wird das Siegel für Farben, Lacke, Textilien, harte Bodenbeläge, Matratzen und anderes mehr.

Was leistet es? Damit zertifizierte Produkte erfüllen Umweltkriterien, die in der Regel über die gesetzlichen Vorgaben hinausgehen, so es welche gibt. In Bezug auf Farben und Lacke gibt es Grenzwerte unter anderem für Lösungsmittel und Weißpigmente sowie Verbote etwa von einzelnen Schwermetallen und umweltgiftigen Substanzen. Die Textilien sind im Pestizidgehalt begrenzt, etwa bezüglich DDT. Es gibt auch Vorgaben für synthetische Fasern, bei denen zum Beispiel der Gehalt an giftigem Acrylnitril begrenzt ist, sowie Umweltvorgaben für die Produktion. Die Umweltblume steht nicht für Schadstofffreiheit, weil sie zum Beispiel in Bekleidung größere Mengen an Formaldehyd erlaubt.

FSC

Wer verbirgt sich dahinter? Die gemeinnützige Organisation Forest Stewardship Council, kurz FSC, in der Vertreter aus dem Umweltbereich, aus Sozialverbänden und Unternehmen vertreten sind.

Was leistet das Siegel? Damit ausgezeichnetes Holz, Holzwerkstoffe und -fasern stammen aus nachhaltiger Forstwirtschaft, das heißt, es wird vor Ort nicht mehr Holz geschlagen, als ökologisch vertretbar ist. Die Bedingungen gehen über gesetzliche Vorgaben hinaus. Bei ausländischen Hölzern werden zum Beispiel die Rechte indigener Völker respektiert und Abhängigkeiten von einem Kunden vermieden. Kahlschläge und der Einsatz von Bioziden sind verboten. Das anspruchsvolle Siegel gibt es in mehreren Kategorien – FSC 100 % und FSC-Mix, der zu 50 % aus FSC-zertifiziertem Holz besteht.

8
Spielzeug:

Betäubungsmittel in Kinderkugeln

Lego und Kellogg's hatten eine Idee. Lego ist Anbieter der bunten Bausteine aus Kunststoff, die jedes Kind kennt. Kellogg's ist auf dem Frühstückstisch durch diverse Frühstücksknuspereien wie Cornflakes und Pops präsent und stellt auch noch so einiges andere Süßzeug her. Die Firmen also kamen auf die Idee, ihr Know-how in einen Topf zu werfen. Sie entwickelten ein gemeinsames Produkt: Lego Fun Snacks. Süßes Lego zum Essen – Bonbons mit Fruchtgeschmack, die den echten Legosteinen täuschend ähnlich sehen. Die Candybausteine, die vor allem in Nordamerika angeboten wurden, erfreuten sich schon bald großer Beliebtheit – zumindest bei Kindern. Bei der Zielgruppe, die sie kaufen sollten, kamen sie nicht gut an: bei den Eltern. Nicht nur solche Erziehungsberechtigte, die meinen: »Mit Essen spielt man nicht«, waren empört. Mütter und Väter, die tagtäglich den jüngsten Nachwuchs ermahnen, nicht alles in den Mund zu stecken, sahen ihre Bemühungen konterkariert. Schlimmer noch: Sie hatten Sorge, dass die Kinder, wenn sie mit den echten Legosteinen spielen, diese aus Gewohnheit in den Mund stecken und verschlucken. Ihre Bedenken äußerten sie in Weblogs und Leserbriefen, zum Beispiel in »The Cleveland Leader«.

Nun ist glücklicherweise nichts passiert. Es sind vermutlich keine Kinder durch den Biss in einen echten Legobaustein zu Schaden gekommen. Doch ein Renner wurden die Lego Fun Snacks nicht. Kellogg's versprach noch 2007, die Candy Bars aus dem Verkehr zu ziehen. Aber wie das so ist. Irgendwo tauchen sie immer wieder auf. Noch im November 2008 waren sie bei Amazon.com erhältlich, wie die Verbraucherorganisation Consumers International (CI) recherchierte. Sie fand das Produkt so daneben, dass sie dem Lego-Kellogg's-Duo neben vier weiteren Firmen den »Bad Company Award 2008« für gefährliche oder unsinnige Produkte verlieh.

Alltägliche Skandale

Nun ließe sich diese Geschichte einfach in der Rubrik Dummheit verbuchen. Als Irrtum einiger kinderloser Manager, die nicht so recht darüber nachdachten, was sie taten. Doch das gilt längst nicht für alle Spielzeuge, die in Umlauf sind. Eine Zeitlang gerieten sie fast täglich in die Schlagzeilen, weil sie gefährlich für den Nachwuchs werden können. Dass Spielzeug für die Jüngsten teils eine miserable Qualität hat, wurde erstmals im Jahr 2007 so richtig deutlich. Am 2. August des Jahres führte der Spielzeughersteller Mattel eine gigantische Rückrufaktion durch. Verschiedene unter dem Markennamen Fisher-Price angebotene Spielwaren waren unzulässigerweise mit einer Farbe angepinselt worden, die einen viel zu hohen Bleigehalt aufwies. Betroffen waren weltweit 83 verschiedene Artikel, von denen hierzulande allerdings nur der Artikel mit der Nummer 90057 vom Markt musste, das Spielzeug Fisher-Price Sesamstraße Kleine Musikinstrumente.

Blei ist ein giftiges Schwermetall, das nichts in Spielzeug zu suchen hat. Kinder sind besonders gefährdet. »Bei ihnen kann eine erhöhte Bleibelastung zu unumkehrbaren Nervenschäden, zu Störungen der Hirnfunktion und zur Beeinträchtigung der Intelligenz und Aufmerksamkeit führen«, teilt das Berliner Bundesinstitut für Risikobewertung mit. Dieses Teufelszeug also befand sich in der Lackierung zahlreicher Spielzeuge, die der nach eigenen Angaben weltgrößte Spielwaren-Anbieter (mit Sitz im kalifornischen El Segundo) in Kinderhände gegeben hatte. Zu der Belastung war es gekommen, weil der Hersteller der Fisher-Price-Spielwaren, Cheung Shu-hung mit Sitz im chinesischen Foshan, wegen Lieferschwierigkeiten eine ungeprüfte Farbe verwendet hatte.

Zwar liegt Mattel »die Sicherheit der Kinder, die mit unseren Produkten spielen, besonders am Herzen«, teilt Stephanie Wegener von der Pressestelle mit. Darum produziere man die Spielwaren nach strengen internationalen und deutschen Sicherheitsrichtlinien. Das mag sein. Doch in diesem und in anderen Fällen war Mattel, Hersteller so bekannter Spielzeugmarken wie Barbie, Matchbox, Hot Wheels und Fisher-Price, einiges durch die Lappen gegangen. Die vor Blei strotzenden Spielzeuge waren nämlich nach Firmenangaben bereits einige Monate zuvor gefertigt worden, und zwar zwischen dem 19. April und dem 6. Juli 2007. Dass es Probleme

mit der Farbe gegeben hatte, war nach Angaben der chinesischen Presse seit Anfang Juli 2008 bekannt. Erst einen Monat später aber wurden Sesamstraße und Co. zurückgerufen. Üblicherweise werden in Betrieben die produzierten Waren geprüft. Auch in den für Mattel tätigen Betrieben wurde dies gemacht. Allerdings wohl nicht allzu häufig. So teilt Mattel im August 2008 mit – also erst, nachdem das Kind in den Brunnen gefallen war –, man habe ein neues dreistufiges Prüfsystem eingeführt. Es umfasse Kontrollen bei den Farblieferanten, in den Produktionsbetrieben und bei den fertigen Erzeugnissen. Dinge, die an sich selbstverständlich sein sollten, wenn einem »die Sicherheit der Kinder, die mit unseren Produkten spielen, besonders am Herzen« liegt.
Weitere Rückrufaktionen folgten. Sie machten erst deutlich, was bei den Mattel-Lieferanten alles im Argen lag. Bereits 14 Tage nach der ersten Aktion wurden Eltern, die Spielzeugautos mit dem Namen Cars Sarge gekauft hatten, aufgefordert, die kleinen Vierräder wieder zurück ins Geschäft zu bringen. Wieder waren zu hohe Bleiwerte in der Farbe das Problem. Weltweit betroffen waren 436 000 Spielzeuge, davon allein 4000 in Deutschland. Weiter ging es mit kleinen Magneten, wie sie etwa Puppen und Figuren in sich haben. Dazu zählte unter anderem Barbie-Zubehör wie ein Stab der Puppe und ihr Hund Tanner. 18,2 Millionen Spielzeuge waren insgesamt betroffen, davon allein eine Million in Deutschland. Aus ihnen könnten sich die kleinen starken Magnete herauslösen, von Kleinkindern in den Mund gesteckt und heruntergeschluckt werden. Mindestens ein Kind ist nach Presseberichten in den USA daran gestorben. Mindestens 18 Kinder mussten notoperiert werden.

Vergewaltigerdroge in Kinderkugeln

Die Liste der zurückgerufenen Artikel wurde mit der Zeit lang und länger. Einen Monat später stand weiteres Barbie-Zubehör auf dem Index, das wieder mit bleihaltiger Farbe angemalt war. Im November 2007 folgten Teile der Fisher-Price-Lernküche, die so klein waren, dass sie von kleinen Kindern heruntergeschluckt werden können. Betroffen waren immerhin 196 000 produzierte Spielzeuge, davon 4800 in Deutschland.

Doch es traf nicht nur Mattel. In die Schlagzeilen geriet im November 2007 auch die Firma Giochi Preziosi, Importeur von Aqua Dots. Das sind kleine Kugeln, die man befeuchten muss, um daraus nach der eigenen Phantasie Figuren zu bauen. Ein nettes Spielzeug, das in Australien zum Renner des Jahres wurde und in der Wal-Mart-Liste der beliebtesten Weihnachtsgeschenke unter den Top 12 rangierte. Auch in Deutschland wurden die kreativen Kugeln gern gekauft. Doch leider erwiesen sie sich als lebensgefährlich – wegen der Beschichtung der kleinen Kugeln: Sie besteht aus dem Weichmacher Butandiol. Dieser wird im Körper in die Chemikalie Gammy-Hydroxybutyrat (GHB) umgewandelt, die benommen macht und schließlich dazu führen kann, dass Kids ins Koma fallen – oder sogar sterben. GHB ist in den USA auch als »Date-Rape-Drug« bekannt – als Vergewaltigungsdroge: Wegen seiner betäubenden Wirkung wird der Stoff von Vergewaltigern verwendet, um ihre Opfer willenlos zu machen.

Kinder mit einem solchen Material vorsätzlich Figuren bauen zu lassen, grenzt schon an gefährliche Körperverletzung.

In den USA wurden zwei Kinder ins Krankenhaus eingeliefert, in Australien drei, nachdem sie die Aqua-Dots-Kugeln in den Mund gesteckt hatten. Zwei Kinder waren ins Koma gefallen, aus dem sie aber glücklicherweise wieder erwachten. Inzwischen sind die Kugeln weltweit vom Markt genommen worden. Die Fabrik Wangqui im chinesischen Shenzhen, die sie herstellte, wurde geschlossen.

Schlechtes Spielzeug: ein alter Hut

Die Skandale sorgten bei Eltern und Großeltern vorübergehend für Aufregung. Doch dass Spielzeuge oftmals reine Schadstoffbomben sind und damit Risiken für Kinder bergen, ist ein alter Hut. Seit Jahren stellen Testmagazine und auch der TÜV fest, dass Kinderspielzeug zum Himmel stinkt. »Öko-Test« erteilt seit Jahren Holzpuzzles, Figuren aus Plastik und Stoff oder Puppen die rote Karte. Bereits 1992 fielen verschiedene Puppen im Test glatt durch. Kritisiert wurden Kunststoffe wie der Umweltschadstoff PVC sowie Formaldehyd in Puppenkleidern. Formaldehyd wirkt im Nasen-Rachen-Raum krebserregend und auch allergisierend. Die rote Karte erhielten damals übrigens nicht nur Billig-, sondern auch Markenprodukte – unter anderem die eines bekannten US-Konzerns: Mattel.
Die Untersuchungen des TÜV Rheinland bestätigen die teilweise schlechte Qualität von Spielwaren darüber hinaus. Insbesondere lackierte, bemalte und bedruckte Materialien, Holzwerkstoffe, Textilien und aufblasbare Artikel wie Schwimmreifen und Schwimmflügel führten häufig zu Be-

anstandungen, aber auch Kindertinte, Fingermalfarben und Knetmasse, erklärt Dorothee Boeck von der Firma LGA QualiTest. Das Testinstitut gehört zum TÜV Rheinland. Jährlich nimmt es zusammen mit dem TÜV rund 100 000 Kinderspielzeuge im Auftrag der Hersteller unter die Lupe. Nicht nur hierzulande, sondern rund um den Globus. Allein in China und Hongkong sind 1400 TÜV-Mitarbeiter in Sachen Produktprüfung an 24 Standorten tätig.

Qualität ist Geheimsache

Das Engagement im Ausland ist dringend nötig. Mehr als 80 Prozent der Spielwaren kommen heute aus anderen Ländern, 70 Prozent allein aus China. Wo Arbeitskräfte günstiger als in Europa sind, werden Spielwaren in Massen zu kleinen Preisen produziert. Da verlässt schon mal ein Stück die Fabrik, das eine inakzeptable Qualität hat. Oder auch mehrere, wie der Mattel-Vorfall zeigt. Zwar führen die meisten Firmen inzwischen irgendeine Form von Qualitätskontrolle durch. Doch was die Firmen genau untersuchen, ist so unterschiedlich wie die Spielwaren selbst. Wie die Qualitätsprüfung auszusehen hat, dazu gibt es keine festen Vorgaben. Ob sich eine Firma also durch verschiedene Kontrollen absichert, weil sie nicht das Risiko eingehen will, schadhafte Produkte auf den Markt zu bringen, oder eher sporadisch kontrolliert, in der Hoffnung, es werde schon nichts rauskommen, ist ihre Sache.
Zwar informieren die Firmen zum Teil auf ihren Websites über Sozial- und Umweltstandards und die Normen, die sie

erfüllen. Was genau sie treiben, erfährt man jedoch nicht. Das ist auch schwierig, weil zum Beispiel eine in China tätige Firma meist mit zahlreichen Subunternehmen zusammenarbeitet. Mit Kleinstfirmen also, die etwa Teile für Spielzeuge ausstanzen, Autos lackieren oder Puppenkleider nähen. Sie sind der Hauptfirma manchmal gar nicht bekannt, weil die Auftragsvergabe um drei Ecken verläuft.

Dass die Firmen nicht wissen, was sie tun – oder jedenfalls wenig davon verraten wollen –, legt auch eine Umfrage der Verbraucherzentrale Baden-Württemberg bei zahlreichen Spielwarenherstellern nahe. Sie erfragte die jeweiligen Qualitäts- und Sozialstandards für Spielzeuge. Ergebnis: »Die Spielzeughersteller lassen sich nicht in die Karten schauen.« Die Verbraucherschützer hatten bei 288 Unternehmen nachgefragt. Eine Antwort gaben lediglich 56 Firmen.

So können die Verbraucher nur darauf hoffen, dass die Vorschriften inzwischen eingehalten werden, die es für Spielzeug gibt. Bisher galt hierzulande wie in allen EU-Mitgliedsstaaten die Spielzeugrichtlinie 88/378/EWG. An den ersten zwei Ziffern (88) lässt sich erkennen, dass die Norm uralt ist, denn sie wurde schon vor über 20 Jahren – also 1988 – verabschiedet. Nachdem verschiedene Spielwaren in die Kritik geraten waren, wurde die alte Spielzeugrichtlinie flugs überarbeitet und schließlich eine neue verabschiedet. Das war am 18. Dezember 2008. Der zuständige Industriekommissar Günter Verheugen präsentierte sie sogar als Geschenk, das »rechtzeitig vor Weihnachten« komme, wie die »taz« zu berichten wusste. Was aber wohl als Scherz gemeint war, so man Verheugens Sachkenntnis nicht in Frage stellen möchte. Die neue Richtlinie greift nämlich nicht sofort, sondern es gibt mehrjährige Übergangsvorschriften, die es der Industrie ermöglichen, peu à peu ihre Produktion umzustellen und dem Handel »Altprodukte« zu verkaufen.

Fragwürdige Richtlinie

Das ist vielleicht gut so. Denn das neue Werk bleibt in Teilen hinter dem alten aus dem Jahr 1988 zurück. »Die Regelungen zur chemischen Sicherheit von Spielzeug, wie sie mit der neuen EU-Spielzeugrichtlinie (…) verabschiedet wurden, sind unzureichend und führen teils sogar zu einer Verschlechterung des Verbraucherschutzes«, kritisierte der Präsident des Bundesinstituts für Risikobewertung, Andreas Hensel. Besonders kritisch sieht er die neuen Grenzwerte für Schwermetalle in Kinderspielzeug. So dürfe sich aus Spielzeug künftig sogar mehr Blei lösen als nach der bisherigen Regelung. Wir erinnern uns: Blei ist der Stoff, der in den Farben der beanstandeten Spielzeuge enthalten war. Jene Substanz, die bei Kindern leicht zu Vergiftungen führt und chronisch zugeführt das Hirn schädigt. Doch nicht nur Blei ist zukünftig in höheren Mengen als bisher gestattet. Auch die Grenzwerte für die giftigen Schwermetalle Quecksilber, Arsen, Antimon und Barium wurden angehoben.
Zukünftig dürfen sich aus Spielzeugmaterial statt 90 Milligramm Blei pro Kilo bis zu 160 Milligramm lösen. Mit dem Grenzwert für Barium wurde noch großzügiger verfahren: Von bisher 1000 Milligramm pro Kilo wurde er auf 56 000 Milligramm angehoben.

Acht Milligramm Spielzeug landen im Magen

Dabei weiß man natürlich nicht genau, wie viel Spielzeug im Laufe eines Tages oder eines Lebens im Kindermund verschwindet. Die Daten, die als Grundlage für die zukünftig erlaubte Aufnahmemenge dienen, sind ein Mix aus Schätzungen und Mutmaßungen. So wird angenommen, dass ein kleines Kind im Durchschnitt täglich 8 Milligramm Spielzeugmaterial verputzt. Das entspricht einem Stückchen Plastik in einer Größe von 2×2×1 Millimeter. Das Ablutschen von Spielwaren ist in diesem Wert noch gar nicht berücksichtigt. Sicher ist es schwierig herauszufinden, wie viel ein Kleinkind vom Lack knabbert, der auf dem Holzpuzzle haftet, oder wie viel Weichmacher es aus der Barbie herauslutscht, die der großen Schwester gehört. Doch gerade deshalb hätten die EU-Kommissare gut daran getan, die neuen Werte ein bisschen höher anzusetzen.

Auch Duftstoffe sind weiterhin in Kinderspielzeug wie Knete, Fingerfarben und Kinderschminke erlaubt. Das ist nicht nur überflüssig, da Kinder auch gern kneten, wenn die Masse nicht riecht, oder Spaß am Schminken haben, ohne dass die Creme duftet. Die Behandlung mit Duftstoffen birgt die Gefahr, dass die nach Himbeeren duftende Knete gegessen oder der nach Kirsche schmeckende Lippenstift gern abgeleckt wird. Heikel sind Duftstoffe aber vor allem, weil es Substanzen sind, die am häufigsten Allergien erzeugen.

Nun gibt es in der neuen Spielzeugrichtlinie zwar ein Verbot von 55 allergenen Duftstoffen, was schon mal ein Anfang ist. Jedoch wurde der Grenzwert für unbeabsichtigte Spuren ebenjener allergenen Substanzen so hoch angesetzt, dass das

Verbot der Allergene teilweise wieder aufgehoben wird, kritisiert das BfR. Der Bundesverband der Verbraucherzentralen fordert darum ein grundsätzliches Verbot von Duftstoffen in Kinderspielzeug.

Positiv ist hingegen, dass es nun endlich Vorgaben für Gifte in Luftballons gibt. Die Ballons, die auf keinem Kindergeburtstag fehlen dürfen, geben nämlich im Falle des Falles Nitrosamine ab. Das sind Stoffe, die im Zuge der Herstellung von Kautschuk bei der sogenannten Vulkanisation entstehen. Nitrosamine und sogenannte nitrosierbare Stoffe wie zum Beispiel Eiweiß, die zu diesen Substanzen umgebaut werden können, sind krebserregend, sie können Leber- und Magentumore erzeugen. Nun ist es nicht so, dass man um die Gefahr, die von den bunten Ballons für Kinder ausgeht, nichts wüsste. Schon seit den 1960er Jahren ist bekannt, dass die giftigen Nitrosamine beim Vulkanisieren entstehen. Darum gibt es auch seit langem Vorgaben für Schnuller und Sauger aus Kautschuk. Ebenso für Lebensmittel, in denen bei der Herstellung Nitrosamine entstehen können (geräucherte Wurst, Kasseler). Nur galten diese Werte nicht für Luftballons, warum auch immer.

Miserable Qualität trotz strenger Grenzwerte

Dabei wies das Greenpeace-EinkaufsNetz bereits im Jahr 2004 nach, dass in 17 von 21 geprüften Ballons gefährlich hohe Konzentrationen an Nitrosaminen enthalten sind. Die Studie zeigte auch, dass diese Stoffe beim Aufblasen der Ballons über den Mund aufgenommen werden. Die Umweltschützer forderten von der damaligen Verbraucherschutzministerin Renate Künast, Rückstände der giftigen Stoffe in Spielzeug zu verbieten. Doch es dauerte noch bis zum Juli 2008, bis die Bundesregierung aktiv wurde und nationale Grenzwerte für Giftstoffe in Luftballons und Spielzeug aus Natur- und Synthesekautschuk festlegte, das für Kinder bis zu drei Jahren gedacht ist. Außerdem muss zukünftig auf der Verpackung stehen, dass zum Aufblasen eine Ballonpumpe verwendet werden sollte, um den Mundkontakt zu vermeiden. Diese Vorgaben gingen schließlich auch in die europäische Spielzeugrichtlinie ein.

Wer nun aber meint, die Hersteller würden sich daran halten, der irrt. Als das Verbrauchermagazin »Öko-Test« für das Februarheft 2009 Luftballons testete, urteilte es: »Das Ergebnis vermiest uns die Spiel- und Partylaune.« Von 21 Luftballons fielen neun Produkte mit der Note »Ungenügend« durch den Test. Diese Ballons gaben in der Untersuchung mehr krebserregende Nitrosamine und/oder Vorstufen davon ab, als die kurz zuvor verabschiedete Vorschrift erlaubt.

Zwei Kontrolleure für ganz Berlin

Da stellt sich die Frage, warum so ein Dreckszeug, das eindeutig gegen gesetzliche Vorschriften verstößt, überhaupt in den Handel gelangt. Die Antwort ist schnell gegeben: Es gibt zu wenig Kontrollen. Nur das Wenigste von dem, was in den Geschäften angeboten wird, wurde von den Überwachungsämtern unter die Lupe genommen. Auch in den Häfen, wo die Ware anlandet, gibt es zu wenig Personal. So erreichen den Hamburger Hafen jährlich rund 9 Millionen Container mit Waren aller Art. »Damit eine angemessene Trefferquote erzielt werden könnte, müsste das Personal verzwanzigfacht werden«, rechnet der VZBV (Verbraucherzentrale Bundesverband) in einem Papier zur Spielzeugrichtlinie vor.

Sind die Spielwaren in den Geschäften angekommen, können schwarze Schafe meist nicht eliminiert werden. So seien in Berlin gerade mal zwei Kontrolleure für die Überprüfung sämtlicher Geschäfte zuständig, erklärt Robert Rath, Pressesprecher des Landesamtes für Arbeitsschutz, Gesundheit und technische Sicherheit. Bis vor kurzem waren es noch drei. Das ist natürlich zu wenig, um heikle Waren herauszufiltern. Und die Kontrolleure nehmen nicht nur Spielzeugläden unter die Lupe, sondern Geschäfte aller Art. Da flächendeckende Kontrollen in Spielzeugläden Utopie sind, nehmen die Tester vor allem solche Geschäfte ins Visier, in denen sie billige Spielwaren minderer Qualität vermuten. »In Fachgeschäften, Kaufhäusern und auch bei den Discountern, die zunehmend Spielzeug anbieten, finden wir nur selten Dinge, die nicht den Vorschriften entsprechen. In 1-Euro-Shops, Resterampen, Im- und Exportläden und auf Märkten werden wir hingegen oft fündig.« Zuletzt habe man dort häufig Lichterketten gefunden, die nicht den technischen Sicherheitsvorschriften entsprechen. Häufig sei das CE-Zeichen (siehe unten), das die Einhaltung aller Vorschriften bestätigt, auch nur auf die Ware aufgeklebt statt in das Produkt eingelassen. Das deute darauf hin, dass Anbieter das Zeichen nach Gusto auf No-Name-Ware kleben, um dem Kunden eine gewisse Qualität vorzugaukeln.

Der Bundesverband der Verbraucherzentralen fordert darum, dass Firmen das von ihnen produzierte Spielzeug von unabhängiger Seite kontrollieren lassen müssen. Und zwar, bevor es in den Handel kommt. Doch diese Forderung fand leider keinen Niederschlag in den neuen Spielzeugvorschriften. So bleibt alles beim Alten: »Erst einmal kommt alles, was der Hersteller will, in den Handel. Die Prüfbehörden gucken dann, ob die Qualität stimmt«, sagt Rath.

Das scheint dringend geraten. So wurden im Zuge der Spielwarenmesse 2008 in Nürnberg rund 1600 Spielwaren an 477 Verkaufsständen überprüft. Ergebnis: Ein Viertel davon wies Mängel auf, 3,5 Prozent sogar schwerwiegende. Das europäische internetbasierte Warnsystem Rapex dokumentiert zudem regelmäßig (jeden Freitag), welche gefährlichen Spielzeuge EU-weit am Markt gefunden wurden. Die Meldungen werden von den Kontrollämtern der Bundesländer abgegeben, aber ebenso können Hersteller oder auch Verbraucherschützer hier heikle Spielwaren melden. Die Ergebnisse werden veröffentlicht, so dass die Länder gegebenenfalls Warnungen herausgeben oder weitläufige Rückrufaktionen in die Wege leiten können. Allein für die ersten zwei Januarwochen 2009 listet Rapex 43 gefährliche Spielzeuge auf. Ob Spielzeuggewehre mit kleinen Pfeilen, an denen Kinder ersticken können, Kinderhandys, die so laut sind, dass Hörschäden drohen (Hersteller Quinxing), oder Softwürfel zum Spielen, die giftige Stoffe in sich haben (Hersteller Teddies) – die Liste ist lang und wird wöchentlich länger.

In den beiden genannten Wochen standen auch Produkte auf dem Index, die wie süße Pralinen aus Schokolade aussehen. Doch sie sind nicht zum Essen da. Kinder können daran ersticken oder sich zumindest den Magen verderben, wenn sie sie allzu begierig in den Mund stopfen. Denn es handelt sich nicht um Naschereien, sondern um Kerzen aus Wachs.

SERVICE

Besser spielen

Ein geeignetes Spielzeug für den Nachwuchs zu finden, das auch mal in den Mund wandern darf, ist gar nicht so einfach. Hilfreich ist es, auf die Spielzeugsiegel zu achten, die für eine bestimmte Qualität stehen. Spielzeug ohne Kennzeichnung oder mit einem nur aufgeklebten Siegel sollte hingegen liegen gelassen werden. Das CE-Siegel (Communauté Européene für Europäische Gemeinschaft), das auf den meisten Produkten klebt, ist kein Qualitätssiegel, sondern eher ein Reisepass. Die Hersteller, die Spielzeug exportieren wollen, bringen es selbst an ihren Produkten an, wenn aus ihrer Sicht grundlegende Sicherheitsanforderungen eingehalten werden.

GS-Zeichen/VDE

Wer verbirgt sich dahinter? Das Zeichen steht für »Geprüfte Sicherheit«. Es wird von einer unabhängigen Prüfeinrichtung wie etwa dem VDE vergeben, dem Verein Deutscher Elektrotechniker. Welche Einrichtung konkret geprüft hat, ergibt sich aus dem Label, das in Verbindung mit dem GS-Zeichen steht. Fehlt es, ist das GS-Zeichen ungültig.
Was leistet es? Geprüft wird vor allem die Sicherheit. Ob

das Spielzeug also stabil genug gebaut ist, Batterien fest sitzen, ob beim Gebrauch Teile abfallen oder der Lack abblättert. Auch wird gecheckt, ob das Produkt gegebenenfalls zum Beispiel durch Reibung zu brennen beginnt. Nicht zuletzt stehen einige gefährliche Chemikalien auf dem Index.

Spiel gut

Wer verbirgt sich dahinter? Der unabhängige Arbeitsausschuss Kinderspiel und Spielzeug e.V., ein Zusammenschluss von Pädagogen, Medizinern, Technikern, Soziologen und Umweltschützern. Er überprüft jährlich rund 6000 Spielzeuge.
Was leistet das Siegel? Ein Spielzeug, das dieses Zeichen tragen soll, muss sich durch verschiedene Dinge auszeichnen: Es muss frei von PVC sein, alle gesetzlichen Anforderungen hinsichtlich Material, Sicherheit und Funktion erfüllen, eine dem Alter des Kindes entsprechende Größe haben und beim Spiel die Phantasie anregen.

TÜV Rheinland Toxproof

Wer verbirgt sich dahinter? Der TÜV Rheinland, der weltweit tätig ist. Somit werden auch Spielzeuge aus Fernost überprüft, woher ein Großteil der Spielwaren kommt.

Was leistet das Siegel? Auf Wunsch des Herstellers werden die Produkte auf einen ganzen Katalog von Schadstoffen geprüft, darunter krebserregende Stoffe, Weichmacher in Kunststoff, Holzschutzmittel in Holzspielzeug, Nickel in Metall, allergisierende Azofarbstoffe in Puppenkleidern. Toxproof wird nicht speziell für Spielzeug vergeben, sondern auch für andere Gebrauchsgegenstände.

Zertifiziertes Spielzeug – TÜV-Proof

Wer verbirgt sich dahinter? Wiederum der TÜV Rheinland, der dieses Siegel ausschließlich für Spielzeuge vergibt. Kennzeichnend ist ein stilisierter Teddybär, der den Unterschied zu anderen TÜV-Siegeln zeigt.

Was leistet es? Der Schriftzug »sicherheits- und schadstoffgeprüft« steht für Spielwaren, die sämtliche EU-Vorschriften für Spielzeug erfüllen. Hinzu kommen der Produktgruppe entsprechende Tests, zum Beispiel auf verbotene Azofarbstoffe in Puppenkleidern und Plüschtieren für unter 3-Jährige, Formaldehyd in Holzpuzzles und Textilien, Nickel in Metallspielzeug, Nitrosamine und Weichmacher in Kleinkindartikeln, die auch in den Mund genommen werden. Das Label gilt für ein Jahr und muss dann verlängert werden. Der Nachfolgetest wird meist direkt in der Fabrik gemacht.

Blauer Engel

Wer verbirgt sich dahinter? Die Kriterien werden durch eine unabhängige Jury unter Leitung des Umweltbundesamtes erarbeitet. Vergeben wird das Siegel durch die RAL-Gütegemeinschaft.

Was leistet es? Mit dem Siegel gekennzeichnet werden Produkte, die gegenüber der gesamten Produktgruppe einen Umweltvorteil bieten. Das bedeutet, sie geben weniger Schadstoffe ab, belasten bei der Entsorgung nicht, oder es sind bestimmte Materialien schlichtweg verboten. Die Kriterien für Kinderspielzeug umfassen die Herstellung, Verpackung, Nutzung und Verbraucherinformation. Die Produkte dürfen nur ein Minimum an Schadstoffen abgeben, das Holz muss aus nachhaltiger Forstwirtschaft stammen, bei der Herstellung müssen Sozialstandards eingehalten werden. Die Aufschrift lautet: »Blauer Engel, schützt die Gesundheit ... weil schadstoff- und emissionsarm«. Komplett schadstofffrei sind die Produkte aber nicht.

9
Energie:

Wie wir an der Steckdose betrogen werden

Husum ist nicht unbedingt das, was man eine Metropole nennt. 22 000 Einwohner; als Sehenswürdigkeiten das Geburts- und Jugendhaus von Theodor Storm und ein Museum, das Fundstücke aus dem Nordseewatt präsentiert. Im Frühjahr tauchen die Krokusplantagen im Schlosspark die Stadt in ein Meer von Farben. Alles hübsch und nett, keine Frage, doch ohne Hektik und Glamour, eher mit dem spröden Charme der unterkühlten Friesen.
Im September 2008 ist die kleine Stadt an der Nordsee jedoch kaum wiederzuerkennen. Denn im Messegelände von Husum-Kielsburg, wo sich sonst die Geflügelzüchter treffen, tobt das geschäftige Leben: überall Shuttle-Busse und hupende Autos, fluchende und überforderte Parkplatzwächter und ganze Heerscharen von Managern in ihren teuren Maßanzügen. Plappernd, gestikulierend. Viele von ihnen mit dem Handy am Ohr, auch wenn man, wie einer von ihnen grummelt, UTMS nur hinter der Messehalle empfangen kann, »auf der Wiese mit den Kühen«.
Insgesamt 20 000 Besucher zählt die Messegesellschaft in

den fünf Tagen, durch die etwa 20 Millionen Euro in der Region hängenbleiben. Von solchen Zahlen kann so manche Großstadtmesse nur träumen. Und dabei stellen nicht etwa die Computer- oder Autohersteller in Husum aus, sondern die Vertreter der Windkraft-Branche. Noch Anfang der 1990er wurden deren Messen und Meetings von Jutetaschen- und Strickpulloverträgern geprägt, doch heute sind sie in der Hand des Big Business. Vorbei die Zeiten, als man sich auf der Wiese beim Lagerfeuer traf. Auf dem Husumer Schloss werden den Windmachern in Nadelstreifen Flusskrebse in Champagnersoße kredenzt, und das Feuer an der Kaminwand stammt von einem Beamer. 2010 wird die nächste Windkraft-Messe stattfinden, und die Veranstalter gehen davon aus, dass dann noch mehr los sein wird.

Wasserbarone und Sonnenkönige – die neuen Reichen lassen grüßen

Keine Frage: Die alternativen Energien sind den Zeiten, als grünes Gedankengut sich noch vom Antikapitalismus in die Welt der Politik tragen ließ, weit davongeeilt. Sie sorgen mittlerweile für große Geschäfte und saftige Renditen – vor allem in Deutschland. So kamen hierzulande im Jahre 2007 Solarzellen mit einer Leistung von 1300 Megawatt auf die Dächer – das ist mehr als in ganz Asien, den USA und Spanien zusammen, obwohl dort eigentlich viel häufiger die Sonne scheint. Wie gut es der Solar-Branche geht, wurde Ende 2008 deutlich, als die SolarWorld in Bonn tatsächlich den taumelnden Autohersteller Opel übernehmen wollte. Mit der Absicht, das Rüsselsheimer Unternehmen »zum ersten grünen europäischen Autokonzern zu machen«. Wie SolarWorld-Chef Frank Asbeck betonte, könne man 250 Millionen Euro aus eigenen Rücklagen und weitere 750 Millionen aus Bankkrediten flüssigmachen, das Angebot sei also durchaus ernst gemeint. Der Opel-Mutterkonzern General Motors schlug freilich das sonnige Angebot in den Wind – und die SolarWorld-Aktie ging kurzfristig mit 17 Prozent in den Keller. Doch wer hätte sich noch vor zehn Jahren vorstellen können, dass ein Betrieb aus der Ökotechnik jemals in der Lage sein würde, einen Autokonzern zu schlucken?

Die vom Raum- und Umweltschutztechniker Andreas Hänel gegründete Phoenix Solar AG peilt für 2010 einen Umsatzsprung von über einer halben Milliarde Euro an – und ihr Gründer brüstet sich im »Handelsblatt« damit, ohne Krawatte mit der mexikanischen Außenministerin diniert und anschließend mit ihrem deutschen Pendant Frank-Walter Steinmeier an der Bar gestanden zu haben. Auch das klingt nicht mehr nach der Kapitalismuskritik, wie man sie von den ursprünglichen Umweltaktivisten kannte, sondern eher nach bewusst inszenierter Eitelkeit mit geschäftlichem Kalkül. Die Medien haben in Hänel denn auch schon ihren neuen »Sonnenkönig« gefunden.

Windräder haben in Deutschland mittlerweile einen größeren Anteil an der Stromerzeugung als die Kernkraft: Zum Halbjahr 2007 waren laut dem Bundesverband Windenergie Rotoren für über 23 000 Megawatt Strom am Netz, während die Atommeiler insgesamt nur auf knapp 21 500 Megawatt kamen. Die deutschen Hersteller haben an den über 22 Milliarden Euro, die weltweit mit Windkraft umgesetzt werden, einen Anteil von knapp 28 Prozent.

Vor einigen Jahren hat im südbadischen Rheinfelden die NaturEnergie AG mit dem Bau eines Wasserkraftwerks begonnen. Für die im Rhein wandernden Fische, wie etwa den bis zu 40 Kilogramm schweren Lachs, wurde bereits ein Umgehungsfluss mit drei Ruhebecken gebaut, damit sich die Tiere nicht in den Turbinen des Kraftwerks verfangen. 2010 soll das Werk ans Netz gehen. Die erwarteten Kosten liegen bei 400 Millionen Euro. Eine Investition, die das Unternehmen nur stemmen kann, weil es mittlerweile fast 100 Millionen Euro Jahresumsatz macht. Zu seinen etwa 300 000 Kunden gehört auch neuform in Zarrentin, der führende Dienstleister und Lieferant der Reformhäuser, in dessen Zeitschriften fleißig die Propagandatrommel für den Wasserkraftstrom gerührt wird. Eine solche Verzahnung mit anderen Wirtschaftszweigen ist für alternative Energielieferanten inzwischen nicht mehr ungewöhnlich. So kooperiert die Drogeriekette Budnikowski mit dem alternativen Stromanbieter Greenpeace Energy, und zum Jahreswechsel 2007/2008 verkaufte Kaffeeröster Tchibo den Ökostrom von Lichtblick. Motto der Aktion: »Starten Sie grün ins neue Jahr!« Ein geschickter Schachzug, weil zum Jahreswechsel die Menschen bekanntermaßen dazu neigen, ihrem Leben spontan die eine oder andere Neuausrichtung zu geben. Und da kommt der Wechsel zum Ökostrom gerade recht.

Nun muss ein ausgeprägter Geschäftssinn nichts Schlechtes sein, wenn man der Umwelt und dem Klima etwas Gutes tun will. Im Gegenteil. Denn wenn Klimaschutz zum lukrativen Geschäft geworden ist, werden sich immer mehr geschäftstüchtige Menschen um ihn kümmern und in ihn investieren. Dadurch steigt das Angebot, und dies senkt wiederum die Preise, was schließlich den Klimaschutz zu einer Ware macht, die sich praktisch jedermann leisten kann. Davon profitieren am Ende alle: Der Hersteller von Klimaschutzprodukten, weil er viel Geld verdient. Der Verbraucher, weil er sich seinen Klimaschutz leisten kann. Und schließlich auch das Klima, weil sich plötzlich so viele Menschen darum kümmern. Klingt alles wie eine verheißungsvolle Melange aus Ökologie und Ökonomie. Der Haken daran: Es ist noch bloße Zukunftsmusik. Die Realität hingegen sieht so aus, dass mittlerweile wohl einige Geschäftsleute vom Klimaschutz profitieren – doch das Klima selbst hat nur wenig davon.

Wie teuer ist Ökostrom?

Dabei erhält das Thema Klimakatastrophe seit geraumer Zeit auch in Politikerhirnen immer mehr Platz. Man hat begriffen, dass der Ausstoß von Treibhausgasen wie Kohlendioxid (CO_2) verringert werden muss, wenn man die Klimaerwärmung in erträglichen Grenzen halten will. Dazu gehört, die Energiegewinnung aus fossilen Rohstoffen wie Kohle und Erdöl zu drosseln und sukzessive auf erneuerbare Energien wie Sonne, Biomasse, Wind und Wasser umzusteigen. Deren Anteil an der Stromproduktion soll nach den Vorgaben des deutschen Umweltministeriums bis 2020 von derzeit 12 Prozent auf 27 Prozent gesteigert werden. Ein ehrgeiziges Ziel, das letzten Endes nur dann erreicht werden kann, wenn sich immer mehr Verbraucher für Ökostrom entscheiden.

Der praktische Umstieg wurde dem Konsumenten deshalb deutlich leichter gemacht: Für den Wechsel des Stromanbieters reicht mittlerweile die bloße Anmeldung beim Wunschlieferanten. Einige Wochen später fließt dann zwar nicht direkt »Öko« aus der Steckdose, doch der neue Versorger füttert das Gesamtnetz mit seinem Ökostrom, und zwar idealerweise genau mit der Menge, die konkret verbraucht wurde.

Ökostrom im Sack gekauft

Ein Blick auf die Stromtarifrechner im Internet belegt zudem, dass Ökostrom kaum noch teurer und in manchen Fällen sogar preiswerter ist als die konventionellen Varianten. Doch da kommt bereits der erste Haken der aktuellen Umweltpolitik ins Spiel: Ökostrom ist nämlich nur deshalb so preiswert, weil er massiv subventioniert wird.
Seit Juli 2004 gilt in Deutschland ein novelliertes Erneuerbare-Energien-Gesetz (EEG). Sein Ziel: die finanzielle Förderung von Strom aus Wasserkraft, Windrädern, Erdwärme, Sonnenlicht und anderen regenerativen Energiequellen, damit sie im Wettbewerb mit der herkömmlichen Energieproduktion aus Kernkraft, Kohle, Erdöl und Gas konkurrieren können. Der Trick des EEG besteht jedoch darin, dass man nicht einfach eine Sondersteuer auf die konventionellen Energien packt, sondern die großen Netzbetreiber wie E.ON, EnBW, Vattenfall und RWE dazu verpflichtet, Strom aus al-

ternativen Quellen in ihr Netz aufzunehmen und dessen Herstellern auch noch einen staatlich festgelegten Preis dafür zu zahlen. »Garantierte Einspeisevergütung« nennt man so etwas im ökologischen Amtsdeutsch. Und es versteht sich von selbst, dass dieser Preis höher ist als der übliche Großhandelspreis für Strom. Dieser liegt zwischen 5 (für die Grundstromversorgung) und 7 Cent pro Kilowattstunde (für die Versorgung in Spitzenzeiten, wie etwa morgens, wenn überall die Kaffeemaschine knattert). Für Strom aus Windkraft müssen die Netzbetreiber hingegen mehr als 7 beziehungsweise 9 und für Sonnenenergie sogar über 50 Cent berappen, weil die Herstellung der Kollektoren noch sehr teuer ist. Klar, dass diese Mehrbelastung von den großen Stromunternehmen einfach auf die Kunden abgewälzt wird. Was im Endeffekt bedeutet: Egal, ob der Konsument sich nun von einem konventionellen oder einem alternativen Stromanbieter versorgen lässt, finanziell ist er bei der ökologischen Stromwende in jedem Falle dabei.

So etwas klingt schon ein wenig nach Kundentäuschung. Andererseits gilt es zu bedenken, dass Ökostrom noch relativ teuer ist und deswegen auf dem freien Markt ohne Subventionierung keine Chance gegenüber der konventionellen Energieerzeugung hätte. Und spätestens seit dem großen Staatsphilosophen Machiavelli wissen wir auch, dass man das Volk gelegentlich beschummeln darf, um zu seinem eigenen Wohl beizutragen, und die Reduktion des CO_2-Ausstoßes ist ja zu seinem Wohl. Hinzu kommt, dass die Einspeisetarife in den kommenden Jahren sukzessive nach unten gehen werden. Beim Solarstrom wird es zwar noch recht lange dauern, bis er zu ähnlichen Preisen gehandelt wird wie

seine konventionelle Konkurrenz. Bei Wind- und Wasserkraft ist dafür die Differenz nur noch gering.
Überaus problematisch ist jedoch, dass die Stromwende hierzulande nicht nur über die Subventionen, sondern gemäß den Vorgaben der EU auch über sogenannte Emissionszertifikate gestützt wird. Und die vermischen sich mit den Subventionen zu einem hochprozentigen Ökoförderungs-Cocktail, der so weit übers Ziel hinausschießt, dass der ökologische Gedanke auf der Strecke bleibt.

Luftschlösser: Reich werden mit Treibhausgas

Die Emissionszertifikate werden von den staatlichen Umweltbehörden ausgegeben, und zwar an alle Branchen, die CO_2 in die Luft blasen. Der Verteilungsschlüssel obliegt den Behörden der jeweiligen Länder. Generell gilt jedoch: Jeder Betrieb darf nur so viel Treibhausgase in die Luft blasen, wie es ihm die Höhe der zugeteilten Zertifikate gestattet. Liegt der Ausstoß darüber, muss er entweder auf CO_2-ärmere Produktionsweisen umstellen, oder aber Zertifikate von einer anderen Firma kaufen, deren Ausstoß geringer ist als die ihm zugeteilte Zertifikatmenge. Welche der beiden Alternativen letzten Endes gewählt wird, obliegt dem finanziellen Kalkül des jeweiligen Unternehmens. Ist die Umrüstung teurer, werden Zertifikate gekauft; kostet sie hingegen weniger, kann man auf den Zukauf verzichten und möglicherweise sogar eigene Zertifikate zu Geld machen.
Kritiker diffamieren das Zertifikatsystem gern als »Ablasshandel für Klimasünder«. Und in gewisser Weise stimmt das

auch, weil sich ein Unternehmen von der Verpflichtung freikaufen kann, seinen CO_2-Ausstoß zu reduzieren. Andererseits muss es dafür auch eine Menge Geld bezahlen (der Preis wird auf speziellen Energiebörsen ermittelt), wodurch es seine Produkte nicht mehr so billig verkaufen kann und im Kampf mit der Konkurrenz Nachteile befürchten muss. Was im Klartext heißt: Ökologisches Handeln wird ökonomisch belohnt. Und Belohnungen haben den Menschen schon immer mehr motiviert als irgendwelche Steuererhöhungen oder andere Bestrafungen.

Weil die Behörden periodisch immer weniger Zertifikate ausgeben, steigen deren Preise, so dass die Klimasünder immer mehr unter Druck kommen. Mit der Konsequenz, dass sie entweder von der Bildfläche verschwinden, oder aber sich schließlich doch zu CO_2-Einsparungen durchringen. Das Gesetz von Angebot und Nachfrage sowie die Profitbestrebungen der Industrie fungieren also als Antriebsmotoren für umweltgerechtes Handeln – und weil auf diese beiden Größen im Kapitalismus stets Verlass ist, kann man dem ökologischen Zertifikatsystem durchaus Perspektiven zutrauen. Zumindest in der Theorie.

Doch in der Praxis klappt es leider noch nicht.

Hier der Wind und dort das CO_2

Wenn nämlich ein Stromkonzern hierzulande, weil er ja gesetzlich dazu verpflichtet ist, Ökostrom in sein Netz einspeist, verbleiben ihm ungenutzte Zertifikate, die er dann zum Kauf anbieten kann. Und zwar nicht nur hierzulande, sondern überall in der EU. Die Folge: Das Angebot der zum Verkauf stehenden Zertifikate steigt, und dadurch sinkt ihr Preis. So kostete im Sommer 2005 an der Leipziger Energiebörse ein Zertifikat für eine Tonne CO_2 noch 25 Euro, doch schon knapp zwei Jahre später wurde es für einen Euro verscherbelt. Solche Preise sind natürlich auch für die Umweltsünder der Industrie attraktiv: Sie kaufen massiv Zertifikate ein, anstatt Anstrengungen zum Reduzieren des eigenen CO_2-Auswurfs zu unternehmen. Was dies für die europäische Ökopolitik bedeutet, hat Finanzwissenschaftler Hans-Werner Sinn vom ifo-Institut für Wirtschaftsforschung folgendermaßen auf den Punkt gebracht: »Jeder weitere Windflügel, der auf deutschen Auen errichtet wird, und jede neue Solaranlage, die auf den Häusern glitzert, kurbelt im gleichen Umfang, wie hier Strom erzeugt und die Emission von Treibhausgasen vermieden wird, die Produktion entsprechender Treibhausgase im Rest Europas an.« Der spanische Stromanbieter wird dann eben doch keine weiteren Solaranlagen mehr bauen, und in Polen verzichtet man auf die Modernisierung der Kohlekraftwerke, weil man sich stattdessen von seiner Klimaverpflichtung durch Emissionszertifikate freikauft, die wegen der deutschen Subventionspolitik zu Spottpreisen zu haben sind. Unter solchen Marktbedingungen verzichten selbst die Franzosen auf ihre liebgewonnenen Atomkraftanlagen, um stattdessen ein Gaskraftwerk zu bauen.

Die deutschen Ökostromgesetze sorgen also über ihren Dumpingeffekt auf die Zertifikatspreise nur dafür, dass woanders unvermindert CO_2 in die Luft geblasen wird. Vermutlich wird sich dieses Problem irgendwann einmal erledigen, weil die EU die Zuteilung der Zertifikate immer weiter reduzieren will. Doch gegenwärtig kursieren noch viel zu viele von ihnen. So wurden für die erste Handelsperiode von 2005 bis 2007 insgesamt Zertifikate für 2,19 Gigatonnen CO_2 ausgegeben, das sind 14 Prozent mehr, als im Durchschnitt der Jahre 2000 bis 2002 ausgestoßen wurden. Aktuell läuft gerade die zweite Handelsperiode (2008 bis 2012). In ihr sind 2,081 Gigatonnen CO_2 erlaubt, was immer noch 8,4 Prozent mehr sind als im Vergleichszeitraum 2000 bis 2002. Hinzu kommt, dass seit September 2008 weltweit eine Rezession auf der Industrie- und der Stromproduktion lastet, was zusätzlich den CO_2-Ausstoß nach unten drückt. Die Preise für die Zertifikate werden demzufolge bis auf Weiteres im Keller bleiben, so dass sich Klimasünder weiterhin ausgiebig an ihnen bedienen und dadurch preiswert ihr CO_2 in die Luft blasen können.

Wer also das Standby an seinem Fernseher ausschaltet, Energiesparbirnen in seine Lampen schraubt oder seinen Strom auf regenerative Energien umstellt, spart letzten Endes kein Gramm CO_2. Können wir deshalb allen Ernstes weitermachen wie bisher, also unseren Stromzähler rattern und uns weiter vom großen Stromkonzern mit klimaschädlicher Kohleenergie versorgen lassen?

Das sollten wir lieber nicht tun.

Schöner mogeln mit Ökostrom

Letzten Endes setzt der Verbraucher über die Wahl seiner Energieversorgung ganz entscheidende Impulse, in welche

Richtung unsere Stromerzeugung gehen wird. Sofern er nicht die alternativen Energien einfordert, wird er sie auch nicht bekommen, und die Stromkonzerne werden weitermachen wie bisher, nämlich ihr Produkt möglichst kostengünstig und CO_2-intensiv durch Kohle herstellen. Denn sie sind, wie es der Physiker Carl Christian von Weizsäcker einmal formulierte, »Kolosse, deren Trägheitsmasse sehr groß ist«. Es ist also wichtig, dass der Konsument nach alternativen Energien verlangt – von allein werden die Stromkonzerne diese nicht produzieren.

Noch ist allerdings Vorsicht angesagt, wenn große Stromversorger wie E.ON oder Vattenfall sich als Garanten des Umweltschutzes präsentieren. So wird Vattenfall-Vorsitzender Lars Joseffson auf der Website des Unternehmens mit den Worten zitiert: »Wir bemühen uns intensiv darum, gemeinsam mit der globalen Wirtschaft und den Politikern ein Regelwerk zu schaffen, mit dessen Hilfe das Klimaproblem gelöst werden kann.« Wie das aussehen könnte, lässt sich in der Lausitz beobachten. Dort hat der von Vattenfall vorangetriebene Braunkohletagebau schon für regelrechte Wüsten gesorgt. Und in Jänschwalde, nahe der polnischen Grenze, steht eines der dreckigsten Braunkohlekraftwerke überhaupt: Es produziert pro Jahr etwa 24 Millionen Tonnen CO_2, was ihm Platz 3 unter allen Kraftwerken der EU sichert. Betreiber Vattenfall beabsichtigt keineswegs, diesen Standort aufzulösen. Im Gegenteil. Durch den Aufschluss neuer Braunkohletagebaue in der Lausitz soll sein Bestand bis weit über 2020 gesichert werden – auch wenn man dazu gleich drei Ortschaften der Gemeinde Schenkendöbern (Grabko, Kerkwitz, Atterwasch) umsiedeln muss.

Der aufmerksame Leser wird sich nun vermutlich fragen, wie es sein kann, dass ein Stromkonzern an der Braunkohle festhält, weil er doch eigentlich dafür (beim Verbrennen des fossilen Brennstoffs entstehen bekanntlich große Mengen an Treibhausgasen) zahlreiche Zertifikate an der Energiebörse kaufen müsste. Die Antwort liegt in der eigentümlichen Zuteilung der Emissionsrechte durch die Bundesregierung. Sie sollte sich prinzipiell nach dem jährlichen CO_2-Ausstoß der Unternehmen richten und dann etwas niedriger angesetzt werden, weil es ja um das Senken der Emissionen geht. Doch bei Kohlekraftwerken hängt der Ausstoß wesentlich von deren Auslastung ab. Und so beschloss der Bundestag im Sommer 2007, die Jahresauslastung bei Braunkohleanlagen um zehn Prozent höher anzusetzen als bei vergleichbaren Kraftwerken. Wohlgemerkt, dies wurde beschlossen; die tatsächliche Auslastung kann anders aussehen. Auf diese Weise erhöht sich – zumindest auf dem Papier – der CO_2-Ausstoß, und so kann man den Betreibern mehr Zertifikate ausgeben, denen dadurch das Zukaufen weiterer Zertifikate erspart bleibt. Für Andree Böhling von der Umweltorganisation Greenpeace ist das ein »klarer Widerspruch zu allen langfristigen Klimaschutzzielen«. Denn Stromerzeugung mit Kohle verursache zwei- bis dreimal mehr Kohlendioxid als vergleichbare Gaskraftwerke. »Die Bundesregierung hat sich wieder einmal dem Druck kurzsichtiger Lobbyinteressen gebeugt«, kommentiert Böhling.

Also Obacht vor den Öko-Mogelpackungen der großen Stromkonzerne. Bei Greenpeace (www.greenpeace.de) kann man sich eine Liste mit echten Ökostromanbietern herunterladen. Die darin aufgelisteten Angebote entsprechen den strengen Kriterien der Umweltorganisation, wonach sauberer Strom zu mindestens 50 Prozent aus regenerativen Quellen und zu maximal 50 Prozent aus Kraft-Wärme-Kopplungsanlagen (auch sie schonen aufgrund ihrer hohen Effizienz die Umwelt, produzieren aber noch Kohlendioxid) stammen muss. Das erwirtschaftete Geld soll weitere regenerierbare Energien finanzieren, darüber hinaus müsse, wie Greenpeace-Energieexperte Jörg Feddern betont, »die Zusammensetzung und Herkunft des Stroms nachvollziehbar offengelegt werden«. Diese Vorschriften richten sich gegen die Praxis von Großkonzernen, die Kunden mit Ökostrom-Angeboten zu ködern, ihnen aber in Wahrheit doch nur ihren üblichen Standardstrom zu liefern und ihr Geld in den Ausbau von Kohle- und Atomkraftwerken zu stecken.

Wie sauber ist Atomkraft?

In den letzten Jahren wird im Kampf gegen die Treibhausgase immer wieder der Atomstrom als angebliche Alternative gepriesen. Denn in Aomkraftwerken wird ja kein fossiler Brennstoff verbrannt, so der Tenor der Befürworter, so dass auch kein CO_2 frei werde. Der Stromkonzern RWE scheute sich nicht, im November 2008 einen ProKlima Strom anzubieten, der zu fast 70 Prozent aus Atomenergie besteht. Bis Ende 2011 wird zudem ein konstanter Preis garantiert. Noch weiter geht der holländische Energieversorger Atoomstroom NL. Er wirbt damit, dass sein Produkt ausschließlich aus

Kernkraft hergestellt und daher »ohne Kohlendioxid erzeugt wird und im Gegensatz zum sogenannten grünen Strom ohne staatliche Subventionen auskommt«.

Doch es kommen auch kernkraft-opportunistische Töne aus Lagern, von denen man das nicht unbedingt erwartet hätte. So plädiert Thomas Krupke von der Solarfirma Solon AG in einem Interview mit der »taz« für eine Verlängerung der AKW-Fristen: »Grundsätzlich halte ich zwar die Atomenergie für sehr bedenklich. Für eine Übergangszeit erscheint mir eine Verlängerung der Laufzeit jedoch gerechtfertigt, wenn wir so keine neuen Kohlekraftwerke bauen müssen.«

Was wieder einmal zeigt: Ist das Feindbild das gleiche, können auch sich sonst bekämpfende Lager ins gleiche Horn blasen. Der Konsument wird freilich durch solche Statements verunsichert, und er fragt sich, ob Atomstrom tatsächlich einen Weg aus der Klimafalle bieten kann.

CO_2 auch aus dem Atomkraftwerk

Tatsache ist, dass bei der Atomkraft sehr wohl Treibhausgase und Wärme anfallen. Denn AKWs funktionieren ähnlich wie Kohlekraftwerke. Das heißt, in ihrem Zentrum steht ein Kessel zur Wärmegewinnung. Darin werden zwar Atomkerne gespalten und keine Kohlestücke verfeuert, doch ansonsten gilt wie bei konventionellen Kraftwerken: Man erzeugt Wasserdampf, um Turbinen für die Stromerzeugung anzutreiben. Weswegen es auch bei AKWs, wie bei allen Dampfmaschinen, gewaltige Effizienzeinbußen gibt: Nur ein Drittel der durch Kernspaltung erzeugten Wärme wird zur Stromproduktion genutzt, die anderen zwei Drittel gehen als Abwärme in die Umwelt.

Der CO_2-Wert der Atomenergie rangiert weit oberhalb der Nullgrenze. Rechnet man die Förderung und den Transport des benötigten Uranrohstoffs und den Bau der Reaktoren hinzu, kommt man für deutsche Anlagen auf einen Ausstoß von bis zu 60 und bei einigen Kraftwerken in östlichen Ländern sogar auf bis zu 160 Gramm pro Kilowattstunde (kwh). Solche Werte liegen zwar unter denen des Kohlestroms (über 900 bei Stein- und über 1100 g/kwh bei Braunkohle) und ungefähr auf der Wellenlänge von Solaranlagen (knapp 90 g/kwh), doch von Windkraft (unter 25 g/kwh) und Wasserkraft (unter 40 g/kwh) werden sie deutlich unterboten.

Nach Berechnungen des Freiburger Öko-Instituts könnten sich zudem die Treibhausgasemissionen der Atomkraft durch die Einbeziehung der Atommüllentsorgung verdoppeln, ganz zu schweigen davon, dass auch beim Rückbau abgestellter Atomkraftwerke diverse Baugeräte und Transportfahrzeuge zum Einsatz kommen und dabei massiv CO_2 produzieren.

Für die Zukunft muss nicht etwa mit einer Reduzierung, sondern mit einer Zunahme des CO_2-Ausstoßes durch Kernkraft gerechnet werden. Der Grund: Die Qualität der Uranerze lässt immer mehr nach. Denn die hochwertigen Erze mit hohem Urananteil gehen zur Neige, so dass man zunehmend auf minderwertige Ware zurückgreifen muss, aus der das Brennmaterial für den Reaktor mühselig und kosten- und energieaufwendig herausgelöst werden muss. Die englische Oxford Research Group hat ausgerechnet, dass im Jahre 2050 die Atomenergie ungefähr so viel CO_2 freisetzen wird wie die Gaskraft, also 400 g/kwh.

Von der Atomkraft als einer kostengünstigen und subventionsfreien Alternative zu sprechen, ist ebenfalls ziemlich vermessen. Nicht umsonst ist der ProKlima Strom von RWE mit etwa 21,90 Cent pro Kilowattstunde plus jährlicher Grundgebühr von knapp 100 Euro teurer als die meisten Ökostromangebote; da nützt es auch nichts, den Preis bis 2011 stabil zu halten. Der Uranpreis pro Pfund stieg von sieben Dollar im Jahre 2000 auf rund 65 Dollar im Sommer 2008, zwischenzeitlich war er im Juli 2007 sogar auf 145 Dollar angestiegen. An dieser Entwicklung wird sich demnächst nichts ändern, denn die Urannachfrage aus den Schwellenländern Russland, China und Indien steigt und steigt.

Unkalkulierbare Risiken

Dass Atomstrom überhaupt in finanziell erträglichem Rahmen angeboten werden kann, liegt daran, das er traditionell in hohem Umfang subventioniert wird. Egal, ob es sich dabei um Steuerfreiheit für Uran handelt, um die Finanzierung der Forschung oder die Beseitigung von Altlasten (allein die Sanierung des atomaren Endlagers Asse II in Niedersachsen wird die Steuerzahler mehr als zwei Milliarden Euro kosten!). Wie das Umweltbundesamt ausgerechnet hat, wanderten seit 1956 über 40 Milliarden Euro öffentlicher Gelder in die Atomkraft, noch im Jahre 2006 wurden knapp 400 Millionen Euro in die Atomforschung und in die Beseitigung kerntechnischer Anlagen gesteckt. Für erneuerbare Energien wurde nicht annähernd so viel ausgegeben.

Hinzu kommt, dass die AKW-Betreiber Milliardenbeträge bei ihrer Haftpflichtversicherung sparen. Denn für den Fall der Fälle, dass also der Reaktor durchschmilzt und tödlich große Mengen radioaktiver Strahlung freigesetzt werden, müssen sie laut Gesetz nur eine Deckungssumme von 2,5 Milliarden Euro bereithalten. Ein Super-GAU kann jedoch laut seriösen Schätzungen einen Schaden von über 5000 Milliarden Euro anrichten. »Der Betreiber trägt also das Risiko nur zu einem geringen Teil«, erklärt Holger Berg vom Umweltbundesamt, »die Kosten des verbleibenden Risikos übernimmt der Staat.« Und damit die Steuerzahler, die auf diese Weise die Kernenergie implizit mitfinanzieren. Wie hoch die Finanzierungssumme genau ist, kann niemand sagen. Doch die Schätzungen schwanken, so Berg, »zwischen 5 und 184 Cent pro Kilowattstunde«. Nimmt man den oberen Schätzraum als Maßstab, muss man davon ausgehen, dass kein anderer Zweig der Energieversorgung so massiv subventioniert wird wie der Atomstrom.

Davon abgesehen geht es beim Risiko der Atomenergie ja nicht nur ums Geld. Ihre möglichen Nebenwirkungen sind enorm. So gibt es weltweit immer noch kein einziges Endlager für den radioaktiven Müll, der in Kernkraftwerken anfällt. Er wartet stattdessen in unsicheren Zwischenlagern oder in Wasserbecken neben den Reaktoren auf sein weiteres Schicksal, und es sind sehr große Mengen, die dort warten. Allein in Deutschland hat die Kernkraft in ihrer 50-jährigen Geschichte bereits mehr als 500 000 Tonnen radioaktiven Abfall produziert.

Die Sicherheitsstandards der Kernkraftwerke selbst haben sich zwar in den letzten Jahren verbessert, doch sollten die

Anlagen zum Ziel kriegerischer oder terroristischer Attacken werden, nützen jene auch nichts mehr. »Der Fortbestand der Kernenergie verlangt die Abschaffung der Institution des Krieges«, warnt Gerd Rosenkranz von der Deutschen Umwelthilfe. »Doch den haben wir, seit es Hochkulturen der Menschen gibt.« Wenn man dann noch die Selbstmordterroristen hinzunimmt, hat man eine weitere Gefährdungsqualität, durch die sich das Risiko für den Super-Gau um ein Vielfaches erhöht. »In der Zielplanung für den Angriff auf das World Trade Center in New York war, wie wir konkret wissen, als Alternative ein Atomkraftwerk vorgesehen«, bemerkt Rosenkranz. Unvorstellbar, was in diesem Falle geschehen wäre.

Doch vermutlich ist es diese Unvorstellbarkeit, die den Atomstrom über die Hintertür der Klimadebatte wieder als Option in die Diskussion gebracht hat.

SERVICE

Besserer Strom

Ohne Strom geht es nicht. Doch wer die alternative Energiegewinnung unterstützen möchte, kann problemlos zu einem Ökostromanbieter wechseln. Derzeit gibt es in Deutschland verschiedene unabhängige Versorger, die ausschließlich Ökostrom anbieten.

Lichtblick

(www.lichtblick.de). Deutschlands größter Ökostrom-Anbieter. Er geriet vorübergehend in die Kritik, weil er, um Energiespitzen auszugleichen, im Dezember 2006 und ab Oktober 2007 zeitweise an der European Energy Exchange (EEX) konventionellen Strom einkaufte, dessen Herkunft unbekannt war. Jetzt scheint alles wieder im Lot.

Greenpeace Energy

(www.greenpeace-energy). Der einzige bundesweite Stromversorger in Form einer eingetragenen Genossenschaft. Das Unternehmen trägt zwar den Namen Greenpeace in der Firmenbezeichnung, ist aber von der Umweltschutzorganisation wirtschaftlich und rechtlich unabhängig.

Elektrizitätswerke Schönau

(www.ews-schoenau.de). Ging aus der Anti-AKW-Bewegung, also aus einer Bürgerbewegung hervor, weswegen der Schwerpunkt nicht nur auf die ökologische, sondern auch auf die dezentralisierte, private Stromerzeugung gelegt wird. Mittlerweile gehören bereits über 1100 Bürger mit ihren Kleinstanlagen zu den Lieferanten der Schönauer.

Naturstrom AG

(www.naturstrom.de). Deutschlands kleinster Ökostromanbieter, dafür aber derjenige, der als Erster auf dem Markt war.

In Österreich gibt es die Oekostrom AG (www-oekostrom.at) sowie die Alpen Adria Naturenergie (www.aae-energy.com).

10
Autos:

groß, schwer und stinkig

Seit sechs Jahren gibt es in der Arktis ein sportliches Ereignis der besonderen Art. Drei Personen starke Teams kämpfen sich jeweils 385 Seemeilen, das entspricht knapp 700 Kilometern, von der nordkanadischen Gemeinde Resolute bis zum magnetischen Nordpol durch. Zunächst machen sich die Teams auf dem Weg zum Start über eine Strecke von 65 Meilen (117 Kilometer) per pedes mit dem Terrain vertraut, anschließend fällt der Startschuss in Little Cornvallis Island, von wo aus es über rund 320 Kilometer auf Skiern durch Schnee und Eis geht. Eine Aktion, die bei bis zu minus 50 Grad Celsius stattfindet und auch sonst nicht ganz ohne ist. In dem Gebiet leben zahlreiche Polareisbären.

Eine super Sache. Das dachte sich auch der japanische Autokonzern Toyota und machte zusammen mit dem britischen Sender BBC, der das Ganze medienwirksam begleiten sollte, einen Plan. Man wollte den »Polar Challenge«, wie die Schnee-und-Eis-Aktion in Nordkanada heißt, einmal anders bewältigen: per Pkw. Besonders stolz war Toyota auf seine

Idee deshalb, weil sich bis dato noch kein Pkw auf diese übergroße Eis- und Schneebahn gewagt hatte. Gesagt, getan. Als Fahrzeug ausgewählt wurde der hauseigene Hilux SUV, ein besonders leistungsstarker Toyota mit 171 PS, den wegen seiner Robustheit so leicht nichts umhauen würde. Natürlich musste der Pickup erst einmal für das unwegsame Gelände präpariert werden. Bevor es losging, wurde der normale Antrieb gegen einen kälteresistenten ausgetauscht und spezielle schnee- und eissichere Räder montiert. Auch das »Arctic-Challenge-Team« musste sich angemessen vorbereiten: Vor dem Start am 28. April 2007 schliefen die Toyota-Leute ein paar Nächte zur Probe im Eis.

»Es war ein großes Abenteuer«, berichtete eines der Teammitglieder später, als sie von einem Heer von Journalisten – allesamt mit kälteresistenten Laptops und Funkgeräten ausgestattet – am Ziel erwartet wurden. Den Berichten zufolge verliefen die ersten Tage problemlos. Das Auto fraß sich tapfer durch Schnee und Eis. Irgendwann kam der Blechkoloss jedoch ins Schlingern. Er kollidierte mit einem Eisblock. Dabei wurde der Tank beschädigt, der aber repariert werden konnte. Schließlich erreichte das Toyota-Team am 2. Mai 2007 das Ziel: den magnetischen Nordpol in Isachen.

Mit dem Buschtaxi zum Nordpol

Toyota feierte sein Buschtaxi, wie Pickups und andere schwergewichtige Autos auch genannt werden, stolz als »erstes Auto am Nordpol«. Die BBC berichtete und andere

Medien auch. Die Verbraucherorganisation Consumers International (CI) fand die Aktion allerdings so peinlich, dass sie Toyota dafür den »Bad Company Award 2008« verlieh. Diesen Preis erhalten Unternehmen, die sich im negativen Sinne hervortun, sei es durch die Herstellung giftiger Produkte, durch umweltschädliches Verhalten oder durch Greenwashing, also den Versuch, sich ungerechtfertigterweise ein grünes Umweltmäntelchen umzuhängen.

CI kritisierte vor allem, dass der Autokonzern für seine Publicity unnötigerweise in eines der sensibelsten Fleckchen dieser Erde vorgedrungen war: »In Anbetracht dessen, mit welchem Tempo das arktische Eis schmilzt, ausgelöst durch den fortschreitenden Klimawandel, könnte die erste Fahrt des Hilux SUV die letzte gewesen sein«, hieß es in der Urteilsbegründung.

Nun wird natürlich nicht ein einzelner Pickup das Klima der Arktis zum Kippen bringen.

Doch makaber ist die Aktion schon. So trägt gerade der Autoverkehr mit einem Anteil von rund 20 Prozent der Kohlendioxidemissionen gravierend zum Klimawandel bei. Dieser macht sich in der Arktis bereits bemerkbar: durch steigende Temperaturen und Schneeschmelze. Ausgerechnet dort also, wo das Eis bereits schmilzt, lässt Toyota sein (leistungs- und verbrauchs-)stärkstes Pferd aus dem Stall.

Prima Prius

Dabei genießt das japanische Unternehmen in Umweltdingen einen guten Ruf. Im japanischen Toyota-City pflanzte es im Mai 2008 unter Leitung des ehemaligen Firmenchefs Katsuaki Watanabe 50 000 knackige einheimische Bäume. Sie umgeben ein Werk, das für eine besonders nachhaltige und umweltfreundliche Produktion steht. In Deutschland wird die Vertriebszentrale ausschließlich mit Ökostrom betrieben. Und Toyota fertigt auch seit 1997 ein besonders umweltfreundliches Auto: den Prius. Das inzwischen in der dritten Generation gefertigte Mobil ist mit einem sogenanntem Hybridantrieb ausgestattet, wird also sowohl mit Benzin als auch elektrisch angetrieben. In der Auto-Umweltliste 2008 des kritischen Verkehrsclub Deutschland (VCD) steht der Prius an erster Stelle. Die VCD-Liste der Firmen mit Umweltengagement führt wiederum Toyota an.

Mehr Klimakiller als Spritsparer

Was also ist das Problem? Die Toyoto-Aktion entpricht einem typischen Verhalten der Autobranche. Sie strotzt vor Verlogenheit. So engagiert sich einerseits jede PS-Firma inzwischen in irgendeiner Form für die Umwelt. Ob Audi, VW, BMW oder Mercedes, alle haben inzwischen das eine oder andere sparsame Pferd im Stall. Bei Audi etwa sind Modelle mit dem kleinen »e« wie der Audi A3 1.9 TDI e und Audi A3 Sportback 1.9 TDI e besonders effizient. Sie pusten nur 119 Gramm CO_2 pro Kilometer (g/km) in die Luft, was weniger ist als der in der EU ab dem Jahr 2015 vorgeschriebene CO_2-Wert von 130 g/km (siehe Seite 242 ff.). Fast jede Firma hat zudem ihre Produktion ökologisch verbessert, sei es durch Wärmerückgewinnung, die Nutzung von Ökostrom,

Rohstoffrecycling oder Wassersparmaßnahmen. Auf der anderen Seite aber werden die Pkws immer schwerer, leistungsstärker und damit auch verbrauchsstärker – und tragen dadurch direkt zum Klimawandel bei. Doch das wird nicht kommuniziert. In der Werbung gleiten neue Limousinen elegant durch die unberührte Natur, sie fahren durch grüne Bergstraßen, am Meer entlang und auch mal am Strand dem Sonnenuntergang entgegen.

Bei genauerem Hinsehen hat sich in den vergangenen Jahren in Sachen Spriteinsparung bei den meisten Autobauern wenig getan, auch wenn die Unternehmen gern anderes behaupten. Audi hat nach Angaben der Deutschen Umwelthilfe gerade mal vier sparsame Modelle mit einem akzeptablen CO_2-Ausstoß im Programm. 43 Fahrzeuge liegen mit einem CO_2-Ausstoß von über 210 Gramm CO_2 hingegen weitab vom angestrebten, ab 2015 verbindlichen CO_2-Ziel. Unter dem Strich ist die CO_2-Bilanz der Audi-Flotte sogar schlechter als noch vor einigen Jahren, errechnete das Hamburger Institut Ökopol im Auftrag des »Greenpeace-Magazin«. Dazu wertete es Daten der EU und des Flensburger Kraftfahrzeugbundesamtes (KBA) aus. Während der durchschnittliche CO_2-Ausstoß der Audi-Flotte im Jahr 2002 noch bei 180,9 g/km lag, kletterte er in fünf Jahren auf 185,4 g/km.

Bei VW und Porsche sieht es nicht besser aus. So bemüht sich Volkswagen zwar auch um spritsparende Modelle. Als erstes deutsches Unternehmen präsentierte der Konzern 1998 mit dem Lupo ein 3-Liter-Auto. Die Produktion wurde allerdings mangels Nachfrage 2004 wieder eingestellt. Heute heißt die sparsame VW-Linie BlueMotion. Dahinter verbergen sich Modelle, die einen besonders geringen Spritverbrauch haben und somit auch wenig Kohlendioxid in die Luft pusten. Beim PoloBlueMotion wird dies durch einen Dreizylinder-Turbodiesel-Direkteinspritzer erreicht, durch den der Wagen unter dem Strich nur 3,8 Liter Diesel auf hundert Kilometer verbraucht. Der CO_2-Ausstoß liegt bei mageren 99 g/km. Das BlueMotion-Konzept ist nicht nur auf einige Kleinwagen beschränkt, sondern wurde auf eine Reihe anderer Modelle übertragen – auf den Passat, Golf, Touran und Sharan. Saubere Luft gibt es aber nur mit Aufpreis. Die Mehrkosten für den Polo betragen rund 4000 Euro in Relation zum Preis des Basismodells.

Das BlueMotion-Konzept hat Konzernchef Martin Winterkorn anlässlich der Vorstellung der Jahresbilanz 2008 Anfang Januar 2009 wohl zu dem Kommentar bewegt: »Die Zukunft des Volkswagenkonzerns ist grün.« Unerwähnt aber ließ er, dass der Großteil der VW-Flotte immer noch zu viel Dreck macht. Unter dem Strich belastet die VW-Flotte die Umwelt stärker denn je. Während der CO_2-Ausstoß der VW-Flotte im Jahr 2002 noch durchschnittlich 162,5 g/km betrug, lag er 2007 bei 166,7 g/km, so Ökopol. Doch VW-Spitzenreiter stoßen auch schon mal bis zu 238 g/km CO_2 aus.

Verdieselung verhindert Umlenken

Wie geht es an, dass viele Autos heute mehr Sprit schlucken als noch vor ein paar Jahren? Allerorten ist zu hören, dass die Technologien so verbessert wurden, dass die meisten Pkws sauberer seien denn je. Eine Erklärung für den Widerspruch dürfte in der zunehmenden »Umwidmung von Dieselmotoren« liegen, heißt es in der Studie »Deutsche Autohersteller und die Reduzierung von CO_2 bei Neuwagen« des BUND (Bund für Umwelt und Naturschutz). Bedeutete der Diesel früher eine Spartechnologie (für Kleinwagen), so werde er nun für den Antrieb immer größerer und schwererer Fahrzeuge eingesetzt. Statt üppige Karossen leichter und kleiner zu machen, werde zunehmend ein Dieselmotor eingebaut, der zwar ein bisschen CO_2-Reduzierung ermöglicht, aber wegen der größeren und schwereren Wagen insgesamt nicht den gewünschten Erfolg bringt: die Spriteinsparung und damit Verminderung des CO_2-Ausstoßes.

Früher lag der CO_2-Ausstoß eines Dieselmotors rund 20 Gramm (pro Kilometer) unter dem eines Benziners. Das galt bis zum Jahr 2000. Doch peu à peu schrumpfte der Vorsprung des Diesels. Im Jahr 2005 pustete er nur noch 4 Gramm weniger CO_2 in die Gegend als der Benziner. Im Jahr 2006 überholte der Diesel den Benziner gar: Der CO_2-Ausstoß lag nun um 1 g/km über dem des Benziners. Zu diesem Zeitpunkt betrug der Anteil der Dieselfahrzeuge an den Neuwagen 49 Prozent. Sie waren jahrelang steuerlich gefördert worden.

Der Diesel ist die eine Sache. Zugleich wurden die Fahrzeuge immer massiver. So stieg das Leergewicht deutscher Autos laut BUND sukzessive: bei VW von im Schnitt 1329 auf 1467 Kilogramm, bei Audi von 1443 auf 1570 und bei Porsche von 1446 auf 1769 Kilo. Lediglich BMW verminderte das Durchschnittsgewicht seiner PS-Flotte, wenn auch nur minimal: von 1561 auf 1556 Kilo.

Auch legten fast alle Autos bei der Motorleistung zu. Während bei Opel und VW die Leistung, die in Kilowatt (kW) angegeben wird, »nur« von 69 beziehungsweise 72 im Jahr 2001 auf 79 beziehungsweise 81 kW im Jahr 2005 anstieg, kletterte sie bei Audi von 101 auf 116 kW, bei Mercedes von 110 auf 121 kW und bei Porsche sogar von 213 auf 236 kW. Allein BMW hielt sich zurück. Hier lag die Motorleistung 2005 mit 124 kW in etwa so hoch wie im Jahr 2001, allerdings gab es zwischendurch eine Berg-und-Talfahrt mit einem Maximalwert von 127 kW und einem Minimum von 119 kW. Je mehr Leistung aber, umso höher der Spritverbrauch und CO_2-Ausstoß. Darum können heute nur vier der insgesamt 252 Mercedes-Modelle mit einem Kohlendioxidausstoß glänzen, der dem Grenzwert von 140 Gramm pro Kilometer entspricht, dem Wert also, den die Pkw-Industrie vor zehn Jahren versprach, ab Ende 2008 einzuhalten. Konkurrent BMW unterschreitet diesen Wert nach Angaben von Greenpeace aktuell gerade mal mit 21 von 252 Modellen.
Zugleich düsen die Pkws schneller denn je durch die Lande: Schafft ein Ford durchschnittlich 190 Kilometer pro Stunde (km/h), powert ein Mercedes schon mit im Schnitt 230 km/h über die Autobahn. Ein BMW rauscht mit 236 km/h dahin und ein Audi gar mit 237,4 km/h.

Ziel verfehlt

Weil heute kaum jemand mehr in Frage stellt, dass der Klimawandel unermüdlich fortschreitet, wird seit langem über eine CO_2-Begrenzung für Pkws diskutiert. Im Dezember

2008 schließlich legten die EU-Regierungen und das Europäische Parlament fest, dass Neuwagen zukünftig nicht mehr als 130 g/km CO_2 ausstoßen dürften. Doch damit wird die Luft nicht sofort sauberer. Der verbindliche Grenzwert wird erst ab dem Jahr 2015 gelten. Ursprünglich sollte es mit der Begrenzung schon viel früher losgehen. Bereits seit Mitte der 1990er Jahre ist in der EU ein CO_2-Grenzwert für Pkws im Gespräch. Er lag zunächst bei 120 g/km CO_2 und sollte ursprünglich ab 2005 für alle Neuwagen gelten. Doch damit war die Autoindustrie nicht einverstanden. Denn schwergewichtige Limousinen wie die von Porsche, BMW, Mercedes und Audi hätten es nie geschafft, das CO_2-Ziel zu erreichen. Überhaupt war die Branche gegen eine Verordnung, die ihr Fesseln anlegt. Wie oben erwähnt, versprach sie darum 1998 freiwillig, den durchschnittlichen CO_2-Ausstoß von Neuwagen auf 140 g/km zu drücken. Das sollte bis zum Jahr 2008 geschehen.

Doch passiert ist bis dato nichts. Oder zumindest nicht viel. 2008 betrug der durchschnittliche CO_2-Ausstoß aller deutschen Pkws 165 Gramm pro Kilometer, so das Kraftfahrtbundesamt – und damit 25 Gramm über der Messlatte. In der EU hat er sich immerhin bei 158 Gramm pro Kilometer eingependelt.

CO_2-Belastung wird schöngerechnet

Die Frage ist nun, wie die Autobranche den beschlossenen Grenzwert von 130 Gramm CO_2 pro Kilometer einhalten will. So belastet ein Toyota Hilux – das ist der Pickup, der sich durch die Arktis kämpfte – mit 243 g/km CO_2 die Umwelt, ein Mercedes je nach Modell mit bis zu 293 g/km, ein 3er BMW mit bis zu 295 g/km und ein Audi A 4 mit satten 334 g/km CO_2. Sie blasen also zum Teil mehr als das Doppelte dessen in die Luft, was die neue Verordnung erlaubt. Doch es gibt ein paar Möglichkeiten, die Flotte zu vergrünen. So muss den neuen Vorgaben zufolge nicht jeder einzelne Pkw zukünftig sauber sein, sondern die Neuwagenflotte eines Herstellers muss im Schnitt das 130-Gramm-Ziel erreichen. Das bedeutet: Die Abgaswerte der sparsamen Modelle können mit denen der Spritfresser verrechnet werden.

Einige Hersteller haben nun das Problem, dass sie gar keine sparsamen Pferde im Stall haben. Selbst durch Downsizing, also durch Verminderung des Gewichts, schwächere Motoren und Antriebe, können sie wenig ausrichten. Anbieter Porsche etwa, der nur schnelle schwere Autos herstellt wie jüngst den Geländewagen Cayenne mit einer Leistung von 240 PS (Kostenpunkt 56 436 Euro), kann das CO_2-Ziel beim besten Willen nicht erreichen, bestätigt Dorothee Saar von der Verkehrsabteilung der Deutschen Umwelthilfe. Sie vermutet, dass sich solche Firmen mit Unternehmen zusammentun, die auch Kleinwagen im Programm haben und für die es schon Sparkonzepte gibt. So hat Porsche seine Anteile an Volkswagen peu à peu erhöht, vermutlich auch, um dem CO_2-Ziel näher zu kommen. »Die Hersteller sollen ihre Autos leichter machen und die Übermotorisierung zurückfahren«, formuliert Dorothee Saar jedoch die Forderung der Deutschen Umwelthilfe.

Das werden sie auch tun müssen. Denn wer das EU-CO_2-

Ziel nicht erreicht, wer also mehr Kohlendioxid in die Luft bläst als erlaubt, muss tief in die Tasche greifen. Jeder Hersteller muss für jedes zusätzliche Gramm CO_2, das aus dem Auspuff eines Neuwagens dampft, Strafe zahlen, so das Europäische Parlament. Es verlangt zunächst fünf Euro für ein Gramm überschüssiges CO_2. 15 Euro muss bezahlen, wer zwei Gramm mehr auspustet als gestattet, und 25 Euro für drei Gramm über dem Limit. Ab 2019 sind sogar 95 Euro für jedes überschüssige Gramm CO_2 fällig, und zwar ab dem ersten Gramm.

Neuer europäischer Test ist ein alter Hut

Doch bis es so weit ist, sollte erst einmal das Testverfahren auf den Prüfstand, mit dem Verbrauch und CO_2-Belastung ermittelt werden. Denn das ist ein uralter Hut. Der »Neue Europäische Fahrzyklus« oder NEFZ, wie das Verfahren heißt, gilt seit 1996. Er geht jedoch auf eine Richtlinie aus dem Jahr 1970 zurück. Und hier liegt das Problem. Die Testvorgaben orientieren sich nämlich an den Pkws und der Fahrweise von vor fast 40 Jahren. Die aber entsprechen in keiner Weise mehr den heutigen Bedingungen. So fordert der Test zwei Stadtfahrten und eine Überlandfahrt. Als Höchstgeschwindigkeit werden dabei 120 Kilometer die Stunde gefahren.

Das hat mit der Realität wenig zu tun. So werden Pkws heute nicht mehr hauptsächlich im Stadtverkehr genutzt, sondern häufiger auch etwa zu einem Wochenend-Kurztrip nach Florenz. Und die vorgeschriebene Höchstgeschwindigkeit von 120 km/h ist ein Witz. Die allgemeine Richtgeschwindigkeit (empfohlene Höchstgeschwindigkeit) auf deutschen Autobahnen beträgt 130 km/h. Aus diesem Grund sind die Testergebnisse kaum das Papier wert, auf dem sie stehen. »Im realen Leben liegen Spritverbrauch und CO_2-Emissionen regelmäßig 10 bis 25 Prozent höher als von den Herstellern behauptet«, kritisiert der Geschäftsführer der Deutschen Umwelthilfe, Jürgen Resch, die Methode. Die DUH hatte den Benzin- und Dieselkonsum der Automobilpalette für das Jahr 2008 überprüft und festgestellt, dass Theorie und Praxis weit auseinanderklaffen. Ein Forschungsprojekt des TÜV Nord im Auftrag des Umweltbundesamtes kam sogar zu dem Ergebnis, dass die CO_2-Emissionen »in Abhängigkeit von Fahrzeug- und Fahrverhaltensvariationen um bis zu 30 Prozent schwanken können«, so Autor Heinz Steven. Fahrzeugvariationen, das sind verschiedene Reifen, Leergewichte und die Batteriekapazität. Das Fahrverhalten hängt unter anderem davon ab, wie geschaltet wird, ob also spritsparend frühzeitig in den nächsthöheren Gang geschaltet wird oder erst dann, wenn der Motor schon arg brummt.

Manipulation für weniger CO_2 auf dem Papier

Im Zuge der Erhebung suchte die DUH auch den Kontakt zu den Automobilherstellern. Einige Mitarbeiter waren bereit, ehrlich darüber zu berichten, wie besagte Fahrzeugdetails das Fahrergebnis beeinflussen. So helfe eine voll aufgeladene Batterie, die CO_2-Emissionen zu senken, erklärt Jürgen Resch. Das Auto lässt sich auch so programmieren, dass es

»erkennt«, dass es sich auf dem sogenannten Rollenprüfstand befindet. Der Rollenprüfstand ist eine Art Laufband, auf dem die Fahrtwiderstände ermittelt werden, die wiederum ins Testergebnis einfließen. Wird nun die Fahrertür beim Test offen gelassen, wechselt der Pkw automatisch in einen besonders sparsamen Fahrmodus. Wird die Klimaanlage ausgeschaltet, sinkt der Energieverbrauch weiter. Werden Leichtlaufreifen montiert und der Motor mit besonderen Getriebe- und Motorölen geschmiert, lässt sich das Ergebnis noch mehr verbessern. Denn darum geht es ja: um günstige Sprit- und CO_2-Werte, die sich erstens im Verkaufsprospekt gut machen und zweitens demnächst auch vor Strafzahlungen schützen.

Da es also zahlreiche Möglichkeiten gibt, am Ergebnis zu schrauben, fordert der TÜV-Bericht des Umweltbundesamtes einen neuen Test: »Langfristig sollte der derzeitige Prüfzyklus durch einen realistischeren Prüfzyklus auf der Grundlage einer Analyse von Daten realen Fahrverhaltens ersetzt werden, wie dies bei Motorrädern bereits geschehen ist.«

Smart nicht smart im Verbrauch

Der Test scheint auch den Smart-Machern gelegen gekommen zu sein. Den Herstellern des Miniautos also, in dem nur zwei Personen und eine Kiste Mineralwasser Platz haben. So wird der Smart 42 cdi mit einem Spritverbrauch von 3,31 Liter pro 100 Kilometer in der Werbung als »CO_2-Champion« angepriesen. Der Kleine belaste die Umwelt nur mit schlappen 88 Gramm CO_2 pro Kilometer, heißt es. Also ein echter grüner Flitzer? Kaum. Jedenfalls beschweren sich Smart-Fahrer in einem Internetforum darüber, dass der Kleine beim Fahren einen enormen Spritdurst entwickelt. Der Miniwagen schlucke bis zu 4,9 Liter pro 100 Kilometer. Das treibt natürlich auch die CO_2-Werte in die Höhe. Nebenbei sei angemerkt, dass der 45-PS-Smart beim Spritverbrauch rund einen halben Liter über dem des VW Polo BlueMotion liegt. Der aber hat 80 PS und vier Sitzplätze – und ist damit ein vollwertiges Auto.

Wer klagt, gewinnt

Trotz aller Kritik am »Fahrzyklus« wird erst einmal alles beim Alten bleiben. Zwar wurde bereits eine Arbeitsgruppe gebildet, in der Vertreter der EU-Länder, Hersteller und TÜV-Experten sitzen, die den Test überarbeiten sollen. Doch bisher sei noch nichts Konkretes geschehen, sagt Dorothee Saar von der Deutschen Umwelthilfe. Möglicherweise wird aber ein Umstand dazu führen, dass die Hersteller zukünftig mehr Sorgfalt walten lassen. So wurde kürzlich ein Autobauer beim Mogeln erwischt und muss nun an einen Kunden Schadensersatz zahlen. Der hatte einen 62 000 Euro teuren Mercedes der E-Klasse gekauft. Im Alltag schluckte die Limousine jedoch mehr Sprit als vom Hersteller angegeben. Zwei beauftragte Gutachter bestätigten, dass die Limousine 9,1 Prozent mehr Sprit verbrauche als von Mercedes angegeben. Der Kunde klagte daraufhin gegen Mercedes – und bekam recht. Das Landgericht Stuttgart verurteilte das Stuttgarter Unternehmen zu Schadensersatz. Den wollte der

Stern-Konzern zunächst nicht zahlen und legte Berufung ein – die jedoch zurückgezogen wurde. Man einigte sich lieber auf dem Vorwege. Nun muss Mercedes 2500 Euro plus 0,8 Cent pro bereits gefahrenem Kilometer an den Kunden zahlen. Außerdem muss das Unternehmen die Kosten für Gutachten und Rechtsstreit tragen (AZ 7 U 132/07, Urteil vom 20.11.2008).

Arbeiten bis zum Umfallen

Auch in Japan bekam eine Klägerin recht. Wenn auch die Umstände ganz andere waren als in dem genannten Fall. Die Ursache war viel trauriger. Doch der Reihe nach: In einem Autowerk der Firma Toyota in Zentraljapan hatte der 30 Jahre alte Ingenieur Kenicho Uchino in kurzer Zeit 106,45 Überstunden angesammelt. Es war nicht das erste Mal, dass er zu viel gearbeitet hatte. Es kam regelmäßig vor, dass er es abends nicht schaffte, nach Hause zu gehen. Durch Stress, Überlastung und Schlafmangel entwickelten sich bei Uchino mit der Zeit Herzrhythmusstörungen. Bis er schließlich bei der Arbeit zusammenbrach – morgens um vier Uhr – und wenig später starb. Nun erhält Hiroko Uchino, die Witwe, eine Rente. Der Tod ihres Mannes wurde als Arbeitsunfall anerkannt. Das ist der Fall, wenn die verstorbene Person vor ihrem Tod pro Tag mindestens 16 Stunden gearbeitet hat, und zwar nonstop. Die Rente macht Hiroko Uchinos Mann zwar nicht wieder lebendig, aber sie ist zumindest ein schwacher Trost.
Derart viele Überstunden mögen aus westlicher Sicht absurd erscheinen. In Japan jedoch ist es normal, sich ganz für die

Firma ins Zeug zu legen. Fortbildungen am Feierabend werden meist nicht als Überstunden anerkannt. Die Mitarbeiter nehmen auch sehr häufig außerhalb der Arbeitszeit an Gesprächsrunden teil, in denen darüber diskutiert wird, wie sich die Qualität der Pkws noch verbessern lässt. Diese Qualitätszirkel, »Kaizen« genannt, gelten als ein wichtiger Erfolgsfaktor des Toyota-Konzerns – und wurden von vielen anderen Firmen übernommen. Denn hier tauscht sich nicht das obere Management über Qualitätsverbesserungen aus, sondern Arbeiter und Angestellte teilen ihre Erfahrungen mit. Das ist für den Konzern wertvolles Material. Und man könnte auch sagen, es sei zudem eine Herausforderung für den »kleinen Mann«.

Wohl kaum. Denn das »Kaizen« ist, anders als immer wieder behauptet wird, keine freiwillige Veranstaltung, sondern die regelmäßige Teilnahme ist an einen (möglichen) Aufstieg im Unternehmen gekoppelt. Wer sich engagiert, kommt weiter, wer nicht mitmacht, bleibt in der Position, in der er ist. Doch »Kaizen«-Sitzungen, die stets in der Freizeit stattfinden, können zur chronischen Überarbeitung, zum Burn-out der Mitarbeiter beitragen, welcher zuletzt womöglich zu »Karoshi« führt, zum Tod durch Überarbeitung (aufgrund von Herzinfarkt oder Schlaganfall).

Nun kommen Burn-out und »Karoshi« nicht nur bei Toyota vor. Überarbeitung ist ein generelles Thema in Asien. Laut der japanischen Regierungsstatistik für das Jahr 2007, über die der Infodienst Telepolis berichtete, stieg die Zahl der Fälle, in denen Arbeiter aufgrund exzessiver Überstunden starben oder körperlich schwer erkrankten, um 7,6 Prozent: auf insgesamt 355 Fälle, von denen 147 tödlich endeten, meist durch Herzinfarkte oder Herzattacken. Weitere 819 Personen machten eine aus Überarbeitung resultierende schwere seelische Erkrankung durch, 176 Menschen versuchten, sich das Leben zu nehmen. Die Dunkelziffer liege vermutlich höher, vermutet eine japanische Schutzvereinigung. Sie geht von rund 10 000 »Karoshi«-Toten im Jahr aus.

Der Toyota-Konzern ließ nach dem Uchino-Urteil mitteilen, er werde die Überstunden, die durch »Kaizen« anfallen, den Mitarbeitern zukünftig bezahlen. Das ist zwar eine Geste, doch keine Lösung. Mehr Freizeit und Schlaf würden den Mitarbeitern sicher besser tun.

SERVICE

Besser Auto fahren

Was ist besser? Das alte Auto auf den Schrottplatz zu bringen und ein neues, sparsames anzuschaffen – oder das alte weiter zu fahren? Seit in Deutschland eine Abwrackprämie für alte Autos gezahlt wird, ist diese Frage aktueller denn je. Auch wenn es sinnvoll erscheint, die alte Rostlaube auf dem Schrott zusammenfalten zu lassen und stattdessen ein neues Mobil anzuschaffen – die Antwort ist längst nicht eindeutig. Es kommt auf die Sichtweise an. Fachleute, die sich mit Ressourcenschutz und Stoffstromanalysen beschäftigen, die also erfassen, wie viele Rohstoffe und Energie in einem Vierrad stecken, raten davon ab, sich ständig ein neues Gefährt zu kaufen. Sie empfehlen, das Auto so lange wie möglich zu fahren – weil für die Gewinnung der Rohstoffe Unmengen von Natur bewegt werden, die Produktion des Fahrzeugs selbst viel Energie kostet und Schadstoffe aller Art bei der Herstellung in die Umwelt gepustet werden, erklärt der VCD.

Aus Sicht von Gesundheitsschützern gehören alte Autos hingegen in den Müll. Vor allem solche, die keinen kompletten Dieselfilter oder geregelten KAT haben. Der Betriebswirt weist zudem auf die hohen Kosten von Altfahrzeugen hin. Für einen Pkw ohne geregelten KAT ist ein wesentlich höherer Steuersatz fällig als für ein modernes

Vierrad. Ein Diesel mit geregeltem Partikelfilter wird zudem finanziell begünstigt.

Smart fahren

Wer sich entschließt, ein neues Auto zu kaufen, und dabei die Umwelt im Blick haben möchte, sollte in der Autoumweltliste des VCD nachsehen. Die Liste kann als Kurzversion unter http://www.vcd.org/vcd_auto_umweltlist.html kostenfrei heruntergeladen werden. Ein ausführliches Exemplar gibt es für 2,95 Euro plus Versandkosten beim VCD, Rudi-Dutschke-Str. 9, 10969 Berlin, Tel. 030/280351-0. http://www.vcd.org/shop/katalog/kataloginhalt.php

Typgerecht fahren

Ausführliche Kaufberatung inklusive eines Tests, der ermittelt, welches Auto zum jeweiligen Personentyp passt, gibt es unter http://www.besser-autokaufen.de/. Eine Broschüre mit den wichtigsten Infos auf 16 Seiten kann unter http://www.besser-autokaufen.de/fileadmin/user_up load/redaktion/Idee/VCD_Autokaufberatung.pdf kostenlos heruntergeladen werden.

11
Gehirnwäsche:

Wie wir täglich manipuliert werden

Wir schreiben das Jahr 1956. Ein warmer Sommertag in Fort Lee, einer amerikanischen Kleinstadt unweit von New York. Im Kino des Ortes ist es schwül und drückend, doch die Besucher stört das kaum. Denn der gezeigte Film zieht sie voll in seinen Bann: Es läuft »Picnic«, ein Blockbuster mit Kim Novak, der für sechs Oscars nominiert wurde. Was die Zuschauer jedoch nicht wissen: All fünf Sekunden blitzen auf der Leinwand die Befehle »Trink Coca-Cola« und »Iss Popcorn« auf. So kurz, dass man sie nicht bewusst wahrnehmen kann. Doch lange genug, um sich in den Hirnen der Zuschauer zu implantieren. Als der Film zu Ende ist, stürzen sie alle zum Verkaufsstand im Kinofoyer – und dort werden 18 Prozent mehr Cola und 58 Prozent mehr Popcorn verkauft als sonst.

So schilderte der amerikanische Marktforscher James Vicary auf einer Pressekonferenz in New York 1957 sein Popcorn-Experiment – und seine Geschichte sorgte weltweit für Furore. Die CIA begann, intensiv über »subliminale Manipulationstechniken« zu forschen. In Deutschland wurden

Werbemaßnahmen wie die in Fort Lee ausdrücklich verboten, in der Sowjetunion wurden sogar gleich zwei Gesetze dagegen geschaffen. Diverse Forscher versuchten, die Ergebnisse von Fort Lee in eigenen Untersuchungen zu verifizieren, und Vicary selbst versuchte es auch noch einmal. Ohne Erfolg. Es konnte allerdings auch nicht klappen. Denn 1962 gestand Vicary in einem Interview, dass sein Kinoexperiment in Fort Lee überhaupt nicht stattgefunden hatte. Er hatte es frei erfunden – als Werbegag für seine dümpelnde Werbefirma.

Vom diesem Geständnis wissen freilich nur die wenigsten. Der »Trink-Cola-und-iss-Popcorn-Test« hingegen lebt bis heute. Immer noch wird die Story, und das nicht nur auf Partys von Psychologie- und BWL-Studenten, mit Kennermiene vorgetragen, nach dem Motto: »Glaubt mir, ich hab den Durchblick: Wir werden alle unentwegt manipuliert und zum Kaufen stimuliert, ohne es zu merken.« Und alle Anwesenden nicken, weil niemand als Einfaltspinsel dastehen will. Es wäre nicht das erste Mal, dass persönliche Eitelkeit dem Aufdecken von Betrügereien im Wege steht. Wir müssen davon ausgehen, dass die Legende von Fort Lee noch in hundert Jahren als wahre Begebenheit gehandelt werden wird.

Nichtsdestoweniger bleibt es eine Tatsache, dass sehr wohl mit unterschwelligen Botschaften und Manipulationen gearbeitet wird, um die Leute zum Kaufen anzuregen. Es sind jedoch keine »geheimen Verführer«, die aus der Tiefe der unbewussten Wahrnehmung zu unserem Ich vordringen. Die modernen Werbe- und Marketingabteilungen brauchen solche Taschenspielertricks überhaupt nicht. Für sie ist es kein

Problem, uns auch über unsere bewusste Wahrnehmung zu steuern. Man muss sich dafür nur ein wenig mit den Besonderheiten der menschlichen Psyche auskennen.

»Man muss den Leuten sagen, was sie denken sollen«

Einer der Gründungsväter der modernen Public Relations ist Edward Bernays (1891–1995). Geboren wurde er in Wien, als Neffe des Psychoanalytikers Sigmund Freud – die Ader für die psychischen Beweggründe des Menschen lag bei ihm also wohl in der Familie. Im Alter von einem Jahr zog er mit seiner Familie nach New York, wo er als junger Mann zunächst als Journalist arbeitete. Später verdiente er jedoch sein Geld mit Kampagnen, die ganz bewusst auf das Manipulieren der Menschen zielten. Er bediente sich dabei der Erkenntnisse der noch jungen Psychologie und Sozialwissenschaften. Sein Credo: »Wenn wir den Mechanismus und die Motive des Gruppen-Denkens verstehen, ist es möglich, die Massen, ohne deren Wissen, nach unserem Willen zu kontrollieren und zu steuern.« Sein bekanntestes Buch hieß einfach nur »Propaganda«. Darin schrieb er: »In beinahe jeder Handlung unseres Lebens (...) werden wir durch eine relativ geringe Zahl an Personen dominiert, welche die mentalen Prozesse und Verhaltensmuster der Massen verstehen. Sie sind es, die die Fäden ziehen, welche das öffentliche Denken kontrollieren.«
Und Bernays wusste, wie man die Menschen scharenweise dazu kriegt, wie Marionetten an Fäden zu laufen. »Das eben-

so Neue wie Geniale an Bernays war, nicht auf den Kauf eines Produkts oder die Inanspruchnahme einer Dienstleistung zu zielen, sondern darauf, beim Publikum eine viel tiefer greifende und anhaltende Verhaltensänderung in die gewünschte Richtung zu bewirken«, erklärt der Wiener Marketingexperte Viktor Farkas. Sein Ziel war also, dass die Menschen zum Beispiel nicht nur *einmal* eine bestimmte Kaugummi-Marke, sondern *nur noch* diese Marke kauften, weil sie sich ein Leben ohne sie nicht mehr vorstellen konnten.

Eine der berühmtesten PR-Kampagnen von Bernays hatte ihren Höhepunkt 1929 in New York, als eine Brigade von Frauenrechtlerinnen auf der Osterparade mitmarschierte – und dabei ostentativ Zigaretten rauchte. Die Aktion nannte sich »Fackeln der Freiheit«, und selbst Psycho-Laien kapierten, dass die Kippen in den Frauenhänden eigentlich die Männer symbolisierten, die zwischen den weiblichen Fingern immer kleiner wurden. Dabei ging es bei dieser Aktion gar nicht um feministische Agitation, sondern darum, die amerikanischen Frauen fürs Rauchen zu motivieren, das bis dahin eine klare Männerdomäne war. Und es funktionierte. Denn vor der Aktion hatte Bernays noch Ärzte angeheuert, die in diversen Werbe- und PR-Aktionen erklärten, dass Rauchen schlank mache. Die Zigarette versprach also nicht nur Freiheit vom männlichen Joch, sondern auch noch Schlankheit und körperliche Attraktivität – welche halbwegs ambitionierte Frau könnte dem schon widerstehen?

Und Bernays arbeitete nicht nur der Nikotinsucht zu. Als sich die Fleischindustrie sorgte, weil immer mehr Amerikaner zum Frühstück nur Kaffee und Toast verzehrten, stilisierte er den Speck zum unverzichtbaren Bestandteil des amerikanischen Frühstücks, und wieder ließ er Mediziner in Werbespots von Fleisch als unentbehrlicher Eisen- und Eiweißquelle fabulieren. Später erfand Bernays den »Anti-Aggressions-Crunch-Effekt« von Cornflakes. Sein Argument: Die Jugend von heute würde deutlich friedlicher sein, wenn sie sich schon beim Frühstück durch das kraftvolle Hineinbeißen in die Cerealien abreagieren könnte. Beide Aktionen, die Fleisch- als auch die Cornflakes-Propaganda, hatten durchschlagenden Erfolg. Nirgendwo sonst haben Fleisch und Flakes einen derart hohen Stellenwert, und nirgendwo sonst leben so viele Dicke und Zuckerkranke wie in den USA.

Dennoch soll Bernays an dieser Stelle nicht einseitig als Handlanger einer moralisch heruntergekommenen Konsumgesellschaft an den Pranger gestellt werden. Als PR-Manager der amerikanischen Gesellschaft für Multiple Sklerose sorgte er – wiederum werbewirksam – dafür, dass die Krankheit öffentliche Aufmerksamkeit erhielt. Und in den 1960ern stellte er sein Talent der Anti-Raucher-Bewegung zur Verfügung, auch wenn er dabei nicht annähernd so erfolgreich war wie drei Jahrzehnte zuvor, als er die Frauen überhaupt erst zu Teer und Nikotin gebracht hatte.

Bernays war im Prinzip offen für alles. Ihn faszinierte nicht nur, wie man irgendwelche Produkte an den Mann oder die Frau bringen kann, ihn faszinierte generell das Thema der suggestiven Manipulation. Und er war überzeugt, damit auf der richtigen Seite zu stehen. »Man muss den Leuten sagen, was sie denken sollen, weil sie von sich aus nicht zu rationalem Denken fähig sind«, sagte er einmal. Was letzten Endes natürlich ein ausgesprochen negatives Menschenbild bedeutet: Es schreit geradezu danach, den Menschen nicht nur Kaugummis zu verkaufen, sondern auch politische Ideologien. Nicht umsonst suchte Joseph Goebbels in den Büchern des Juden Bernays nach Anregungen für seine Antisemitismus-Kampagnen. Wer erfolgreich Propaganda machen will, muss eben für alles offen sein.

Ob Bernays wirklich das große Genie der PR-Geschichte war, als das auch er sich selbst gern sah, ist umstritten. Doch er ist zweifelsohne ihre schillerndste Figur, und als solche symbolisiert er wie kein anderer den Beginn der modernen Marketingarbeit – und den Niedergang des Marktschreiers, der bis dahin viele Jahrhunderte lang den Verkauf von Dienstleistungen und Waren anzukurbeln versucht hatte, indem er den potenziellen Kunden direkt und simpel ansprach, nach dem Muster: »Du musst dieses Produkt kaufen, weil es das beste von allen ist.« Die heutigen Werbe- und PR-Leute gehen viel raffinierter vor. Im Folgenden werden einige ihrer typischen Strategien vorgestellt.

Bekanntheit erzeugt Vertrauen, und Vertrauen erzielt Umsatz

Eines der besten Verkaufsargumente ist die Bekanntheit. »Was uns bekannt vorkommt und keine unguten Gefühle hervorruft, erscheint uns automatisch vertrauenswürdig«, erklärt Sozialpsychologin Lydia Lange vom Max-Planck-Institut für Bildungsforschung in Berlin. Und wenn uns ein

Produkt vertrauenswürdig vorkommt, dann sind wir eher bereit, Geld dafür auszugeben.

Aus diesem Grunde kaufen die meisten Patienten immer noch Aspirin, wenn sie Kopfschmerzen haben, obwohl es dessen Wirkstoff ASS (Acetylsalicylsäure) in anderen Präparaten weitaus kostengünstiger gibt. Oder sie putzen ihre Nase mit Tempo, obwohl es dieselbe Menge Taschentücher, sagen wir ein Sixpack, von anderen Anbietern zum halben Preis gibt.

Um freilich ein Produkt zu einem Megahit zu machen, den praktisch jeder kennt, muss man viel darin investieren, die Marke am besten täglich und überall zu lancieren und somit sichtbar zu machen. Das können nur die Branchen und Unternehmen mit großen Umsätzen. Wie etwa die Lebensmittelindustrie, die allein in den USA über 30 Milliarden Dollar für Werbemaßnahmen ausgibt und damit sogar die Zigarettenindustrie übertrumpft. Doch diese Investitionen lohnen sich. Der Markenname Coca-Cola war fünf Jahre nach seiner Einführung in China bereits 65 Prozent der dortigen Bevölkerung bekannt, heute gibt es dort außer einigen Bauern in Gegenden mit schlechter Infrastruktur wohl niemanden mehr, der den Namen nicht in einem Atemzug mit McDonald's nennen könnte. Auf ihrer Homepage betont die Coca-Cola GmbH voller Stolz, dass ihre Hauptmarke »heute zu den wertvollsten Marken der Welt« gehört. Und nach »O. K.« sei sie der Begriff, der überall auf der Welt am meisten verstanden werde.

Es machen doch alle

Wenn andere Menschen etwas machen, neigen wir dazu, dasselbe zu tun. Man kann das als Gruppenzwang bezeichnen oder auch als Nachahmungseffekt – in jedem Falle ist dieser Faktor wirksam genug, um von Händlern und Dienstleistern ganz gezielt ausgenutzt zu werden mit dem Ziel, uns als Käufer zu gewinnen.
So ergaben Studien, dass Hausbewohner einem Spendensammler eher Geld für eine Hilfsorganisation geben, wenn man ihnen vorher eine Liste gegeben hat, auf der die Namen ihrer Nachbarn stehen. Und immer noch sehen wir Werbespots, in denen Menschenmassen ein Geschäft erstürmen, um ein bestimmtes Produkt zu ergattern. Würden diese Clips ihre Wirkung verfehlen, wären sie schon längst von der Bildfläche verschwunden.
Gerade Kinder sind sehr sensibel für Gruppenzwänge. Pädagogen beklagen unisono, dass Schüler aus einkommensschwachen Familien sehr darunter leiden, dass sie sich nicht die Markenklamotten, die Hightech-Handys oder Spielkonsolen kaufen können, die ihre Mitschüler haben. Es gehört sehr viel Selbstbewusstsein dazu, gegen den Konsumstrom der anderen zu schwimmen – doch gerade daran hapert es ja bei Schülern, die nur wenig Geld im Rücken haben.

Die Überzeugungskraft des einen Nenners

Menschen, denen wir uns verbunden fühlen, kaufen wir eher etwas ab als jemandem, den wir nicht gut kennen oder den wir sogar unattraktiv oder unsympathisch finden. Aus diesem Grunde bemühen sich gute Verkäufer, nicht nur gut auszusehen, sondern auch, einen gemeinsamen Nenner mit dem Kunden zu finden. Klassiker der »Ein-Nenner-Strategie« sind: »Ach, Sie kommen aus Düsseldorf? Da komme ich auch her!«, oder: »Ich habe auch zwei Kinder zu Hause, bei denen ist das Computerspiel der absolute Renner.« Der Verkäufer suggeriert damit, dass er eine ähnliche Herkunft oder einen ähnlichen Lebensstil hat wie der Kunde, dessen finanzielle Freigebigkeit dadurch deutlich ansteigt. In einer Studie des amerikanischen Psychologen Michal Basil wurden Collegestudenten wegen einer Spende für eine Wohltätigkeitsorganisation angesprochen. »Sie gaben doppelt so viel Geld«, so Basil, »wenn der Spendensammler ihnen kundtat, dass er auch ein Student wäre.«

Auch bei der Werbung wird darauf geachtet, den Lebensstil der potenziellen Kunden zu treffen. Die Ikea-Werbung spricht mit ihren witzigen TV-Clips und dem Slogan »Wohnst du noch, oder lebst du schon?« natürlich nicht die Anhänger der Eichenschrankwände an, sondern eine jüngere Kundschaft, die nicht ganz so viel Geld hat, aber beim Möbelkauf trotzdem Wert auf individuelles Styling legt. Dass die Zielgruppe geduzt wird, trägt ebenfalls dazu bei, dass sich gerade jüngere Leute angesprochen (und nicht mehr ganz so junge gebauchpinselt) fühlen.

Die Lebensmittelindustrie hat hingegen vor allem die Kinder im Visier. Nicht nur, weil diese immer mehr Geld zur Verfügung haben, sondern auch, weil sie das Einkaufsverhalten ihrer Eltern beeinflussen. Ein Kind, das am Samstag einen Privatsender guckt, wird mit bis zu 20 Food-Werbungen pro

Stunde berieselt – und dabei genau in der Sprache angesprochen, die es versteht.

Gerade McDonald's schafft es immer wieder, sich auf die aktuellen Gesinnungen und Wertvorstellungen der Kinder einzupendeln. »Es macht eine wesentliche Stärke dieses Unternehmens aus, dass seine Marke nicht nur für bestimmte Nahrungsmittelangebote steht, sondern ebenso für ein ideologisches Angebot«, erläutert die österreichische Psychologin und Marketingexpertin Helene Karmasin. »McDonald's verkörpert auch eine Weltsicht, die sich ihren Fans und Konsumenten auf der ganzen Welt mitteilt.« Wobei diese Weltsicht nicht nur darin besteht, dass man immer voll im Trend ist oder sogar Trends setzen kann. McDonald's hat auch eine kulinarische Ikone geschaffen, den Big Mac, der überall auf der Welt in gleichem Aussehen und gleicher Qualität angeboten wird. Dadurch ist er ein Signal der Stabilität in einer Welt des Wandels, die gerade auf Jugendliche oft bedrohlich wirkt.

Nicht zu vergessen schließlich, dass McDonald's den Jugendlichen hilft, die Welt ihrer Eltern hinter sich zu lassen. »Für Jugendliche ist der *Big Mac* eine Speise, die sie als charakteristisch für ihre Altersgruppe empfinden«, erklärt Karmasin. »Und McDonald's ist oft das erste Lokal, das sie selbständig aufsuchen, in dem sie ihre Freunde treffen und sich von den Erwachsenen abgrenzen können.« Was sollen sie auch sonst machen? Ihre Eltern sind überfordert und im Dauerstress, die Schulen müssen ihren Lehrplan durchziehen, Jugendclubs werden dichtgemacht, und den Sportvereinen und Kirchen fehlen Personal und Argumente, um Jugendliche langfristig an sich zu binden. Also übernimmt eben McDonald's die Rolle des Pubertätsbegleiters. Und das macht er so, wie er seinen *Big Mac* verkauft: zweckmäßig, sicher, effizient, sauber, jung, demokratisch, egalitär, leicht zu handeln und ohne moralischen Zeigefinger. Genau so stellt sich ein Jugendlicher einen vertrauenswürdigen Wegbegleiter vor.

Wie du mir, so ich dir

Eine weitere für PR-Strategen immer wieder ergiebige Taktik der Verkaufsförderung ist die Reziprozität. Sie besteht darin, dass wir uns, wenn jemand uns etwas schenkt, gedrängt fühlen, ihm etwas zurückzugeben. Man kennt dieses Gefühl von Weihnachten oder anderen Festlichkeiten. Wenn uns jemand etwas zum Geburtstag mitgebracht hat, fühlen wir uns in der Pflicht, ihm später an seinem Geburtstag auch etwas zu geben. Jetzt kann man natürlich sagen, dass wir uns aus diesem Kreislauf des Gebens und Nehmens ja ausklinken können. Doch das ist nicht so einfach. »Das Prinzip der Reziprozität gilt wohl in allen Gesellschaften als verbindliche Norm«, erklärt Robert Gialdini, Psychologe von der Arizona State University im amerikanischen Tempe. Wenn wir uns diesem Prinzip verweigern, brechen wir die Norm und riskieren damit, aus der Gesellschaft ausgegrenzt zu werden. Weswegen schon Kinder sich an ihren Geburtstagen gegenseitig – unabhängig von tatsächlicher Sympathie – mit Geschenken zuschütten, weil sie bei ihren Freunden nicht als Außenseiter dastehen wollen.
Dienstleistungsgewerbe und Handel können daher darauf

vertrauen, dass ihnen der eine oder andere tatsächliche Kunde zugespült wird, wenn sie der potenziellen Kundschaft kleine Geschenke machen. Weswegen beispielsweise im Supermarkt immer wieder Kostproben serviert und im Fitnessstudio kostenlose Probestunden angeboten werden. »Der Kunde lernt dadurch nicht nur das Produkt oder die Dienstleistung kennen«, erklärt Gialdini, »er gerät auch psychisch in die Schuld des Anbieters.« Und oft reicht es, wenn einer von hundert diese Schuld nicht mehr ertragen kann und sich von ihr durch eine Gegenleistung, also den Kauf eines Produkts oder einer Dienstleistung, befreien will – die meisten Händler kommen dabei schon auf ihre Kosten.

Zu den Branchen, die besonders fleißig auf Reziprozität setzt, gehört die Pharmaindustrie. Eine deutsche Arztpraxis erhält pro Jahr etwa 170 Besuche von einem der 15 500 Pharmareferenten, die zwischen Flensburg und Konstanz herumreisen. Sie verteilen massenweise Geschenke, damit der Mediziner als Gegenleistung genau das Produkt auf den Rezeptblock schreibt, für dessen Hersteller der Pharmareferent unterwegs ist. Zu den harmloseren »Gimmicks« gehören Probepackungen des beworbenen Mittels, doch es kommt auch oft genug vor, dass eine Einladung zum Essen oder zu einem Kongress an einem noblen Skiort ausgesprochen wird. Ein HNO-Arzt berichtete in einer Fachzeitschrift, wie er für seine Treue zu einem bestimmten Antibiotikum von dem betreffenden Referenten mit einer Gratispackung versorgt wurde – doch die enthielt nicht etwa das Antibiotikum, sondern das Potenzmittel Viagra, sozusagen für den Hausgebrauch des kooperativen Mediziners.

Dass unter solch massiven Manipulationen möglicherweise

die therapeutische Unvoreingenommenheit verlorengeht, liegt nahe. Noch schwerer wiegt aber, dass viele Ärzte sich auch an den Pharmareferenten wenden, wenn es die Nebenwirkungen eines Medikaments zu melden gilt. Unabhängige Pharmakologen gehen hierzulande von einer halben Million Fällen schwerer Arzneinebenwirkungen pro Jahr aus, gemeldet würden aber, wie Bruno Müller-Oerlinghausen von der Deutschen Arzneimittelkommission beklagt, »gerade einmal fünf bis zehn Prozent davon«. Von diesen Meldungen erreicht nur etwa ein Zehntel die Arzneimittelkommission, wo sie eigentlich hingehören. Die anderen 90 Prozent gehen zum großen Teil an den Pharmareferenten. Und der ist zwar per Gesetz verpflichtet, die Meldungen ans Bundesinstitut für Arzneimittel und Medizinprodukte weiterzugeben – doch ob das auch wirklich geschieht, ist fraglich. Denn ein Zuviel von gemeldeten Nebenwirkungen bedeutet möglicherweise das Aus für die betreffende Arznei – und dann wirft sie auch keine Provision mehr für den Referenten ab.

Die Macht der Autorität

Argumente wirken gleich viel überzeugender, wenn man sie mit Quellenangaben schmückt in der Art von »wie eine Studie der Oxford University zeigte« oder »wie schon Professor Soundso festgestellt hat«. Menschen lassen sich sogar von lebensgefährlichem Schwachsinn überzeugen, wenn er von jemandem vertreten wird, der etwas darstellt. Wer ist zum Beispiel nicht schon mal hinterhergehastet, wenn jemand vor ihm bei Rot über die Straße ging? Unsere Bereitschaft zu so etwas steigt, wenn dabei Autorität ins Spiel kommt. Wissenschaftler der Universität von Texas fanden heraus, dass fast viermal so viele Menschen bei roter Ampel hinterherlaufen, wenn das »Vorbild« mit Schlips und elegantem Anzug ausgestattet ist.

Manchmal kann das gewichtige Auftreten einer Autorität einem Produkt geradezu zum Durchbruch verhelfen. So predigten die Hersteller von Kondomen in den USA jahrelang die Vorteile ihres Produkts – Empfängnisverhütung und Schutz vor Infektionen –, doch ihre Verkaufszahlen dümpelten dahin. Bis sich im Jahre 1987 Everett Koop, der höchste Beamte im US-Gesundheitswesen, für den Gebrauch der Gummis einsetzte und gerade Teenagern dazu riet. Die Verkaufszahlen explodierten daraufhin geradezu.

Etwa zehn Jahre später kam das Potenzmittel Viagra auf den Markt. Zu dieser Zeit wurde Impotenz noch wenig bis gar nicht öffentlich thematisiert. Doch Viagra-Hersteller Pfizer gelang es, das zu ändern – durch sogenannte Aufklärungskampagnen. Dazu gehörte, dass man den ehemaligen Fußballstar Pelé als Mustermann auftreten ließ, der im Fernsehen ganz unverblümt über Potenzprobleme redete. Er musste nicht einmal den Namen Viagra nennen (das wäre auch gar nicht erlaubt gewesen) – es reichte, dass er als echter Kerl die dazu passende Erkrankung enttabuisierte, um einen regelrechten Run auf das Medikament auszulösen. Seit 2002 macht Pfizer mit dem Potenzmittel einen Umsatz von jährlich 1,7 Milliarden Dollar, derzeit werden weltweit pro Sekunde vier Viagra-Tabletten eingenommen.

Überhaupt setzt gerade die Pharmabranche auf die Überzeugungskraft von Autoritäten, allerdings handelt es sich dabei weniger um ehemalige Fußballprofis als um hochkarätige Ärzte. Der Grund: Die Medizin hat sich in den letzten Jahrzehnten zu einer hochkomplizierten Angelegenheit entwickelt, die dem Laien weitgehend unbegreiflich erscheint. Der Durchschnittsbürger vertraut daher auf den Rat von Experten, und er hört dabei nicht nur auf konkrete Aussagen von Professoren oder Doktoren, sondern interessiert sich auch für die veröffentlichten Ergebnisse wissenschaftlicher Studien. Ob die freilich irgendeinen Wert haben oder ob die Studien überhaupt durchgeführt wurden, kann er kaum beurteilen, doch das macht nichts. Ende der neunziger Jahre schoss der Umsatz von Pu-Erh-Tee sprunghaft in die Höhe, weil in der Presse die Ergebnisse einer Studie der Universität Paris lanciert wurden, wonach der Tee angeblich überschüssige Fettpolster zum Schmelzen bringen kann (»10 Kilogramm in zwei Wochen«). Dabei lässt sich die zitierte Arbeit nirgendwo auftreiben, und sie wird auch nicht in den medizinischen Datenbanken geführt. Stattdessen wurde der Tee schließlich an der Stoffwechselambulanz der Freien Universität Berlin getestet: Die Wissenschaftler konnten keinerlei Effekt aufs Körpergewicht feststellen. Allerdings ergaben Analysen von »Öko-Test«, dass einige Produkte hochgradig mit Schimmelpilzen verunreinigt waren – was vielleicht insofern die Fettpolster schwinden lässt, als man sich eine Lebensmittelvergiftung zuzieht und nichts mehr bei sich behält.

Nicht nur bei Kräutertees wird fleißig geschummelt, sondern auch bei der wissenschaftlichen Datenlage zu ganz und gar nicht harmlosen Medikamenten. Laut einem Papier von Transparency International, einem unabhängigen Verein zur

Bekämpfung der Korruption, sind in Deutschland »mindestens 40 Prozent der klinischen Daten geschönt und gefälscht«. Bei vielen Studien geht es nicht um wissenschaftlichen Erkenntnisgewinn, sondern um produktbezogene Marketingvorteile. Wobei auffällt, dass die Anzahl der Fälschungen umso mehr zunimmt, je wirkungsloser ein Medikament ist.

Wer glaubt, sich stattdessen auf medizinischen Kongressen über die tatsächlichen Wirkungen von Medikamenten informieren zu können, ist erst recht auf dem Holzweg. Denn gerade hier wird gelogen, dass sich die Balken der Vortragssäle biegen, weil sich der Redner auf einem Kongress – anders als in einer Fachzeitschrift, deren Texte immerhin von Gutachtern überprüft werden – vollkommen ungehindert verbreiten kann. Einige der vortragenden »Kapazitäten« machen sich noch nicht einmal mehr die Mühe, ihre Reden selbst zu schreiben. Sie lassen ihre Texte, wie Transparency International süffisant anmerkt, »lieber gleich in den Marketing-Büros der Pharmaunternehmen anfertigen«.

Das Geschäft mit der Angst

Wenn Menschen Angst haben, dann neigen sie zu irrationalem Verhalten – und dann sind sie auch schnell bereit, ihr Geld auszugeben, um sich vor dem Objekt ihrer Angst zu schützen. Handel und Industrie nutzen diesen psychischen Mechanismus skrupellos aus.

Besonders eifrig sind in dieser Hinsicht die Versicherungsunternehmen. »Stellen Sie sich vor, Sie kommen aus dem

Urlaub zurück und Ihre Wohnung ist ausgeräumt.« Mit solchen oder ähnlichen Sprüchen trifft man genau das Mark der Menschen, von denen die meisten ohnehin glauben, dass es in unserer Welt immer krimineller zugeht. Oder man beschwört das Szenario eines Handwerkers, der durch einen schweren Sturz in die Mittellosigkeit gerät, weil er nicht mit einer Unfall- oder Berufsunfähigkeitsversicherung vorgesorgt hat. Besonders beliebt ist derzeit der Hinweis, dass die gesetzliche Rente für unsere Altersversorgung nicht ausreicht und wir daher eine private Rentenversicherung abschließen müssten. Kein Wort davon, dass viele Versicherte bei Schadensfällen große Probleme haben, ihre Ansprüche durchzusetzen. Kein Wort auch davon, dass viele private Rentenversicherungen weit hinter dem zurückbleiben, was sie versprechen, und dass ein sukzessive angefülltes Bundesanleihenkonto risikoloser ist und meistens auch eine bessere Rendite abwirft. Es geht schließlich darum, eine verkaufsfördernde Angst zu schüren.

So wie die Assekuranzen mit angeblichen Versicherungslücken dafür sorgen, dass mancher schlecht schläft, arbeiten Politik und Energiewirtschaft gern mit der sogenannten Stromlücke, um den Verbraucher für Kohle- und Atomkraft zu gewinnen. Die Deutsche Energieagentur, zu deren Gesellschaftern neben der Bundesrepublik auch diverse Privatbanken gehören, behauptete im März 2008, dass Deutschland im Jahre 2020 eine Stromlücke von 12 000 Megawatt drohe. Diese Zahl basiert jedoch auf unzulässigen Voraussetzungen. So liegt die Energieagentur beispielsweise mit ihrer Einschätzung des künftigen Energiebedarfs deutlich höher als die Bundesregierung mit ihren ohnehin schon hoch angesetzten Berechnungen, doch dafür wurden die Potenziale der erneuerbaren Energien und Wärmekopplungsanlagen zielstrebig klein gerechnet. So verwundert es nicht, dass eine Studie im Auftrag von Greenpeace auf ganz andere Werte kommt. Demnach ist im Jahre 2020 sogar mit einer Überkapazität von etwa 10 000 Megawatt zu rechnen – das entspricht ungefähr der Leistung von zwölf Großkraftwerken.

Auch die Hersteller von Nahrungsergänzungen und Vitaminpillen spielen gern auf der Klaviatur der Angst. Jener Angst nämlich, dass wir in heutiger Zeit mit der normalen Nahrung zu wenig Vitamine abbekommen würden. Tatsache ist, dass unsere Lebensmittel nicht weniger Vitamine enthalten als früher. Einige Werte gingen sogar deutlich nach oben. So enthält beispielsweise eine Salami mittlerweile – zu Konservierungszwecken – auf 100 Gramm 20 Milligramm Vitamin C.

Extrem lukrativ ist schließlich das Geschäft mit der medizinischen Vorsorge, in dem ja auch gezielt die Urängste des Menschen vor Krankheit und Siechtum angesprochen werden. Egal ob Brust-, Prostata- oder Darmkrebs, ob Herzinfarkt und Schlaganfall, ob Diabetes oder zu hohe Cholesterinwerte, ob Alzheimer, grüner Star oder Allergien – es gibt kaum noch eine Krankheit, zu deren Verhütung uns nicht zu frühzeitigen Vorsorgeuntersuchungen geraten wird. Manchmal werden die Kosten dafür von den gesetzlichen Krankenkassen übernommen, manchmal auch nicht – es fließen in jedem Falle saftige Geldbeträge an die Labors und Hersteller der entsprechenden Geräte. Allein der Verband der Diagnostica-Industrie (sie versorgt die Labordiagnostik mit Reagenzien und Analysesystemen) freut sich über Jahresumsätze von deutlich mehr als zwei Milliarden Euro, und auch Apotheker und Ärzte verdienen nicht schlecht an den diversen Vorsorgemaßnahmen. Doch ob sie tatsächlich einen Nutzen für den Patienten haben, ist keinesfalls sicher.

So starben über einen Zeitraum von zehn Jahren ohne Mammographie-Screening 996 von 1000 Frauen nicht an Brustkrebs, mit Screening waren es 997. Das sind keine nennenswerten Unterschiede. Und auch der PSA-Test, bei dem ein bestimmter Blutmarker (das **P**rostata**s**pezifische **A**ntigen) zum Erkennen von Prostatakrebs gemessen wird, bleibt bisher den Nachweis für seinen Nutzen schuldig. Denn Tatsache ist, dass zwar viele Männer im Alter einen Tumor an der Vorsteherdrüse haben und mit ihm, doch nur wenige an ihm sterben. Ganz zu schweigen davon, dass ein erhöhter PSA-Wert kein zwingender Beweis für ein Krebsgeschwür ist, wohl aber bei den Betroffenen eine Menge Stress erzeugt. Das Netzwerk für evidenzbasierte Medizin hält daher den Nutzen des PSA-Screenings »im Sinne eines verlängerten Überlebens von betroffenen Männern nach einhelliger wissenschaftlicher Auffassung für nicht belegt«.

Wer freilich Angehörige durch Krebs verloren hat oder selbst erkrankt ist, mag für solche Argumente nur wenig Verständnis haben. Denn für ihn steht fest, dass man zum Schutz vor der bösartigen Erkrankung alles tun sollte, was möglich ist, auch wenn die Wirkung nicht bewiesen ist. Das ist nachvollziehbar, und wir wollen ja auch niemandem die Vorsorge ausreden. Dennoch hat der Patient – unserer Meinung nach – Anspruch darauf, dass man ihn über die diversen Vorsorgemaßnahmen objektiv und ausgewogen aufklärt, anstatt ihn in Angst und Schrecken zu versetzen.

12
Ethischer Konsum:

Lassen Sie sich nichts vormachen!

Sokrates, der Philosoph im alten Griechenland, konnte wirklich nervtötend sein. Er selbst verglich sich kurz vor seinem Tod durch den Schierlingsbecher mit einer »Bremse, die eine edle Rassestute, die schlafen will, in die Flanken sticht«. Genauso ärgerte er seine griechischen Mitbürger. Nur dass er nicht zubiss, sondern ihnen mit bohrenden Fragen und Provokationen zusetzte. Egal, wo sie gingen, aßen oder plauderten, der gelernte Steinmetz passte seine Landsleute ab und verstrickte sie in Gespräche, an deren Ende sie stets die Düpierten und Vorgeführten waren. Hauptthema war dabei immer die Tugendhaftigkeit, was man heute wohl, mit ironischem Unterton, als »political correctness« bezeichnen würde. Sokrates liebte es, seinen Mitmenschen vor Augen zu führen, dass sie glaubten, ein sittliches und anständiges Leben zu führen, aber im Grunde keine Ahnung davon hatten.
Legendär, wie er seinen Freund Menon fragt: »Kannst du mir sagen, was Tugend ist?« Die Antwort: »Was soll daran schwierig sein?« Und dann gibt Menon Beispiele von Tu-

gendhaftigkeit. Wie etwa das des Mannes, der den Staat gut verwaltet, den Freunden hilft und den Feinden schadet. Oder das der Frau, die treu ist und das Haus in Schuss hält. Doch Sokrates kann das nicht überzeugen: »Sieh mal an, was für ein Glück ich heute früh habe! Ich suchte nur eine einzige Tugend und habe einen ganzen Schwarm gefunden!« Und dann geht es los. Immer wieder gelingt es Sokrates, die Tugendbeispiele seines Gegenübers zu demontieren. Wie etwa, dass es ein Zeichen von Güte sei, einem Freund mit Geld auszuhelfen, wenn er in Not ist. Sokrates' trockene Bemerkung darauf: »Ach, aber wenn du einem hilfst, der nicht dein Freund ist, bist du nicht gut?« – »Doch, doch«, stammelt Menon, »auch wenn ich jemandem helfe, der nicht mein Freund ist, vollbringe ich eine gute Tat.« – »Und wenn du wüsstest, dass der Freund, dem du Geld gibst, dieses Geld für eine böse Tat verwendet, hättest du dann auch eine gute Tat vollbracht?« – »Nein, dann sicher nicht.« – »Also fassen wir zusammen«, resümiert Sokrates. »Einem Freund Geld zu geben, kann eine gute Tat sein oder auch keine gute Tat, während es eine gute Tat sein könnte, einem Geld zu geben, der kein Freund ist.« Man kann sich ausmalen, wie Menon nun der Kopf raucht. Seine Dialoge mit Sokrates bringen ja heute noch viele Philosophiestudenten zur Verzweiflung.

Warum Grundbedürfnisse nicht mehr ausreichen

Dabei hätte Menon eigentlich nicht der Kopf rauchen müssen. Denn die Menschen im antiken Athen hatten es gegenüber heute relativ leicht, ein tugendhaftes Leben zu führen.

Ihr Wertesystem war noch nicht so kompliziert wie unseres, denn es gab noch nicht so viele Meinungsbildner. Sokrates musste seine Athener weder von der »Bild«-Zeitung noch vom Fernseher noch vom Laptop losreißen.

Auch die Frage, wem man sein Geld geben sollte, bereitete damals noch wenig Kopfzerbrechen. Denn es gab nicht viel, was man kaufen konnte, weswegen man sich leichten Herzens darüber Gedanken machen konnte, sein Geld jemandem zu leihen oder zu schenken. Die Philosophen der damaligen Zeit gingen sogar noch einen Schritt weiter und erklärten Bedürfnislosigkeit zum wesentlichen Merkmal einer edlen Gesinnung. Sokrates sagte: »Je weniger wir bedürfen, umso näher stehen wir den Göttern.« Aber er hatte ja auch gut reden. Bei seinen Gängen durch Athen musste er nicht an Schaufenstern und Reklametafeln vorbei, zu Hause bei Xanthippe gab es keinen Fernseher, der ihn mit Werbespots zududelte, und es gab auch keine Discounter, deren Sonderangeboten er widerstehen musste. Es wurden keine Bedürfnisse bei ihm geweckt, und so fiel es ihm leicht, Bescheidenheit zu üben.

Heute ist das anders. Die letzten Großversuche, per Kommunismus eine flächendeckende Befriedigung der menschlichen Grundbedürfnisse zu installieren, sind gescheitert. Anfang der 1990er Jahre wurden die letzten Propagandaplakate der DDR abmontiert und durch Reklameschilder ersetzt, und in Russland gibt es mittlerweile fast so viele Milliardäre wie in den USA. Der Kapitalismus herrscht nahezu konkurrenzlos, und er herrscht vor allem in Wohlstandsländern, in denen die Geburtenzahlen stagnieren, so dass immer weniger potenzielle Käufer nachwachsen. Industrie und Handel sind deshalb mehr denn je gezwungen, über die Deckung der blossen Grundbedürfnisse hinauszugehen. Die Folgen sind weithin sichtbar: Im Supermarkt kann man nicht mehr aus einem Dutzend, sondern aus mehr als hundert Wurstwaren wählen, und wer ein neues Auto gekauft hat, bekommt bereits wenige Wochen später Broschüren zugeschickt, in denen ihm schon wieder der Kauf eines neuen Autos ans Herz gelegt wird. Essen allein genügt nicht mehr, und Mobilität allein auch nicht, es muss immer etwas Neues und noch Besseres in diesen Bereichen sein. Selbst Gesundheit reicht nicht mehr, es muss schon Wellness sein. »Der moderne Kapitalismus«, so erklärt es der amerikanische Politologe Benjamin Barber, »schafft nicht mehr Produkte für Bedürfnisse, sondern Bedürfnisse für Produkte. Wir sollen kaufen um des Kaufens willen.«

Wie dieser Mechanismus funktioniert, zeigt eindrucksvoll das Beispiel des Potenzmittels Viagra. Bis zu seiner Einführung im März 1998 hatten sich Millionen von Paaren mit ihrer – moderaten – sexuelle Situation mehr oder weniger arrangiert, doch dann wurde, nicht zuletzt durch intensive Marketingarbeit des Viagra-Herstellers Pfizer, die Potenzschwäche zur männlichen Volkskrankheit erklärt. Plötzlich hieß es, dass mehr als die Hälfte aller Männer über 40 Jahren davon betroffen sei. Konkrete Beweise für diese Zahl fehlen bis heute, und erst recht fehlen Belege dafür, dass die angeblich Potenzgestörten wirklich einen großen Leidensdruck verspüren.

Doch nachdem die erektile Funktionsstörung zur Volkskrankheit erklärt und quasi eine Art verbriefter Anspruch auf ein erfülltes Sexualleben postuliert wurde, war es mit dem friedlichen Agreement vorbei. Das Bedürfnis war geweckt: Der Mann fühlte sich wieder als echter Kerl, denn er konnte ja wieder, und da trat die Frage, ob seine Partnerin überhaupt wollte, in den Hintergrund. Viagra hat, wie die Psychologin Leonore Tiefer von der New York University berichtet, viele Frauen unter massiven Leistungsdruck beim Sex gesetzt. »Und sofern sie kein Interesse am wiedererwachten Begehren ihres Mannes haben, kommen sie schnell in den Ruch des Anormalen und Kranken, der sich am besten auch therapieren lassen sollte.« Außerdem kümmere sich niemand mehr um andere Erklärungen für sexuelle Probleme, etwa triviale Tatsachen wie die, dass die Partner unter Stress stehen oder beim Sex nicht auf einen Nenner kommen und dieses Problem schamhaft verschweigen. Zur Stabilität einer Beziehung trägt das alles jedenfalls nicht bei. Paar- und Sexualberater berichten davon, dass Viagra ihnen diverse Neukunden beschert habe.

Narzisstische Kindsköpfe

Das Beispiel Viagra zeigt aber auch noch einen anderen Gefahrenherd unserer Konsumgesellschaft, nämlich den des infantilen Narzissmus. Uns wird ständig suggeriert, dass wir ein Anrecht haben auf das volle Programm, dass wir also neben dem 1a-Auto und dem 1a-Handy auch eine 1a-Sexualität erwarten dürfen. Und es gibt, so wird uns weiterhin eingetrichtert, keinen Grund, mit unseren Bedürfnissen zurückhaltend zu sein und irgendwelche Rücksichten zu nehmen. »Verwöhn dich!«, so wird uns gesagt. »An andere kannst du später noch denken.« Oder, wie es die Werbemädchen im Margarine-Werbespot formulieren: »Du darfst so bleiben, wie du bist.« Auf diese Weise bekommt nicht nur jeder Einzelne von uns das Gefühl, richtig und wichtig zu sein, sondern auch, dass es richtig und wichtig ist, seine Bedürfnisse zu befriedigen, hier und jetzt, ohne moralische Bedenken.

Dass auf diese Weise das Gespür für die Umwelt und die menschliche Gemeinschaft verlorengeht, liegt auf der Hand. Denn wenn der Mann per blauer Pille zum Hochleistungsrammler mutiert, ohne dies zuvor mit seiner Partnerin abgesprochen zu haben, oder wenn der Autofreak mit seinem 200-PS-Offroader durch die Arktis prescht, oder wenn sich das Ehepaar einen von indischen Kinderhänden geknüpften Teppich kauft – sie alle degradieren die übrige Welt zu Statisten auf dem Wege zu ihrer Bedürfnisbefriedigung. Und sich selbst degradieren sie zu einer kaufenden und konsumierenden Marionette auf der Entwicklungsstufe eines verwöhnten Kindes. »Der Konsument wird heute systematisch infantilisiert«, erklärt Gesellschaftskritiker Barber. »Man sagt ihm: Werde nicht erwachsen. Du kannst alles haben. Das Ich ist wichtiger als das Wir.«

Bleibt festzuhalten, dass der infantile Narzissmus noch nicht alles durchdrungen hat. Fragt man nämlich die Menschen nicht als Konsumenten, sondern beispielsweise als Eltern, was sie für ihre Kinder wünschen, antworten sie in der Regel wie früher mit Begriffen wie Lebensfreude, einer intakten Umwelt, guter Ausbildung, Sicherheit und Gesundheit, und nicht mit Begriffen wie Handy, iPod oder Playstation.

Nichtsdestoweniger ist die Gefahr einer alles durchdringenden »Ich-will-alles-und-das-sofort«-Mentalität durchaus real. In Deutschland waren zum 1. Oktober 2008 etwa sieben Millionen Bundesbürger verschuldet. Hauptursache ist die Arbeitslosigkeit, doch dicht dahinter folgt das Konsumverhalten. In einer Umfrage der Schuldnerberatungen gaben 18 Prozent der Klienten zu, durch maßloses Einkaufen in die finanzielle Misere gekommen zu sein. Insofern aber Menschen in einem Interview ihr tatsächliches Verhalten zu beschönigen pflegen, dürfte das Konsumverhalten sogar bei mehr als 30 Prozent der Überschuldungen eine Hauptrolle spielen.

Als Ende 2008 die weltweite Finanzkrise zu toben begann, hatte dies, zum Erstaunen der Marktbeobachter, kaum Einfluss auf das deutsche Weihnachtsgeschäft. Der Konsument verzichtete lediglich auf größere Anschaffungen wie etwa ein Auto, aber ansonsten wurde er mit prall gefüllten Einkaufstüten gesichtet, genauso wie in den Jahren zuvor. Von Vertretern aus Handel und Industrie wurde er daraufhin gelobt, dass er sich nicht durch all die Hiobsbotschaften aus der Finanzwelt ins Bockshorn jagen ließe und durch seinen fleißigen Konsum das heimische Wirtschaftsleben anregen wolle. Konsum- und Gesellschaftskritiker argumentierten hingegen, dass die Finanzkrise einfach noch nicht beim einzelnen Bürger angekommen sei, nach dem Motto: Solange noch das Gehalt kommt, kann ich auch einkaufen gehen. Für diese These spricht allein schon der gesunde Menschenverstand. Denn wer flaniert schon allen Ernstes durchs Kaufhaus, weil er die Wirtschaft retten will? Man unterstellt doch auch einem Liebespaar im Allgemeinen nicht, dass es beim Sex die

Fortpflanzungsquote des Landes im Kopf hat. Wenn Menschen weiterhin trotz finanzieller Risiken ungehemmt einkaufen gehen, hat dies nichts mit persönlicher Wirtschaftspolitik zu tun, sondern mit Lust und Realitätsverlust. Und mit infantilem Narzissmus: Lass doch die Welt (oder eben die Finanzwelt) untergehen, ich gehe erst mal ins Kaufhaus und gönn mir was!

Luxusverzicht bringt wenig

Der Homo konsumens ist also das Ende des Homo sociologicus und damit auch ein Risiko für Umwelt und menschliche Gemeinschaft. Allein das gebietet, dass man den Kapitalismus nicht uneingeschränkt eskalieren lassen sollte. Doch wo setzt man dabei an?
Als Antwort darauf wurde in der Weltgeschichte, ob vor oder nach Sokrates, immer wieder der Luxusverzicht angemahnt. Denn wer sich kostbare Gewänder aus Samt und Seide, teuren Schmuck, erlesene Speisen und teure Düfte aus Moschus, Ambra und Sandelholz leisten konnte, geriet schnell in den Verdacht eines unmoralischen und sündigen Lebens, das weder tugendhaft noch gottgefällig sein konnte. Dass sich an dieser Einschätzung bis heute wenig geändert hat, sieht man zum Beispiel daran, dass die »Bild« im Oktober 2008 über die erste deutsche Luxus-Messe in München spottet: »Geht's noch? Millionäre protzen mit sinnlosem Luxus!« Und wenn dann in dem Artikel von einem knapp 150 000 Euro teuren Superhandy die Rede ist, das ein Großindustrieller seiner Tochter schenkte, kann sich die Zeitung sicher sein, bei ihren

Lesern ein beifälliges Kopfnicken für die Schlagzeile zu erzeugen.

Tatsache ist, dass Luxus sicherlich von infantilem und narzisstischem Verhalten getragen wird und dass es auch nicht gerade zum sozialen Frieden beiträgt, wenn einige wenige ihr Geld verprassen, während die Mehrheit froh ist, wenn ihr Geld für den Einkauf beim Discounter reicht. Aber ein besonders schwerwiegendes Problem für die Umwelt ist Luxus nicht: Eine Nerzfabrik ist in puncto Umwelt- und Tierschutz nicht schlimmer als eine Legebatterie für die Eierversorgung der Massen, und eine Goldmine in Südafrika macht letzten Endes weniger Dreck und Smog als ein Ölförderturm in Saudi-Arabien. Darüber hinaus heißt Luxus: seltene Sachen für seltene Leute, und dies bedeutet, dass für die Produktion von Luxusgütern weitaus weniger Ressourcen verbraucht werden als für die Herstellung von Massengütern. Was man jedoch dafür braucht, sind Arbeitskräfte. Viele Arbeitskräfte, weil Luxusgüter mehr von Hand hergestellt werden als Massenware, und das ist ja letzten Endes für das wirtschaftliche Funktionieren einer Gesellschaft ein Segen. Weswegen schon Baron de Montesquieu, der als ein Gründungsvater der modernen Demokratie wahrlich kein Anhänger des Überflusses war, zugeben musste: »Luxus muss sein. Wenn die Reichen nicht viel verschwenden, werden die Armen verhungern.«

Billig schadet

Besser für Umwelt und Gemeinschaft ist dagegen der Verzicht auf Billigware (zumindest für die, die sich das leisten können). Besonders deutlich wird das am Beispiel des Orangensafts. Wir freuen uns, wenn wir ihn für ein paar Cent beim Discounter oder im Supermarkt erstehen können, doch andere zahlen dafür die Zeche. So werden etwa vier Fünftel – das sind 1,25 Millionen Tonnen – des weltweiten Orangensaftangebots in Brasilien produziert. Dass dabei nicht Onkel Dittmeyer über die Felder zieht und jede Apfelsine einzeln pflückt, kann man sich leicht ausmalen. Die Plantagen werden vielmehr vom Computer bewacht, der sensibel registriert, welche Baumreihe reif zum Pflücken ist. Und dann werden Tausende von Arbeiter rausgeschickt, die 25 Kilogramm schwere Säcke schleppen müssen, bis zu 14 Stunden pro Tag. Früher waren auch Kinder darunter, heute sind es in erster Linie Frauen. Sie arbeiten für einen Hungerlohn: Für jeden Liter Orangensaft, der hierzulande für einen Euro verkauft wird, erhält eine brasilianische Pflückerin gerade mal 0,25 Cent. Soziale Gerechtigkeit sieht anders aus.

Klimatechnisch ist die Massenproduktion von Orangensaft ohnehin eine Katastrophe. Nicht nur, dass für die Apfelsinenhaine große Dschungelflächen abgeholzt werden. Nach der Ernte wird der Saft zu 60 Prozent entwässert und anschließend eingefroren. Dieses Konzentrat geht dann per Tankschiff nach Mitteleuropa, wo es schließlich wieder aufgetaut und verdünnt wird. All das kostet massenhaft Energie. Für 10 Liter Saft braucht man etwa einen Liter Erdöl – mit entsprechenden Auswirkungen aufs Klima. Hinzu kommt die Umweltverschmutzung durch die mit Schweröl betriebenen Tankschiffe (siehe Kapitel 3, Reisen).

Der gnadenlose Preisdruck durch die Billigprodukte schlägt sich auch hierzulande auf Löhne, Arbeitsbedingungen und moralische Einstellungen nieder. Denn niedrige Preise kann man nur halten, indem man die Zulieferer und die eigenen Angestellten schlecht bezahlt und unter Druck setzt. Die durch die Discounter systematisch gedrückten Milchpreise lassen kleineren Bauernhöfen praktisch keine Überlebenschance mehr. Nach Recherchen des Nachrichtenmagazins »Stern« ließ der Discounter Lidl jahrelang seine eigenen Beschäftigten durch Detektive überwachen, dabei wurden sogar die Toilettengänge der Mitarbeiter protokolliert. Gewerkschaftler haben bei den Discountern traditionell einen schweren Stand. Im April 2008 kam heraus, dass Aldi Nord regelmäßig sechsstellige Euro-Beträge an die Arbeitsgemeinschaft unabhängiger Betriebsangehöriger (AUB) bezahlt hat. Die »Unabhängigkeit« der AUB besteht im Wesentlichen darin, dass sie arbeitgeberfreundlich ist und die klassischen DGB-Gewerkschaften als »ideologisch« bezeichnet. Ihr Vorsitzender Wilhelm Schelsky wurde im November 2008 zu viereinhalb Jahren Freiheitsentzug verurteilt, wegen Untreue und Steuerhinterziehung. Er soll über Jahre hinweg mehr als 50 Millionen Euro von der Siemens-Konzernspitze angenommen haben. Das Urteil ist allerdings noch nicht rechtskräftig, weil Revision beim Bundesgerichtshof eingelegt wurde.

Also doch Markenware?

Gründe genug also, weniger Billigware zu kaufen. Doch was ist die Alternative? Ist es wirklich besser, nur noch nach relativ teuren Markenprodukten zu greifen?
Nicht unbedingt.

So sind bereits viele Markenhersteller dazu übergegangen, No-Name-Produkte oder sogenannte Handelsmarken für das Billigsortiment der Discounter zu produzieren. Manchmal handelt es sich dabei tatsächlich um Produkte, die sich von der Marke des Herstellers unterscheiden. Oft aber wurde nur die Verpackung verändert, die Rezeptur ist dieselbe. Es kann also durchaus sein, dass man beim Supermarkt viel Geld für ein bestimmtes Bier bezahlt, das man beim Discounter, unter anderem Namen, weitaus billiger bekommen könnte. Doch selbst wenn das nicht so sein sollte und der Hersteller einen anderen Gerstensaft in die Markenflasche abgefüllt hat als in die Plastikverpackung des Discounters, unterstützt der Kunde mit dem Kauf eines Markenartikels oft eine Firma, die auch billige Massenware herstellt – mit all den Konsequenzen der Billigproduktion auf Umwelt und Gesellschaft, die in diesem Buch geschildert wurden.

Darüber hinaus steckt hinter einer Marke nicht unbedingt Qualität, sondern wir glauben das nur. Schon Kinder sind auf diesen Trugschluss geeicht, wie eine Studie der Stanford University in Kalifornien zeigen konnte. Die amerikanischen Forscher baten 63 Kinder im Alter von drei bis fünf Jahren zum Essen. Auf dem Speiseplan standen fünf Gänge: Hamburger, *Chicken McNuggets*, Pommes – allesamt bei McDonald's eingekauft – sowie fettarme Milch und niedliche Babykarotten. Von jedem dieser Gänge wurden zwei gleich große Portionen kredenzt. Nur dass die eine in neutralen Behältern und die andere in Verpackungen mit dem berühmten M angeboten wurde. Die Kids sollten dann von den einzelnen Gängen probieren und angeben, wie sie ihnen geschmeckt hatten.

Das Ergebnis war eindeutig: Die Mini-Gourmets bewerteten Speisen aus den McDonald's-Behältern erheblich positiver als die aus den neutralen Verpackungen. »Sogar bei den Karotten war das so, obwohl die gar nicht im Angebot von McDonald's sind«, betont Studienleiter Thomas Robinson. Den größten Geschmacksunterschied fand der Kindergaumen jedoch bei den Pommes: Rund 77 Prozent der Kids fanden sie aus der M-Tüte besonders lecker, bei den Konkurrenten aus der neutralen Verpackung empfanden dies hingegen nur 13 Prozent. Ein gewaltiger Unterschied in Anbetracht der Tatsache, dass sich in beiden Tüten vollkommen gleiche Pommes befanden.

Selbst die Mechaniker des ADAC, zweifelsohne echte Kfz-Spezialisten, kaufen für den Privatbedarf nicht etwa jene Autos, die in den Pannenstatistiken ihres Arbeitgebers am besten abgeschnitten haben, sondern immer wieder die Klassiker, sprich: die deutschen Markenprodukte, obwohl viele von ihnen häufiger auf der Straße liegen bleiben als die preiswertere Konkurrenz aus Japan. Die Verbundenheit zu einer Marke ist eben oft größer als der klare Verstand. Und das liegt daran, dass hinter ihr nicht nur ein bestimmtes Produkt steht, sondern auch eine Bedeutung für unser Selbstwertgefühl. »Die Marke ist sowohl Identitätsmerkmal als auch Mittel der persönlichen Erfüllung«, erklärt der englische Lifestyle-Experte Neil Boorman. Mit einem Markenlogo, also beispielsweise dem Stern auf der Kühlerhaube, beweisen wir der Umgebung und uns selbst, dass wir eine bestimmte Position erreicht haben, dass wir etwas geschafft, etwas aus unserem Leben gemacht haben.

Tatsache ist, dass das Glück beim Erwerb eines Markenprodukts nur von kurzer Dauer ist. »Mit dem Geld, das Sie beim Marken-T-Shirt zusätzlich bezahlen, kaufen Sie eine Vorstellung, die nicht existiert, einen schnellen Schuss Glück, der nicht lange hält«, sagt Boorman. Philosophen haben ja schon früher gewusst, dass Konsum kein fortwährendes Glück verschafft. »An Habe gewinnen heißt, an Sein verlieren«, behauptete Laotse. Mittlerweile existieren aber auch physiologische Beweise dafür, dass es beim Shoppen kurzfristig zur Ausschüttung von euphorisierenden Hormonen kommt, die anschließend ins Gegenteil umschlägt und für eine psychische Leere sorgt. Nicht umsonst rangieren Wohlstandsländer wie Deutschland, England und die USA auf den von Soziologen erhobenen Rankings der Zufriedenheit auf den hinteren Plätzen, weit hinter Nigeria und El Salvador, wo die Menschen Hunger leiden.

Lifestyle of health and sustainability

Markenware bietet also auch nicht unbedingt den Königsweg zum ethischen Konsum. Bleibt noch der Weg des sogenannten Lohas. Diese Abkürzung steht für »Lifestyle of health and sustainability«, also für einen gesunden und nachhaltigen Lebensstil. Wie die Bewegung wird auch deren Anhänger Lohas genannt. Von entscheidender Bedeutung an diesem Begriff ist, dass es eben um Lifestyle geht, also nicht um eine politische Einstellung. Der Lohas unterscheidet sich von den Vertretern der ursprünglichen Ökobewegung in den 1980ern vor allem durch seine lustbetonte Einstellung. »Er hat das Asketische hinter sich gelassen und verknüpft Nachhaltigkeit mit einem hedonistischen Element«, erklärt der Heidelberger Soziologe Thomas Perry.

Das heißt: Der Lohas ist kauffreudig und lustbetont, also kein ausdrücklicher Gegner von Kapitalismus und Konsumgesellschaft. Das sei ja gerade das Schöne, wie es der Journalist Peter Unfried in seinem Buch »Öko: Al Gore, der neue Kühlschrank und ich« ausdrückt, dass der Lohas auf nichts verzichten muss. Weder auf Genuss noch auf Stil, allenfalls auf ein paar PS unter der Motorhaube. Doch ansonsten bewahre er sich »ein leichtes Avantgardegefühl, null Unbequemlichkeit, sehr angenehm«.

Der Lohas kauft also weiterhin schicke Klamotten, Nougatcreme, einen Designerstuhl und auch ein Auto, doch er achtet darauf, dass sie politisch korrekt sind. Für ihre Herstellung dürfen keine Kinderhände am Werk gewesen und auch keine Dschungelbäume geopfert worden sein, das Auto muss durch einen niedrigen CO_2-Ausstoß brillieren, und das Designermöbel darf getrost von wiederverwerteten Dachbalken stammen. Andererseits hockt der Lohas sich auch nur ungern zum Protestieren vor Atomkraftwerke. Wenn jedoch ein Problem mittels Konsumverhalten zu lösen ist, wartet er nicht, sondern dann handelt er. Er redet nicht nur davon, irgendwann einmal den Stromanbieter zu wechseln. Er tut es auch.

Der wahre Lohas ist selten

Konrad Götz vom Frankfurter Institut für sozial-ökologische Forschung schätzt, dass bereits ein Drittel der Bevölkerung zumindest mit den Lohas sympathisiert. Doch dies ist eben nur eine Schätzung. Außerdem sagt es nichts darüber aus, wie viele den Stil der Lohas tatsächlich praktizieren. Es sind vermutlich weitaus weniger als dreißig Prozent. Denn laut einer Statistik des Verbraucherministeriums kaufen in Deutschland nur etwa 17 Prozent der Konsumenten häufig Biolebensmittel ein, und das auch noch in zwei Dritteln der Fälle beim Discounter. Das mag dann zwar ökologisch sein, weil ein Discounter es nicht leisten kann, unter der Marke »Bio« irgendwelche Mogelpackungen anzubieten. Doch zur Stärkung ethischer Grundsätze trägt es nicht unbedingt bei, weil unter dem Diktat des Niedrigpreisniveaus sowohl faire Preise für die Zulieferer als auch angemessene Löhne, akzeptable Arbeitsbedingungen und gewerkschaftliche Vertretungen für die Mitarbeiter kaum möglich sind.

Außerdem fällt es bei den Discountern schwer, den Weg einer Ware nachzuvollziehen, wo ihre Rohstoffe bezogen wurden und wo genau sie hergestellt wurde. Und gerade dies ist für das Konsum-Management eines echten Lohas überaus wichtig. Er will nicht nur auf der Verpackung der Ware ohne Umschweife und Verschleierungstaktiken lesen, woher sie kommt. Er ist auch mit anderen Lohas vernetzt, tauscht sich mit ihnen über die Herkunft und Herstellungsweise der Konsumgüter aus. Beispielsweise auf den Internet-Portalen www.utopia.de, www.ecoshopper.de, www.lohas.de und www.karmakonsum.de. Solch einen Aufwand betreiben freiwillig nur die wenigsten Konsumenten. Wir müssen daher davon ausgehen, dass die tatsächliche Quote der Lohas im unteren einstelligen Prozentbereich liegt.

Echte Konsumethik
ist Ethik über den Konsum hinaus

Darüber hinaus ist auch der Lohas nicht der Weisheit letzter Schluss auf dem Weg zum ethischen Konsum. Im November 2008 wurde im Auftrag der Berliner Nachhaltigkeitsagentur Stratum und der Deutschen Bundesstiftung Umwelt eine Studie zum Verhalten dieser Konsumentengruppe vorgestellt. Dabei stellte sich heraus, dass die Lohas eben in erster Linie Konsumenten sind, aber kaum etwas darüber hinaus. »Ökologisch handeln sie besonders in Bereichen, die einfach sind und nicht viel kosten«, erklärt Stefan Siemer vom Strategiebüro &equity, das die Studie durchgeführt hat. Ihre hervorstechenden Merkmale: Sie sind überdurchschnittlich gut gebildet und verdienen auch überdurchschnittlich gut. Sie wollen aber auch, dass es ihnen weiterhin gutgeht, zum Verzicht sind sie nur wenig bereit. Das heißt: Sie beziehen Ökostrom, doch der darf nicht viel teurer sein als die konventionelle Konkurrenz. Sie konsumieren Ökolebensmittel, doch die dürfen ebenfalls nicht zu teuer sein und ihr Einkauf auch nicht zu viel Aufwand bedeuten. Beim Biobauern vor der Stadt wird man den Lohas also eher selten sehen, dafür aber bei der Niederlassung der Ökomarktkette, die am besten in der Nähe seines Dachgeschoss-Apartments liegen sollte.

Wichtig ist dem Lohas auch, dass es in seinem Engagement stets zu einer Win-Win-Situation kommt, dass er also nicht mehr investiert, als er an Genuss oder Profit zurückbekommt. Er kauft sich die Biotomate nicht nur deshalb, weil es umweltfreundlich ist, sondern auch, weil sie besser schmeckt als die Treibhausware. Und wenn er Erdgas in sein Auto füllt, denkt er dabei auch daran, dass es billiger ist als das herkömmliche Benzin.

Es soll hier nicht der Ort sein, sich über die hedonistischen Motive der Lohas zu mokieren. Denn dagegen ist nichts einzuwenden, insofern es nicht unmoralisch ist, wenn ein Mensch Spaß am Leben hat. Der Lohas trägt außerdem eine gewisse Lockerheit und einen modernen Stil in den Umwelt- und Klimaschutz hinein. Die Debatte darüber wird sonst oft von Leuten mit erhobenem Zeigefinger und von missgünstigen Untergangspropheten dominiert, die den Durchschnittsmenschen nur wenig überzeugen können – er verbindet mit nachhaltigem Konsum eher Sack und Asche.

Was jedoch der Bewegung der Lohas fehlt: Das politische Engagement und der feste Wille, andere Menschen in ihr Weltrettungsboot hineinzuholen. Für den Klimaschutz und die Abschaffung sozialer Ungerechtigkeiten reicht es nicht aus, wenn sich ein paar Wohlhabende einen Wollpullover mit Herkunftsnachweis des Schafes kaufen und mit der Bahncard durch die Lande fahren. Dazu muss sich auch politisch etwas ändern, muss die aktuelle Verteilung von Macht, Geld und Bildung verschoben werden. Solange jedem Lohas Tausende von Menschen gegenüberstehen, die kein Interesse oder auch keine finanziellen Mittel haben, um ihren Lebens- und Konsumstil zu ändern, wird sich der soziale und ökologische Zerfall der Welt nicht aufhalten lassen. Das Handeln des Lohas erscheint dadurch wie ein Ablasshandel, mit dem er zuallererst sich selbst trösten will. Nach dem Muster: »Ich weiß, dass wir unausweichlich auf eine Klimakatastrophe zusteuern. Doch mir kann niemand die Schuld geben – ich hab ja Energiesparlampen gekauft.«

Und immer wieder sinkt Tuvalu ...

Unabhängig davon, dass eine Änderung des Konsumverhaltens nicht ausreicht, um mehr Umweltverträglichkeit und Gerechtigkeit in die Welt zu bringen, sollte man als ökologisch und sozial ambitionierter Mensch vor allem eines sein: kritisch. »Echter Fortschritt kann nur durch vermehrte Aufklärung stattfinden, und das bedeutet so viel wie die Zerstörung von Mythen«, sagte schon George Orwell. Und das gilt auch, oder sogar erst recht, für den Schutz von Mensch und Umwelt. Auch hier sollte man sich eine eigene Meinung bilden, anstatt sich vor den Karren von Demagogen und Gutmenschen spannen zu lassen. Denn deren Verhalten treibt immer wieder absonderliche Blüten. Ein besonders plakatives Beispiel dafür ist das Schicksal von Tuvalu, einer pazifischen Inselgruppe östlich von Papua-Neuguinea und nördlich von Neuseeland.

Im Herbst 2001 rauschten Meldungen durch den Medienwald, wonach die neun lauschigen Südsee-Atolle infolge des Klimawandels im Meer versinken würden. Die etwa 12 000 Einwohner starke Bevölkerung hätte schon Asyl in Neuseeland beantragt, und es sei nur noch eine Frage von wenigen Jahren, bis Tuvalu verschwunden wäre.

Tatsache ist: Tuvalu existiert noch heute, und seine Bewohner haben auch kein Asyl beantragt. Zwar liegt seine höchste Stelle gerade mal fünf Meter über dem Meeresspiegel, und hohe Deiche wie etwa in Holland gibt es nicht. Andererseits ist dort der Meeresspiegel schon seit etwa 30 Jahren nicht mehr in extremem Umfang gestiegen. Der in den Medienberichten verkündete Anstieg von 30 Zentimetern war lediglich kurzfristiger Natur. So etwas kommt immer wieder vor, wenn das natürliche Klimaphänomen El Niño den Humboldtstrom versiegen lässt. Doch es geht auch wieder schnell vorbei, und manchmal bringt El Niño den Wasserspiegel sogar zum Sinken.

Die Horrorgeschichte vom unmittelbar drohenden Untergang Tuvalus sollte sich später als eine klassische Medien-Ente herausstellen – in die Welt gesetzt vom Worldwatch-Institut in Washington, das die US-Regierung wegen ihrer Klimapolitik unter Druck setzen wollte. Viele Umweltschützer wissen freilich von diesem Manöver nur wenig bis gar nichts, oder sie wollen nichts davon hören. So taucht seit 2001 der Untergang von Tuvalu immer wieder in den Medien auf, zuverlässig wie das Ungeheuer von Loch Ness. Und die Inseln selbst sind zu einem der beliebtesten Ausflugsziele des Ökotourismus geworden. Nach dem Reisemotto: Einmal im Leben nach Tuvalu, bevor es verschwunden ist.

Die Einwohner der Atolle, deren Oberhaupt die englische Königin ist, freuen sich zwar über die Touristenströme, doch Angst vor dem nahenden Tauchgang haben sie eher nicht. Im Gegenteil. Die Fragen nach der Stimmung angesichts der Klimakatastrophe will keiner mehr hören. Was nicht zuletzt am religiösen Glauben der Bewohner Tuvalus liegt, der zutiefst katholisch ist. Und in der Bibel steht bekanntlich, dass Gott keine weitere Sintflut auf die Erde senden werde. »Niemand hier fühlt sich akut bedroht«, berichtet Pasemeta Talaapa, die in Tuvalu die Entwicklungshilfe von Australien, Neuseeland und der EU koordiniert. »Wir wollen alle bloß ein einfaches Leben führen.«

Unabhängige Wissenschaftler sehen für Tuvalu ganz andere

akute Probleme als den Klimawandel. Wie etwa den »Coca-Kolonialismus«, der den Lebensstil der Bewohner manipuliert. Sie haben sich immer mehr von ihrer traditionellen Lebensweise verabschiedet und leben nicht mehr vom Fischen, sondern aus der Dose. Mit der Folge, dass sich auf den Inseln die Dosenberge im gleichen Tempo entwickeln wie das Übergewicht ihrer Bewohner.

Ein weiteres Problem: Viele der jüngeren Bewohner wandern nach Neuseeland oder Australien aus. Nicht wegen des Klimawandels, sondern weil sie dort bessere Arbeits- und Ausbildungschancen haben. Unter denen, die zurückbleiben, grassieren hingegen Frust und Alkoholsucht.

Umweltprobleme gibt es natürlich auch, aber sie haben weniger mit dem globalen Klimawandel zu tun als mit lokaler Profitgier und Ignoranz. 1972 fegte ein Hurrikan über die Inseln und riss fast alle traditionellen Hütten mit sich. Seitdem grassiert ein Bauboom, für den tonnenweise Sand und Kies benötigt werden – und den holt man sich vom nahen Strand. So schnell kann kein Klimawandel die Küsten in eine Trümmerlandschaft verwandeln wie dieser hemmungslose Rohstoffabbau.

Bleibt festzuhalten, dass natürlich der Klimawandel als Bedrohung besteht. Denn dass die Polkappen und anderen Eisreserven der Welt schmelzen, merkt man auch in Tuvalu, wo der Meeresspiegel tatsächlich Jahr für Jahr Millimeter für Millimeter ansteigt. Es ist daher wohl wirklich nur noch eine Frage der Zeit, bis die Inseln verschwinden werden. Doch dies ist erstens in seinem tatsächlichen Verlauf nur schwer vorhersehbar, und zweitens natürlich nicht vor Ort lösbar. Viel wichtiger wäre es für Tuvalu, den Bildungsexodus und das soziale Leben in den Griff zu bekommen, denn sonst sind die Atolle oder jedenfalls die meisten ihrer Einwohner bereits verschwunden, wenn der Klimawandel zuschlägt.

Doch diese Erkenntnisse fallen bei Umweltschützern nicht unbedingt auf fruchtbaren Boden. 2004 veröffentlichten amerikanische und französische Dokumentarfilmer ein Epos mit dem Titel »The Disappearing of Tuvalu: Trouble in Paradise«. Nach Abschluss der Dreharbeiten hatte man auf der Insel eine Hilfsorganisation namens »Alofa Tuvalu« gegründet, mit dem erklärten Ziel, aus den Insulanern vorbildliche Umweltschützer zu machen, die nur noch Fahrrad fahren und Biogas als Treibstoff verwenden. So etwas nützt weder der Welt noch den Inseln in der Südsee allzu viel.

Kritisch bleiben, dem eigenen Urteil vertrauen!

Das Beispiel von Tuvalu verdeutlicht, wie wichtig es ist, auch in ökologischen und gesellschaftlichen Fragen nicht nur zu konsumieren, sondern eine gesunde Skepsis und den Mut zum eigenen Urteilen zu bewahren. Denn auch in diesem Bereich ist nicht alles Wahrheit, was erzählt und geschrieben wird. Sicher: Es ist nicht einfach, an objektive Fakten zu kommen. Andererseits bietet heute das Internet genügend Möglichkeiten, Daten auf ihren Wahrheitsgehalt hin zu überprüfen. Als seinerzeit das Tuvalu-Untergangsszenario beschworen wurde, hätte ein kleiner Web-Spaziergang mit Hilfe von Suchmaschinen ausgereicht, um die Geschichte als Märchen zu entlarven, denn es gab genügend Wissenschaftler und sogar einen Journalisten vor Ort, die Entwarnung gaben.

Mindestens genauso wichtig wie das Überprüfen fragwürdiger Fakten ist aber auch, dass man nicht schematisch auf festgelegten Standpunkten verharrt. Nicht immer sind diejenigen, die eine Ölbohrinsel versenken wollen, skrupellose Umweltsünder, denn manchmal ist das ökologisch tatsächlich sinnvoller als der teure Rückbau auf Land. Eine korrekt versenkte Bohrinsel kann diversen Korallen und anderen Meeresbewohnern zur neuen Heimat werden, während sie auf Land bloß noch ein Sondermüllproblem ist. Dies muss man genauso akzeptieren wie die Tatsache, dass nicht nur ein Bus pro Kopf weniger Energie benötigt als ein Single-Auto, sondern dass auch eine vierköpfige Familie pro Kopf bessere CO_2-Bilanzen erzielt als ein Singlehaushalt, egal wie öko-orientiert dessen Bewohner ist. Weil es nun einmal umso energiesparender ist, je mehr Menschen sich die Energien für Transport oder Wärme teilen.

Mit diesem Appell für einen offenen Blick und gedankliche Flexibilität schließt sich der Kreis zu Sokrates. Und es gilt, Abbitte zu leisten. Denn wenn der alte Querkopf auch noch nicht gegen so viele Meinungsbildner und Manipulateure ankämpfen musste, wie wir es heute tun müssen – er wusste, dass der größte Feind unseres unabhängigen Denkens nicht draußen, sondern in uns selbst ist. Und zwar in Gestalt unserer Vorurteile, von denen das größte jenes ist, dass wir glauben, den Durchblick und damit Gewissheit über die Richtigkeit unseres Tuns zu haben. Es gibt einen Satz von Sokrates, den man beherzigen sollte, bevor man seine Freunde von Solarenergie zu überzeugen versucht, gegen Tierversuche und

Autofahren wettert, die Gnadenlosigkeit der Monopolisten anprangert oder in irgendeiner anderen Weise für Umwelt und Menschheit aktiv wird. Er lautet:
Nur der ist weise, der weiß, dass er es nicht ist.

Register

Allergie 21, 29, 48, 55f., 98f., 120, 122f., 130, 149, 160, 169f., 172ff., 177, 181f., 189f., 198, 202f., 210, 272
Ananas 159ff., 164
Andechser Natur 167f.
Angst 270ff.
Anti-Cellulite-Mittel 118f.
Antifaltencreme 117
Arbeitsbedingungen 284, 290
– Blumen 43–55, 62f.
– elektronische Geräte 103ff.
– Lebensmittel 160ff., 164
– Mode 16, 18ff., 24ff., 35f.
– Schuhe 20f.
Arbeitsschutz 21ff., 25, 28f., 63, 100, 107
Asthma 73, 93, 177ff.
Atemwegserkrankungen 73, 93f., 102
Atomenergie 215, 226–231, 271
Auto 235–253
– Kauf 252f.
– Reise 82f.
– Spritverbrauch 238ff., 245ff.
Autoreifen 180f.
Autorität 267ff.

Bacillus Thuringiensis Cotton (BTC) 32f.
Bad Company Award 194, 237
Bahn-/Busreise 82
Bananen 160, 163ff., 168
Baumwolle 30–35
Bekanntheit 260f.
Bekleidung 15–39
Bettwäsche 181ff.
Billigware 15ff., 283ff., 290
Biobaumwolle 33ff.
Biokosmetik 137f.
Bioland-Siegel 60f., 167
Biolebensmittel 158f., 165ff., 290
Bio-Siegel 166
Blauer Engel 110f., 186f., 211

Blei 195 ff., 201
Blumen 41–65
– Auktionen 43 f.
– Pestizidrückstände 54
Blumenkampagne 51 f.
Braunkohlekraftwerk 224 f., 228

Cellulite 118 f.
CE-Zeichen 205, 208
Chemikalien-Überprüfung 132 ff.
Chrom 172 ff., 189
Code of Conduct 19
Corporate Social Responsibility (CSR) 24 f., 87
Cosmos Standard 137
CR-(Corporate Responsibility-) Siegel 87 f.

DDT 184 f., 191
DecaBDE 97 f.
Demeter-Siegel 38, 60 f., 167
Dermatologisch getestet 130 f.
DONALD-Studie 153
Duftstoffe 122, 132, 202 f.
Duschcremes 112

Eceat-Siegel 88 f.
Ecocamping-Siegel 90
Ecovin-Siegel 167
Eier 155 ff.
Ein-Nenner-Strategie 263
Elektromüll 107 ff.
Elektronische Geräte 93–111
Emissionszertifikate 220 ff.

Energie 213–233, 271 f.
Entwicklungsstörungen 50 f.
Epikutantest 130
Euroblume 37, 190
EU-Spielzeugrichtlinie 200 ff., 204

Fair Flowers Fair Plants (FFP) 62
Fair Trade 158 f.
Fair Trade Tourism South Africa 91
Fairfleurs-Siegel 54, 63 f.
Fairtrade certified Cotton 35
Fairtrade-Siegel
– Blumen 43, 60, 63 f.
– IT-Produkte 110
– Lebensmittel 165 f.
Falten 114, 117
Farbstoffe/Farben 29, 120, 123 f., 139, 183, 187–191, 194 ff., 201, 210
Fast Fashion 24
Fehlgeburt 49 f.
Feinstaub 72 f., 94 f.
Fertiggericht 141 ff., 156 f.
Feuchtigkeitscremes 119 f.
Flammschutzmittel 97, 171
Flor Verde 64 f.
Flower Label Program (FLP) 52 ff., 63 f.
Flugreise 81 ff.
Formaldehyd 37, 120, 122, 181 ff., 186–191, 198, 210
Fruchtsaftgetränk 151 ff.
FSC 191 f.

Gäa-Siegel 60 f.
Gammy-Hydroxybutyrat (GHB) 197
Gaskraft 225, 228
Gehirnwäsche 255–273
Gensaatgut 31 ff.
Geschenk 265 f.
Gewächshausanbau 56 ff.
Gewerkschaft 20, 52, 63 f., 161 f., 285, 290
Global Organic Textile Standard (GOTS) 36 f., 39, 188 f.
Gold-Standard 85
Grundbedürfnisse 276 ff.
Grünes Zertifikat 61
Gruppenzwang 262
GS-Zeichen 208

Haarfärbemittel 123 f.
Handy 96 ff., 101 f., 105, 110 f.
Hausstaub 183 ff.
Hautkrankheiten 21, 55 f., 98, 122, 125, 169 f., 172
Hormone 118, 124–128, 177, 288
Hühnerhaltung 156 f.

Infantilisierung 279 f., 282
Internationaler Verhaltenskodex für die Schnittblumenproduktion 51, 62

Kaninchen unter schützender Hand 135
Kautschuk 187, 203 f.
Kinderarbeit 280, 289
– Blumen 43–47, 52, 63 f.
– elektronische Geräte 102, 108 f.
– Mode 24 f., 29
Kinderbetten 181
Kinderschutz 46 f.
Klimaspende 83 ff.
Klimawandel 75 f., 216 f., 239, 242, 293 ff.
Kobalt 102, 104
Kohlendioxid-(CO_2-)Belastung 217, 219 ff., 297
– Auto 237–248
– Blumen 56 ff.
– Energie 221–228
– Fußabdruck 143 f.
– Klimaspende 83 ff.
– Reisen 70, 75 ff., 83–87
– Schifffahrt 70
Kondom 268
Konsumethik 275–298
Kontrollierte Natur-Kosmetik 136
Kosmetik 113–139
– Qualität 120 f.
– Sicherheitstests 129 ff.
– Wirksamkeitsnachweis 114 ff.
Kredite 32 f.
Kuchen 155

Laserdrucker 93 ff.
Leaping Bunny 135 f.
Lebensmittel 141–168
–, Bio- 158 f., 165 ff., 290
– Information 146 f.

– Transport 144
– Verpackung 144 ff.
Leder 171 ff., 189
Legambiente Turismo 89
Lifestyle of health and sustainability (Lohas) 288–292
Lohndumping 16 f., 21 ff.
Luftballon 203 f.
Luxusverzicht 282 f.

Mallorca 78 ff.
Manipulation 255–273
Markenprodukt 285 ff.
Milieu Programma Sierteelt (MPS) 62
Mineralstoffe 152 ff.
Muttermilch, Sonnenfilter in 127 f.

Na True 137
Narzissmus, infantiler 279 f., 282
Naturkosmetik 136 ff.
Naturland-Siegel 39, 60 f., 167
Naturtextil Best 36, 188
Neuer Europäischer Fahrzyklus (NEFZ) 245
Neuform-Siegel 138 f.
Nickel 98 f., 210
Nitrosamine 203 f., 210

Ökoanbau
– Baumwolle 33 ff.
– Blumen 60, 62
– Lebensmittel 158, 165 ff.
– Textilfasern 36 ff., 187 ff.
ÖkoControl 187

Ökologischer Fußabdruck 74, 76 ff., 91, 143
Ökosiegel 35 ff.
Ökostrom 214–220, 272
– Anbieter 232 f.
Ökosystem-Kipp-Punkte 75 f.
Öko-Tex-Standard 100 38, 182
Orangensaft 284
Österreichisches Umweltzeichen 90

PEG-Emulgatoren 122
Pentachlorphenol (PCP) 184
Personal Computer (PC) 96 f.
Pestizide 30, 38, 43, 47–53, 58, 60–65, 144, 160 f., 185, 187, 191
Platin 102 f.
Polyvinylchlorid (PVC) 175 ff., 180, 185, 198, 209
Polyzyklische aromatische Kohlenwasserstoffe (PAK) 177–181
Popcorn-Experiment 255 f.
Potenzprobleme 268, 278 f.
Product Carbon Footprint (PCF) 143 f.
Pu-Erh-Tee 269

Reisen 67–91
Relaxsessel 169 f.
Reziprozität 265 f.
Rußpartikel 70, 72

Schifffahrt 67–74
– Schadstoffemissionen 70 ff.

– Strombedarf 69
Schwefel 70 ff.
Schwermetalle 73, 109, 188 ff., 195, 201
SG schadstoffgeprüft 189 f.
Sick-Building-Syndrom 95
Softdrink 151 ff.
Sonnenenergie 214 f., 217, 219, 228
Sonnenschutzmittel 124–129
Sozialstandards
– Blumen 51 f., 64 f.
– Spielzeug 199 f., 211
– Textilindustrie 18 ff., 27, 35–39
Spiel gut 209
Spielzeug 193–211
– Kontrolleure 204 ff.
– Qualität 199 ff.
Stickoxid 70, 72 f., 84
Stop Climate Change 168
Stromlücke 271
Studien 269 f.
Süßstoff 149 ff.

Tiefkühlkost 141 ff.
Tierversuche 131–136
Toner 93 ff.
Tourismus 67–91
– Masse vs. Qualität 78 ff.
Toxproof 38, 190, 209 f.
Transfair-Siegel 35, 63 f.
Trinkwasser 80 f., 160 f.
Tugend 275 f.
Tuvalu 293 ff.

Überarbeitung 249 ff.
Übergewicht 147, 149 f.
Umweltgütesiegel 89 f.
Umweltschutz 70, 72–78,
– Auto 237 f., 253
– Bekleidung 25 f., 28, 30, 34–38
– Blumen 44, 51 f., 56, 61–65
– elektronische Geräte 97 ff., 101, 104, 107, 110
– Energie 215, 224
– Konsumethik 282 ff., 292–298
– Lebensmittel 143, 165
– Reisen 82 ff., 87 ff.
– Spielzeug 198 f., 203 f., 209
– Wohnen 186–192
Unfruchtbarkeit 49
Uran 228 f.
UV-Lichtschutzfilter 125–129

Vegan-Siegel 139
Verpackung 144 ff.
Versicherung 270 f.
Vertrauen 260 f.
Viabono-Siegel 88
Vitamine 132, 148 f., 153 ff., 159, 272
Vorsorgeuntersuchung 272 f.

Wandfarbe 183
Wasser(verbrauch)
– Blumen 58 f.
– Salz im Trinkwasser 80 f.
– Tourismus 79 f.
–, vergiftetes 160 f.
Wasserkraft 216 f., 220, 228

Weichmacher 109, 176 ff., 181, 185, 197, 202, 210
Werbung 261, 263
Windenergie 214 ff., 219 ff., 228
Wohnen 169–193

Zahnschäden 151 ff.
Zertifiziertes Spielzeug – TÜV-Proof 210
Zinn 101, 171, 177, 190
Zitronensäure 151 ff.
Zucker 146–152